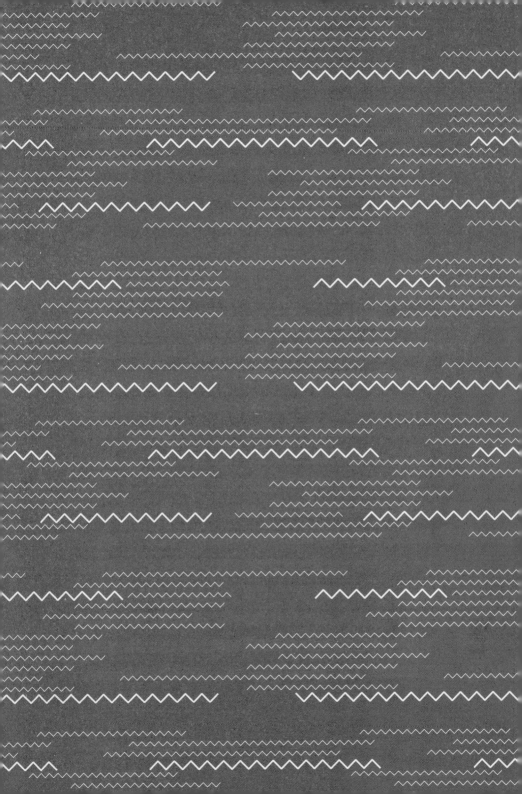

巴菲特
的對帳單

THE DEALS *of*
WARREN BUFFETT
Volume 2, The Making of a Billionaire

看長期價值不看市值，持續買進為你賺錢的
高複利投資組合

GLEN ARNOLD 葛倫・雅諾德 ───── 著

周群英 ───── 譯

The Deals of Warren Buffett: Volume 2

C O N T E N T S

Part 1
巴菲特如何獲得他的第一個 1 億美元

Part 2
巴菲特的對帳單

本系列書籍緣起

　　我在 2013 年開始寫作這一系列書籍。當時我做了一個重大決定，決定停止其他一切工作，專心投資股票。這表示我要放棄終身教職，結束在倫敦市從事收入頗豐的教職工作，而且諷刺的是還要大幅減少寫作時間。

　　為了記錄自己的選股邏輯和流程，我開了一個部落格，在簡單的網站上說明我的分析，並讓所有人免費閱讀。我為此覺得振奮不已，必須公開清楚地解釋自己分配資金背後的原因。而且，交易後的幾個月，我還要有方法回顧我的投資原理。

　　這個部落格很受歡迎，後來投資網站 ADVFN 徵詢我，可否把內容轉載到他們的電子報網頁。我答應了。我在那裡寫的一部分文章，後來變成一系列和華倫·巴菲特（Warren Buffett）投資項目有關的文章。畢竟，我不一定每次都能找到有興趣投資的公司可供分析，再加上，我想讀者可能對巴菲特的投資原理和教導感興趣。這本書就是根據那些文章所寫成。

為什麼要寫巴菲特？

　　你可能會想，和巴菲特相關的書已經出版了幾十本，應

該沒有什麼新意了。但我讀過很多這方面的文獻後，都覺得不太滿意。其他作者寫過他投資了什麼，以及他從哪一筆交易裡賺到多少錢，與這些資訊比起來，我更想知道為什麼。巴菲特相中的公司都具備哪些特點，讓它們脫穎而出？是資產負債表上的數字、獲利歷史、策略定位或管理品質嗎？我想知道細節。巴菲特如何一步步走到理性投資，並從幾乎沒有什麼錢，到變得非常富有？

當他每次做重大決策時，我都試著從他為什麼那樣做的角度深入探討。在面對他每一項投資時，我都需要新東西要研究，並尋求許多資料來源。我的第一個任務是集中分析巴菲特選擇的公司，這表示我不太會談到他的個人生活，但這部分在其他作品已經有很詳細的說明。

我要涵蓋的重要投資有數十項，每一項都需要全面分析。如果把這些內容都塞進一本書裡，那樣做並不合理。因此，我的第一本書寫巴菲特的淨資產如何達到 1 億美元的里程碑，第二本則談他在波克夏‧海瑟威（Berkshire Hathaway）做過的投資。第二本書談巴菲特從 1 億美元，成長為億萬富翁的十項關鍵投資。不可思議的是，他在 1980年代末就達成這個目標。

巴菲特與我

幾十年前，巴菲特的智慧就讓我大開眼界，我於是很自然地成為波克夏‧海瑟威的股東，並定期前往奧馬哈參加波

克夏‧海瑟威的年度股東大會。奧馬哈之行最讓我津津樂道的一件軼事，是我一個人讓巴菲特決定捐出 40 億美元。你可能認為巴菲特意志堅強，不可能被某個來訪的英國人左右。但就我所知並非如此，而且我是對的。

這件事發生在 2006 年，當時比爾‧蓋茲（現在真的是在炫耀我認識這位大人物）和巴菲特在一起。蓋茲是巴菲特的好朋友，也是波克夏‧海瑟威的董事。我感謝蓋茲和他的妻子梅琳達，為他們的基金會所做的善事。我表現得非常熱情，也許有點太熱情了。

接著，我轉向在蓋茲身旁聆聽的巴菲特說：「感謝你為波克夏‧海瑟威股東所做的一切。」我不確定我的語氣如何，但我談到巴菲特的成就時，語氣不像我對蓋茲說話時那麼興奮。

你相信嗎？短短幾週後，巴菲特宣布他要把他大部分的財產，都捐給比爾與梅琳達蓋茲基金會，讓基金會把錢用於世界各地的慈善事業。巴菲特顯然深深想過，為什麼這個英國人對他創立的波克夏‧海瑟威，不如他朋友創立的蓋茲基金會來得印象深刻。所以他決定採取行動做些什麼。

以上就是巴菲特與我的故事。

接下來，希望你能你享受閱讀巴菲特如何把 1 億美元，變成 10 億美元的故事。

葛倫‧雅諾德（Glen Arnold），2019 年夏天

當市場上找不到值得投資的標的時⋯⋯

本書談的是當年四十歲左右、身價 1 億美元的巴菲特，透過哪些交易，在五十九歲搖身一變成身價數十億美元的富翁。更重要的是，本書將說明巴菲特在投資過程中，學到哪些最好的投資方法，讓大家引為借鏡。

這是他職業生涯中最讓人興奮的時期。他在股市和嚴謹經營的家族企業裡，發現一塊又一塊瑰寶，例如內布拉斯加家具商城（Nebraska Furniture Mart）以及史考特費澤公司（Scott Fetzer）。

當他把一家新公司納入他的全資子公司投資組合時，他打造的名聲也對他很有幫助。大家知道他是一位願意放手的老闆，能讓有才華的家族和專業經理人做好自己的工作。公司創辦人對他的忠誠度很高，有助於為公司帶來極佳的資本回報。因此，這些公司為巴菲特帶來更多現金，讓他把錢投資在更多好企業。換句話說，他創造出美好的良性循環。

巴菲特擁有的企業，並非帶來投資現金的唯一來源。迅速發展的保險公司，例如國家賠償保險公司（National Indemnity）和美國政府雇員保險公司（GEICO），以下簡

稱「蓋可」，都持有大量的保險浮存金，這些浮存金必須投資在其他地方。巴菲特懂得充分利用這些錢，他用這些錢買進美國龍頭公司的大量股票，例如可口可樂、吉列，以及首都城市媒體公司（Capital Cities ／ABC）。

雖然這本書會解釋巴菲特大手筆投資這些公司的原因，但也不會避談他在過程中犯的錯誤。巴菲特從過程中學習，我們也可以這樣做。到了 1989 年，他的成功和失敗，讓他擁有遠超過 10 億美元的個人資產，並為波克夏‧海瑟威日後成為全球十大公司奠定基礎。

我以每家公司他第一次投資的時間，排序他令人驚嘆的投資紀錄。如下：

1. 蓋可保險公司（1976）
2. 水牛城晚報（1977）
3. 內布拉斯加家具商城（1983）
4. 首都城市媒體－ABC －迪士尼（1986）
5. 史考特費澤（1986）
6. 費區海默兄弟（1986）
7. 所羅門兄弟（1987）
8. 可口可樂（1988）
9. 寶霞珠寶（1989）
10. 吉列－寶僑－金頂（1989）

在這期間的前十年，美國標普 500 指數上漲了一倍。你

圖 A 波克夏‧海瑟威股價和標普 500 指數的比較 （1976 年到 1985 年）

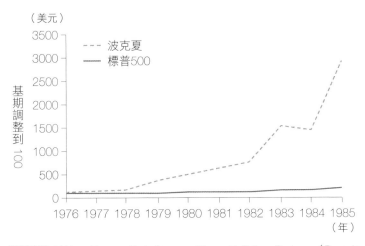

資料來源：Yahoo Finance; R. J. Connors, Warren Buffett on Business（Penguin, 2013）。標普 500 指數的數值不包含股息再投資。

　　可能認為，十年來有這樣的回報還不錯。但若看看波克夏‧海瑟威，它的股價在同期漲了二十九倍，從不到 89 美元上漲到超過 2,600 美元。參見圖 A。

　　在接下來的四年裡，按傳統標準來看，標普 500 指數的表現還是很出色，上漲了 39%。但巴菲特的表現超越了傳統，因為波克夏的股價上漲了三倍多。如圖 B 所示。

　　為了讓讀者理解這些數字的意義，請記得巴菲特在 1962 年第一次購買波克夏‧海瑟威時，他每一股的購買價格是 7.5 美元。

圖B 波克夏・海瑟威股價和標普 500 指數的比較（1986 年至 1989 年）

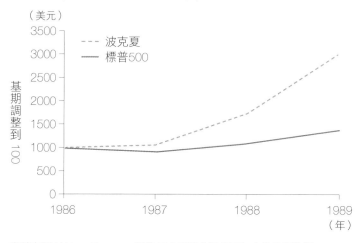

資料來源：Yahoo Finance。標普 500 指數的數值不包含股息再投資。

本書的目標讀者是誰？

我將以一系列精彩的投資個案研究，把本書獻給渴望學習，或想要時時謹記成功投資之道的投資人。

本書的架構為何？

本書有十個個案研究，你可以依個人意願深入閱讀你有興趣的個案。但我建議你按編排順序閱讀，以了解巴菲特如何成為一位出色的投資人。

巴菲特如何獲得
他的第一個
1 億美元

在我們了解巴菲特的身價，如何從 1 億美元上升到 10 億美元之前，先簡要地回顧他在卷一裡的故事——巴菲特獲致 1 億美元的旅程。

1941 年，十一歲的巴菲特想方設法湊足 114.75 美元，買了他人生的第一支股票：首都城市（Capital Cities）。當時股票的表現不好，但這個經驗激發他的思考，讓他渴望了解選擇股票有哪些好方法和壞方法。

他在十幾歲的時候，為了賺錢做過各式各樣的事。從購買並出租彈珠台，到幫別人找回遺失的高爾夫球等，他都做過。但讓他收入增加最多的工作，是每天送五次《華盛頓郵報》（The Washington Post）。

葛拉漢和蓋可保險公司的啟示

二十歲時，他已經擁有大約 15,000 美元，並透過閱讀班傑明・葛拉漢（Benjamin Graham）的著作《智慧型股票投資人》（The Intelligent Investor），建立自己的投資策略。

巴菲特非常渴望了解更多資訊，因此報名參加葛拉漢在哥倫比亞大學開設的課程。在課程的第二期，他發現葛拉漢的投資基金，持有一家叫做蓋可（GEICO）的小型保險公司的許多股份，而且葛拉漢是該公司的主席。

巴菲特把蓋可公司仔細研究過，還在某個星期六前往華盛頓特區，去敲該公司的辦公室大門，向當時的總裁助理洛里莫・戴維森（Lorimer Davidson）提問長達四小時。經過

一番研究後，他把自己三分之二的積蓄投資在蓋可的股票。

一年內，他就以 50% 的獲利把股票賣掉。這個績效還不錯，但他後來自責，沒有長期持有這麼優質的經濟特許權公司。如果他繼續持有股票，並在往後的十九年裡都不理會那些股票，股票的價值將達到 130 萬美元。

巴菲特將永遠深情銘記蓋可。這筆投資對巴菲特來說十分難忘，因為它開啟了他投資生涯的第一個階段。他走出教室，把老師教的重要原則付諸實踐：

1. 徹底分析公司。

2. 確認你估計的公司內在價值和股價之間，要有足夠的安全邊際。

3. 不要期望得到讓人心滿意足的回報。

4. 要記得，有時候市場的估值很奇怪，所以你必須獨立思考，判斷市場對一家公司的估值是否明智或者低估。

在他未持有蓋可股票的期間，該公司變得非常成功，但巴菲特把這家公司擱在一旁長達二十四年。在那段時間裡，市場知道這是一家好公司，因此它的股價對價值投資人來說太高了。總而言之，這是一家好公司但不是好投資。

不過沒關係，他還發現其他很棒的投資，例如桑伯恩地圖公司（Sanborn Maps）、美國運通公司（American Express）和迪士尼（Disney）。他的淨資產突破 100 萬美元大關，接著又突破了 1,000 萬美元的里程碑。他很享受管理投

資夥伴的資金。如果他的績效超過 6% 以上，就會針對 6% 以上的獲利，收取四分之一的佣金。

這期間，他不時地會確認一下蓋可的狀況，但直到該公司在 1970 年代中期遇到災難，股價從 62 美元崩跌至 2 美元時，他才真正興奮起來。華爾街的人幾乎都認定，這家公司沒多久就會完蛋。就在市場最看壞蓋可的時刻，巴菲特出手了，波克夏・海瑟威買下蓋可大部分的股份。在接下來幾年裡，他不斷增持蓋可股份。

蓋可不僅是他職業生涯第一階段的基石，也對他展開第二階段來說極為重要。1976 年到 1980 年間，波克夏・海瑟威斥資 4,570 萬美元買下蓋可一半的股份。隨後，新的管理團隊表現十分出色。蓋可的業績非常好，好到 1996 年巴菲特和查理・蒙格（Charles Munger）認為，買下另一半股票的合理價格應該是 23 億美元，所以他們也付了這筆錢。這筆錢比他們之前以 4,570 萬美元買下的一半股票，爆增了五十倍。

但當你看過蓋可為波克夏・海瑟威帶來的好處時，會知道這個價格還是很便宜。在大多數年度裡，蓋可可以從承保業務中賺到利潤，利潤來自賣保險的收入和理賠成本與費用之間的差額。對保險公司來說，保險業務本身就能賺錢並不多見。通常保險業務若能收支平衡，保險公司就很心滿意足了，它們寄望的是投資能夠賺錢。

事實上，蓋可的商業模式非常出色。多年來，它靠保

險業務賺了 10 億美元，為巴菲特提供更多資金用於其他投資。最重要的是，它還有大量的保險浮存金，那是保險公司準備用來理賠的資金，其中大部分的錢可以用來投資股票並獲得回報。在某些年度裡，保險浮存金又帶來 10 億美元的資本利得和股息。於是，巴菲特可以用來投資的現金愈來愈多。

講到這裡，我們好像有點講太快了……我們應該先回顧一下，巴菲特在 1970 年代中期所處的環境。

巴菲特在 1970 年代中期的投資組合

在繼續了解巴菲特在 1970 年代後半葉，及後他來的投資項目之前，我們必須記住他當時必須做的事。首先，我們看巴菲特在四十幾歲時，掌握的投資帝國有多大的規模。

巴菲特在 1970 年結束「巴菲特合夥事業有限公司」（Buffett Partnership），後來和他的妻子蘇西把大部分資金，投入波克夏・海瑟威的股票，當時該公司還是一家不賺錢的新英格蘭紡織製造商。1965 年 5 月，他控制了這家價值 200 萬美元的企業。這家公司吸引他的是公司的淨資產，而不是業務的品質。不過，他曾在很短暫的時間裡，仍對紡織業務懷抱期待，希望能扭轉局面。

巴菲特接管公司後，馬上嚴格限制對紡織業務的投資。他要求每投入每一美元，必須至少帶來一美元的真實價值，也就是要有良好的資本運用報酬率（ROCE）。巴菲特認

為，紡織業不太可能有好報酬，所以他通常反對擴張或購買新機器。相反的，波克夏‧海瑟威靠出售資產和偶爾賺到的利潤，累積了一些現金。他在尋找該把錢投入哪些好地方，讓每一美元創造出遠高於一美元的價值。

國家賠償保險公司

1967 年，巴菲特在他的家鄉奧馬哈發現了一項投資：國家賠償保險公司（National Indemnity）。這是一家汽車傷亡保險公司，波克夏‧海瑟威以 860 萬美元收購了該公司。這家公司和蓋可一樣，也擁有漂亮的商業模式，並由能幹又誠實的管理者經營。因此，該公司靠高效率、低成本的營運，以及可靠的高品質服務，在競爭激烈的市場裡賺取承保利潤。

對巴菲特來說，保險浮存金也很重要。1967 年，浮存金的金額為 1,730 萬美元。不久之後，巴菲特就讓這筆錢增加到超過 7,000 萬美元。在很長一段時間裡，低保費政策確實影響到公司的承保業務，但這筆巨資仍可持續為波克夏帶來資本利得，並從持有的證券裡得到股息和利息。

巴菲特迷上了保險業，尤其是那些有一定獲利前景或只是小虧，並同時擁有大量保險浮存金的公司。因此，波克夏‧海瑟威收購了更多產物保險公司、工人賠償保險公司，並開始涉足再保險業務。

羅克福德銀行

波克夏·海瑟威公司也在 1969 年，於美國羅克福（Rockford）一家名為伊利諾國家銀行和信託公司（Illinois National Bank and Trust）的小銀行，投資超過 1,500 萬美元。這筆投資年復一年地，為波克夏·海瑟威帶來 200 萬至 400 萬美元的豐厚稅後利潤。巴菲特可以用這家公司帶來的現金流，購買其他優質企業，並在股市裡購買以公司價值定價的股票。

華盛頓郵報

1974 年，波克夏·海瑟威斥資 1,060 萬美元購買《華盛頓郵報》9.7% 的股份。只要尼克森政府不再對該報構成威脅，《華盛頓郵報》的價值就會開始上升。

多元零售公司

繼波克夏之後，巴菲特的投資組合裡，因巴菲特合夥事業有限公司結束而出現的第二家重要公司，是「多元零售公司」（Diversified Retailing）。1966 年，當巴菲特合夥事業有限公司購買該公司 8% 的股份時，它只是一家簡單的百貨零售商。這家公司的生意雖然不好，卻擁有可觀的淨資產。

後來，多元零售公司收購了約有七十五家服裝連鎖店的「聯合棉花商店」（Associated Cotton Shops）。這筆交易讓巴菲特尷尬又寬慰，因為他最後只以很小的損失，認賠賣掉

這些百貨公司。賣掉百貨公司後，他得到約 1,100 萬美元的現金。他把這筆現金用於 1970 年代初期的其他投資。此外，這家服裝連鎖店每年的稅後收入約為 100 萬美元，為巴菲特的投資提供更多銀彈。

這就是多元零公司的起步方式。但到了 1970 年代中期，巴菲特指示該公司進入保險市場。它承保火災、傷亡和工人的理賠保單。因此，巴菲特又多一個靠保險浮存金取得資金的來源。

巴菲特把從多元零售公司賺到的現金，取出很大一部分用來購買他控制的其他公司的股份。多元零售公司擁有波克夏・海瑟威約七分之一的股份，以及巴菲特帝國的第三大支柱「藍籌印花公司」（Blue Chip Stamps）的 16% 股份。

藍籌印花公司

藍籌印花公司很有吸引力，因為它也有浮存金。但它之所以有浮存金，靠的不是賣保險和理賠之間的時間差。該公司之所以有浮存金，是因為它賣印花給加油站等零售商，因此得到大量現金。零售商拿到印花後，再把印花分發給消費者。消費者會把印花收集在書裡，之後再用印花兌換像水壺和烤麵包機等物品。

藍籌印花公司從零售商收到印花的款項，到它們必須給消費者麵包機之間，往往有很長的時間差。而且，消費者常常忘了他們有印花。因此，藍籌印花公司擁有 6,000 萬至

1 億美元的浮存金，等著買烤麵包機之類的東西。巴菲特看出這些現金的用途。1972 年，他用藍籌印花公司的資金，以 2,500 萬美元收購了時思糖果（See's Candies），這是他有史以來最成功的投資之一。這筆投資為他帶來不斷成長的收入，這些收入可供他投資股票。到了 2019 年，這些錢已經成長到超過 20 億美元。

藍籌印花公司投資的另一家好公司是「魏斯可金融公司」（Wesco Financial），該公司原本在儲貸市場經營業務。巴菲特和蒙格掌管該公司後，把公司重心轉移到持有現金和證券，儲貸業務後來則成為波克夏這個大型多元控股公司，以及旗下保險業務的一部分。

1970 年代中期巴菲特的投資難題

巴菲特在執行價值投資的過程中，出現交叉持股的副產品。在巴菲特擁有的公司裡，至少有三個資金池可供他投資：

1. 波克夏・海瑟威的保險浮存金超過 7,000 萬美元，而且這筆金額迅速成長。投資除了能帶來股息、利息和資本利得之外，每年還有來自保險、紡織和銀行業的利潤，約在 670 萬到 1,600 萬美元之間。

2. 多元零售公司才剛成形的保險浮存金，加上服飾店每年約 100 萬美元的收入，以及波克夏・海瑟威和藍籌印花公司持股的收入。

3.藍籌印花公司的浮存金為 6,000 萬到 1 億美元。這個資金池帶來的股息、利息和資本利得，再加上該公司在時思糖果和魏斯可金融公司持有可觀的部位。時思糖果每年約可帶來 300 萬美元的利潤，魏斯可金融公司每年則大致可帶來 300 萬至 400 萬美元的利潤。

這種錯綜複雜的持股關係有一個缺點，那就是當美國證券交易委員會（SEC）發現，巴菲特能夠採取一些行動，讓公司小股東的利益受到損害。

巴菲特不想製造麻煩，也不想輕忽信任他的股東。他視股東為他的合作夥伴，應該正直且公平地對待他們。只不過意識到可能會產生利益衝突的問題，巴菲特和查理・蒙格就決定在 1978 年簡化整個結構。

1978 年底，多元零售公司和波克夏・海瑟威合併。波克夏・海瑟威以自己的股份，買下多元零售公司所有股份。為了補償查理・蒙格在多元零售公司的股份，他得到波克夏・海瑟威 2% 的股份，並被任命為副董事長。

波克夏隨後控制了藍籌印花公司，持有該公司約 58% 股票。巴菲特擁有波克夏 43% 的股份，以及藍籌印花公司 13% 的股份。他的妻子蘇西擁有波克夏・海瑟威 3% 的股份。

1983 年，波克夏收購了藍籌印花公司剩下的所有股份，進一步整頓了控股結構。

圖C 波克夏在 1970 年代中期大致上的持股比例

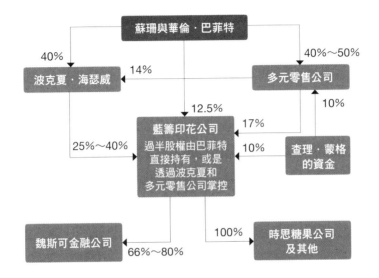

我把 1970 年代的背景介紹完了，現在讓我們來看看，哪些交易讓巴菲特把 1 億美元，增加到 10 億美元。如前所述，我們從蓋可開始談起。

巴菲特的對帳單

第 1 筆

蓋可保險公司（GEICO）

投資概況	時間	1976 年至今
	買入價格	4,570 萬美元購得 51% 股份（1976 年到 1980 年），其餘股份在 1996 年以 23 億美元購得
	股份數量	一開始是可轉換特別股 199 萬股（價值 1,942 萬美元），以及股普通 129 萬股（價值 412 萬美元）
	賣出價格	仍然是波克夏‧海瑟威的一部分
	獲利	百億美元，且持續增加中

1976 年波克夏‧海瑟威
股價：40 ～ 80 美元　市值：9,290 萬美元　每股市值：95 美元

　　華倫‧巴菲特在 1970 年代購買蓋可保險公司的股票，他描述這筆交易「可能是我最好的投資」。[1] 這筆投資當然讓他賺了很多錢。他一開始投入的 4,570 萬美元，已經漲了至少一百倍。

三個良性循環

營運成本的良性循環

　　蓋可的故事和三個良性循環有關。第一個是所謂的**營運成本良性的循環**，由創辦人里奧‧葛德溫（Leo Goodwin）

和他的妻子莉莉安（Lillian）在 1930 年代打下基礎，並由歷代傑出的經理人一同打造而成。當年葛德溫意識到，汽車保險是一門競爭非常激烈的生意。事實上，這是一個商品化的產業，保險業者很難用差異化的產品來收取更高價格。大多數買家只想要最便宜的價格，必要時會毫不猶豫地換掉廠商。

結果，許多保險公司的資本回報讓人不盡滿意，因為這些公司必須靠降價來維持銷量。因此，不斷降低成本是保險業提高回報的關鍵。但問題是，該如何降低成本？

二十世紀中葉，絕大多數保險公司的銷售通路，是向保險代理人和業務人員支付大筆佣金，藉此把保單賣給終端保戶。保險公司採用這種靠中間人銷售的方法，所以當它們把佣金成本加入一般管理費用時，約有 40% 的保費會用在管銷上。不過，蓋可找到一些方法，可降低三分之一以上的費用。它們靠營運成本的良性循環來做到這一點。

這個良性循環的起點，也就是低成本，有兩個方面。第一，直接賣保險給客戶，這樣就不用支付中間人的費用。當年可以用信件或電話直接賣保險，現在則可以用智慧型手機。

二十一歲的巴菲特，曾在《商業與金融紀事》（*Commercial & Financial Chronicle*）發表一篇名為〈我最喜歡的證券〉（*The Security I like Best*）的文章。誠如當年他在文章裡說的，這種直銷方式還有另一個優點：「不會有中間人對

圖1.1　營運成本的良性循環

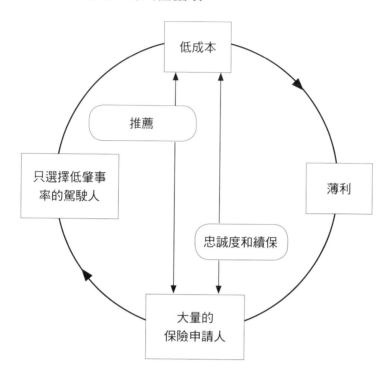

你施壓，要你承保高風險申請人的保單，或續保風險高的保單。」

這一點會引導我們到第二個方面：公司只把保險賣給特定族群，這些人有很高的比例屬於安全的駕駛人。此外，他們每個月都有穩定的收入，也是行銷活動可以輕鬆鎖定的對象。

蓋可意識到這一行競爭很激烈，所以它們很努力留住

老客戶，還要求自己必須把所有或大部分節省下來的成本，都回饋給消費者。今天，巴菲特希望蓋可的承保利潤最多到4%。如果承保利潤超過這個數字，保單的價格就會下降。透過這種方式，靠降低營運費用而省下來的錢，大部分都可以歸客戶所有。

在公司成立的前二十年裡，公司禁止員工向既定銷售族群以外的人行銷。光看公司的名字，你就可以猜到它們鎖定哪些族群：政府員工，包括軍人。這種鎖定特定群體的作法，既降低了行銷成本，也減少了理賠數量。因為這個族群的人，平均而言比較負責且腦袋清醒，比方說肇事風險比較低的司機。

到了 1958 年，該公司才開放非政府員工也可以購買蓋可的保險。但即使如此，它們的服務仍僅限於具專業、技術和管理職的民眾購買。

蓋可在管理和事故協助上提供客戶優質的服務，因此無論是過去或現在，都非常能夠留住老客戶。這種作法對低成本模式很有幫助。高品質的服務也對商業模式的另一個面向很有幫助：由於很多人想申請蓋可保險，因此公司在銷售保單時可以更精挑細選客戶對象，只選擇風險相對較低，且最有可能為公司帶來利潤的人賣保險。

無論是過去或現在，老客戶對蓋可都非常滿意，而且很樂意和朋友推薦蓋可，幫蓋可帶來很多新客戶，這是另一種降低獲取客戶成本的方法。

信心的良性循環

蓋可的第二個良性循環，出現在 1976 年公司面臨危機的期間。稍後我會更詳細說明危機本身，所以現在不會說太多。現在我只想簡單說明，當時公司的股票及債券投資人與再保險公司，都沒有信心蓋可能撐下去，所以公司差點破產。人們對蓋可的高層和財務狀況已經失去信心。

公司迫切需要注入股東資本才能生存。如果有人拿出這筆錢，金融市場上的人才會認為公司有可能生存下去。於是，這又會讓保戶充分信任公司，並吸引貸款人和再保險公司。

但沒有人願意邁出第一步，因此出現進退維谷的窘境。每一個潛在的融資人，都在等別人先採取風險極高的作為，也就是注入數千萬美元讓公司重振旗鼓。大家的想法是，第一次注資可能會奏效……又或者，可能無效。可能會有更多事端冒出來，也可能不會。既然如此，為什麼要冒這麼大的風險呢？還是不要碰比較好。

所有人的態度都是如此，除了一個人之外。雖然蓋可在私底下對保險的一些作法讓人震驚，但巴菲特看到蓋可具備經濟特許經營權的特質，包括成本低、忠實客戶的好評等等，而且這些特質依然完好無缺。

巴菲特注資後，把原本無人敢邁出第一步的惡性循環，變成了良性循環。波克夏·海瑟威的資金不僅強化蓋可的財務狀況，也強化了市場信心。於是，再保險公司重新承擔蓋

可部分保單的風險，監管機構和貸款機構的態度也放軟了。

負債可以賺錢的良性循環

在華倫‧巴菲特的投資故事裡，我們從國家賠償保險公司身上，看到他如何把會計師列為負債的東西變成資產，為波克夏創造了數百萬美元的利潤。他利用保險浮存金在證券得到漂亮的回報，在固定利率的工具上產生利息，並靠股票賺到股息和資本利得。

他看出蓋可的商業模式可以帶來大量可預估的流動資金，這些資金正等著讓他投資到其他地方。蓋可還有一種政府的現金來源「遞延所得稅」（deferred tax），因為帳戶裡要用來納稅的款項，和實際納稅之間有時間差（參見圖1.2）。

蓋可為何衰敗？

1970 年代初期，蓋可嚴重迷失方向。當時這家公司極其無利可圖，因為管理高層在追求營收時，沒有認真注意到未來可能會衍生多少理賠成本。蓋可的執行董事和許多保險公司一樣，把注意力集中在保單的成交量，而忽略了長期利潤。

身為局外人的巴菲特，早在 1951 年第一次以價值投資的方法買進蓋可股票，這個經驗曾為他帶來美好的回憶。因此，當他後來看到公司迷失自我，他覺得非常難過。對於

圖1.2 負債可以賺錢的良性循環

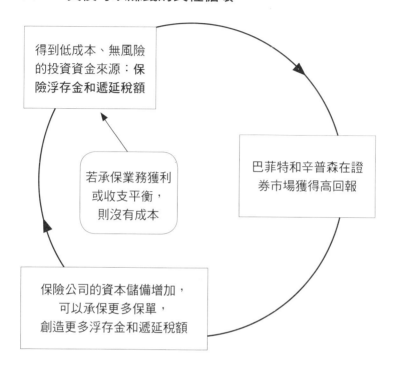

在 1958 年從創辦人里奧・葛德溫手中接任總裁的洛里莫・戴維森（Lorimer Davidson）來說，這也是一件讓人悲傷的事情。在戴維森領導的十二年裡，公司保費收入從 4,000 萬美元（共 485,443 份保單）成長到 2.5 億美元。蓋可成為美國第五大汽車保險公司，一年售出近兩百萬份保單。重要的是，公司是因為嚴格遵守承保紀律，才能達到穩定這種成長。也就是說，公司寧可拒保，也不接受保單利潤最後可能無法負擔理賠金和管理成本的情況。

1970 年底，七十一歲的戴維森辭去總裁和董事長職務，公司隨後開始陷入困境。雖然公司仍會徵詢他的意見，但他的新職位只不過是董事會裡的成員。公司裡追求營收成長的人遠遠超過他一人，這些人非常熱衷於用新型複雜的電腦程式預測保單風險。據說，這些程式比那些老傢伙更懂得如何評估保單風險。

衝刺成長

1973 年，蓋可取消保險資格的一切職業限制，因此任何人都可以申請保單。它開始賣保險給藍領工人和二十一歲以下的人，而這兩個族群的事故數據，都比蓋可傳統的客戶差。但沒關係，超讚的新軟體可以非常準確地為這些族群，計算出適當的風險溢價。

開放所有美國成年人都可申請保單，大大刺激了市場需求，蓋可也因此成為排名第四的上市汽車保險公司，年保費收入超過 4.79 億美元。由於投資人在意的是成長，因此蓋可的股價飆升到 61 美元。

因為急於擴張，公司把推銷信直接寄給 2,500 萬人，經理人還在全國設立一百二十三個地方辦事處，雇用領薪的業務員來推銷保單。這些辦公室的設立成本很高，包括物業費用、雇用大量的新員工和電腦設備的費用。設立辦公室這件事，反應出公司上下普遍不在乎成本控制，但成本控制正是公司創造財富的基礎。

高階主管對未來充滿信心，也讓市場知道他們的信心。但就像巴菲特常說的：「只有當潮水退去時，才知道誰在裸泳。」

潮流逆轉

正當公司志得意滿時，保險法規的變化卻讓蓋可慘遭打擊。在過去，事故裡有過失的司機，他的保險公司應負責賠償各方的損失。這種規定對蓋可來說很好，因為傳統上蓋可只向最謹慎又很少出錯的司機承保，所以它要付的理賠金很少。

但根據美國二十六個州通過的新「無過失保險」法（no-fault insurance's laws），事故的賠償將根據損失程度而定，而不是只由過失方賠償。提出這些新法律，目的是減少事故後曠日廢時的訴訟過程。根據無過失保險法，每個受到傷害的駕駛人，都可以從自己的保單裡得到賠償。

此外，蓋可還有一個負擔。由於民眾批評保險費不斷上漲，於是州監管機構決定限制保險公司收取的費用。由於蓋可在短時間內大幅增加保單數量，因此上述兩項新的政府規定，為蓋可帶來的負擔比它的主要競爭對手多很多。更糟的是，當時正是住院、手術和汽車維修費迅速上漲的年代。

管理不善

公司在擴張期間，高層一直在估算理賠可能帶來的損

失，進而估算公司的財務狀況。多年來他們一直這樣做。但當高層回顧 1975 年時，發現他們太過樂觀，公司低估了 1 億美元的損失。當時蓋可帳面上有 230 萬份虧損的保單。

當所有錯誤都湊在一起時，公司董事被迫在 1975 年丟出一枚震撼彈：公司損失了 1 億 2,650 萬美元。蓋可隨後暫停派息，股價跌到 5 美元。

班傑明·葛拉漢曾在蓋可擔任董事達十七年之久，並在 1965 年卸任。現已退休的他，曾在 1976 年一場訪談中表示：「我問自己，公司是不是擴張得太快了……想到他們在一年內賠掉多少錢時，我就不寒而慄。它們可真了不起……你必須是個天才才能賠那麼多錢。」[2]

戴維森為此非常震驚，他知道他必須暫停他的半退休狀態，回鍋拯救公司。他採取的行動之一是成立特別委員會，為這家陷入困境的公司尋找新的領導人。

巴菲特對蓋可有興趣

在 1976 年 4 月的年度股東大會上，數百名憤怒的蓋可股東表達不滿。他們要求現任執行董事下台。此外，各州的保險業務員也紛紛找上門，想知道蓋可能否避免破產的命運，履行對投保人的義務。這些都讓公司承受愈來愈大的壓力。

監管機構認為，蓋可迫切需要再保險來降低部分曝險，並需要注入大量的長期股本。蓋可對此雖可有異議，但華盛

頓特區的保險監管機構不相信公司撐得下去，並打算很快宣布它破產。

公司此時需要一位意志堅定、有計畫的執行長，並有徹底執行計畫的決心。這個人要有排除萬難的能力。

但在年度股東大會召開後的幾天內，當時的執行長就被開除了，所以領導高層的狀況更是雪上加霜。首席董事山姆·巴特勒（Sam Butler）出任臨時執行長，他的任務是尋找有能力拯救公司的人。時間非常緊迫。

傑克·伯恩：公司的救世主

傑克·伯恩（Jack Byrne）將成為巴菲特在蓋可的關鍵人物。平心而論，我認為如果沒有伯恩，巴菲特就不會投資蓋可。巴菲特要確保他任命的人能夠：看到公司真正的策略優勢。前任執行長熱衷於成長業務，卻忽略蓋可的優勢；以及能有勇氣和動力把公司從搖搖欲墜的懸崖邊拉回來。巴菲特後來稱傑克為「保險業的貝比·魯斯（Babe Ruth）」。貝比·魯斯是美國職棒傳奇球員。

伯恩是一位實事求是的新澤西人，血液裡流著保險的DNA。他從小就在餐桌上聽父親談保險，青少年時期就在家族的保險公司磨練自己的職涯。伯恩在二十多歲時就是一名訓練有素的保險精算師，在幾家公司工作過，具備再保險銷售和管理的經驗。

但真正讓他發跡的地方，是旅行家保險公司（Travelers

Insurance Company）。1966 年，三十四歲的傑克加入該公司，迅速晉升為執行副總。這位經理人以嚴厲又和藹著稱。你不會想惹他生氣，但如果你表現得很好，他以會獎勵你。1975 年，當他未能被任命為旅行家保險公司的總裁時，就決定要跳槽了。

蓋可開完爆炸性的年度股東大會後不久，巴特勒就打電話給伯恩。他說服伯恩說，拯救蓋可不只對股東很重要，對保險業和廣大的美國社會也很重要。伯恩制定了一項讓蓋可擺脫困境的計畫，並將計畫提交給正式的任命委員會。委員會對他印象深刻，於是他從 1976 年 5 月走馬上任，擔任蓋可的執行長。

待辦清單

蓋可的時間不多了。伯恩的第一個任務是說服保險監理官，不要終止蓋可的保險業務。他幾乎每天都會去哥倫比亞特區拜訪保險監理官，說明他的計畫以及目前的進度。雖然監理官仍心存疑慮，但他們確實給伯恩幾週的時間來釐清頭緒。他的期限到六月下旬，蓋可若不成功就要成仁了。

伯恩的第二個任務，是抒解大額保單造成的壓力。伯恩的目的是建立一個由其他保險公司組成的聯盟，由該聯盟承擔蓋可 40% 的承保風險，這是價值超過 2,500 萬美元的保單。

這聽起來有點奇怪，因為他竟然認為競爭對手會挺身而

出拯救他的公司。畢竟，如果蓋可倒閉，競爭對手豈不可以挖走它們的客戶而受益？

但伯恩表示，如果蓋可破產，監管機構會要求保險業的同行，一同確保蓋可的保戶不會遭受損失。也就是說，如果同行不出手相救，它們最後只好幫沒付保費給它們的理賠埋單。此外，如果保險業有大型公司倒閉，保險業的名聲也會受到打擊，如此一來將普遍降低消費者對保險的需求。

雖然伯恩頑強地奮戰，卻他沒有太多的進展。老謀深算的競爭對手盤算著，它們寧願承受因蓋可倒閉而產生的理賠損失，也不願意讓蓋可敗部復活又來爭奪市占。

伯恩才上任幾天，但時間顯然已經不多了。他上了這艘正在下沉的船，這樣做是不是犯了大錯？

許多長期股東紛紛拋售蓋可股票，股價跌到 2 美元，比 1972 年的價格下跌了 97%。然而，班傑明·葛拉漢和洛里莫·戴維森都保留了他們的股份。

為了阻止公司現金不斷流出，伯恩開始關閉全國各地的辦事處，並將員工人數減少一半。他也實施了提高保費的措施。

這時有一個好消息：華盛頓保險監理機構，並沒有真的在 6 月宣告公司破產，而是允許它舉步維艱地走到 7 月。

巴菲特與伯恩會面

巴菲特一直在一旁看著垂死掙扎的蓋可。在他採取行動

前，他想先弄清楚，伯恩是不是真的具備拯救和建設這家公司的特質。

他請他的朋友凱瑟琳‧葛拉漢（Katharine Graham）安排他和伯恩會面。凱瑟琳‧葛拉漢是《華盛頓郵報》的發行人，也是個人脈高手。關於凱瑟琳‧葛拉漢的故事，請參見電影《郵報：密戰》（*The Post*）。此時，伯恩正為公司的存亡忙得焦頭爛額，加上他從來沒聽說過巴菲特這個人，索性直接拒絕這場會議。

洛里莫‧戴維森聽說巴菲特被冷落，於是嚴詞責備伯恩，明確要他再安排一次會面。在 7 月的某個夜晚，巴菲特和伯恩見面了，那晚他們聊到深夜。

巴菲特很需要知道的事包括：公司的生存機會有多大、公司籌募資金的計畫、公司是否認同蓋可擁有低成本的特許經營權，以及公司受創後該特許經營權是否仍然完好無缺。最後一個是，伯恩是否能帶領公司度過未來艱困的日子。

巴菲特對伯恩的各方面都很滿意。他知道他有可能失去他投入蓋可的一切，但另一方面，如果公司能夠轉虧為盈，他的回報將是起始投資的許多倍。

在伯恩的領導下，公司很有可能生存下來，並再次躍居為低成本汽車保險的領導者。

巴菲特決定投資蓋可

巴菲特會見伯恩的第二天，波克夏‧海瑟威就買下價值

超過 100 萬美元的蓋可股票，巴菲特也表示會購買更多股票。波克夏總計花費 411 萬 6,000 美元購買 1,294,308 股，平均每股 3.18 美元。這次購買讓伯恩大受鼓舞。除了他本人之外，其他人也相信公司有敗部復活的可能。

到了 7 月中旬，又出現了一線生機。當時華盛頓保險監理官放寬了限制，允許蓋可繼續營運。現在，蓋可只需要說服其他保險公司，把公司 25% 的曝險轉移給它們。順帶一提，他們還至少要籌到 5,000 萬美元的新資本！

要求一家綜合比率為 124% 的公司解決上述問題，難度之高可想而知，因為這個數字，是保險產業有史以來最糟糕的數字之一。這表示在保單上每投入 1 美元，就要支付 1.24 美元的理賠責任和費用。

在蓋可悠久的歷史中，這是公司第一次在財報中顯示，承保業務出現年度虧損。牢牢抓住救命稻草的伯恩強調，該公司在 1976 年的第二季，綜合比率已經改善，降到 113%。但誰都看得出來，公司的核心業務仍處於虧損狀態。因此，要求其他保險公司和潛在股東承擔蓋可保單的風險，過程極度艱辛。

巴菲特和伯恩捲起袖子

人們對蓋可很沒信心，但伯恩有一張新牌可以打。他得到巴菲特的支持，此時的華爾街逐漸認為巴菲特是個精明的投資人，也是主導經營良善的國家賠償保險公司的人。

巴菲特不僅準備對伯恩的計畫、蓋可的特許經營品質，以及伯恩的個性發表看法，他還要用 411 萬 6,000 美元的價格為自己的判斷背書。有了他的參與，就可以改變蓋可和別人的談判關係。

　　既然巴菲特和伯恩正在為共同的事業努力，於是巴菲特去見了華盛頓的監理官。巴菲特向監理官解釋說，他已經投入數百萬美元給蓋可，並同意讓波克夏承擔蓋可部分的保險風險。當然，就算是最嚴格的監管機構也會因此給予足夠的時間，例如給幾個月的時間，讓公司引進其他保險公司，並出售要發行的新股份。

　　問題是，除非蓋可籌措到額外的 5,000 萬美元，否則其他保險公司不願意承擔蓋可 25% 的風險。另一方面，除非 25% 的保險風險消失了，否則金融機構不願意投入 5,000 萬美元。

　　要解決這個雞生蛋、蛋生雞問題的辦法，在於同時著手進行這兩件事情。伯恩的任務艱巨。到了 8 月初，他成功說服二十七家保險公司，對蓋可 25% 的曝險進行再保險。但這裡有一個嚴苛的條件，那就是蓋可必須成功賣出至少 5,000 萬美元的新股份。

　　這裡有一個困難是，伯恩必須讓投資銀行參與承銷要新發行的股份。於是，他在華爾街的各大投資銀行之間奔走，希望它們能夠支持蓋可，但這些投資銀行一次又一次地拒絕他。

當他去拜訪一家相對較小，名字叫所羅門的公司時，他已經有點絕望了。這家公司專門交易債券，而不是股本集資。但剛好所羅門想開拓股權業務，所以他們聽了伯恩的簡報。他們聽說巴菲特要投資蓋可，而且相信蓋可救得起來，因此會為股東帶來巨額回報。

承銷邀約

1976 年 8 月 18 日，《紐約時報》報導表示「一家大型投資銀行，已經承諾購買蓋可新發行的所有特別股，並將向大眾發行。」所羅門將接受未被現有股東透過認股權認購的 1,000 萬股（價值 7,600 萬美元），或者未被「同意參與蓋可再保險的傷亡保險業同行」認購的股份。

特別股持有人每年將獲得 8% 的股息，特別股可以轉換為普通股。如此一來，再保險公司可以拯救蓋可，避免保險業的聲譽下降，並獲得再保險的保費。未來，它們還可以把特別股轉換為普通股，從蓋可上漲的財富中獲益。

傑克・伯恩後來說：「我們必須將環環相扣的要素都湊在一起，這個拼圖難拼得不得了。最大的挑戰是人。我們必須在媒體鋪天蓋說我們壞話的時候，去推銷、說服、談判、施壓和奉承。一系列錯綜複雜又敏感的小勝利，最後讓一切能夠順利進行。但是，我們一點一滴地做，終於成功了。」[3]

直到 11 月，蓋可才完成股票發行。巴菲特對蓋可的未

來充滿信心，他也已經告訴所羅門銀行，波克夏將收購別人沒買的所有特別股。對波克夏來說，這是一個大膽的舉措，因為該公司當時的市值，只比買下所有蓋可股票的成本還高一點點而已。

最後，發行新股和再保險交易順利完成。波克夏·海瑟威僅以 1,942 萬美元，就買下 1,986,953 股的蓋可保險公司可轉換特別股。這筆交易在波克夏的股票投資組合中，占了相當大的比例。1976 年 12 月，該投資組合總額為 7,540 萬美元。

他們成功了！伯恩和巴菲特將信心崩跌和資本流失的惡性循環，逆轉成樂觀、資本流入和保單增加的良性循環。到了年底，蓋可已經擁有 1.37 億美元的資本，足以開始成長。

參與再保險合約的同業，將從這筆交易獲得巨額利潤，而那些勇於買進股票的保險公司，則看到股票的價值飆升。

不過讓人遺憾的是，蓋可前董事長葛拉漢的投資基金，早在 1948 年就第一次買進該公司股票。但是，他無法親眼看到蓋可完成融資，以及公司在伯恩和他的學生巴菲特的領導下轉虧為盈，因為葛拉漢在 1976 年 9 月去世，享年 82 歲。

巴菲特為什麼投資看似毫無生路的保險公司？

1980 年，巴菲特在董事長致波克夏·海瑟威股東的年度信件中，解釋他為什麼把大比例的資金投資於蓋可。

他表示，多年來他們看過人們嘗試扭轉局面數百次，因

圖1.3 1976 年信心的良性循環

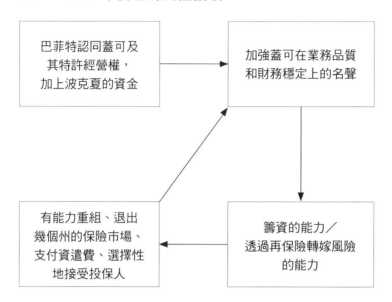

此得出一個結論：「除了少數例外之外，當一個赫赫有名的經營者，遇到一個基本面糟糕的公司時，往往是後者占了上風。」

他接著說，蓋可或許是一個例外，它從 1976 年幾乎破產的邊緣東山再起。公司需要有管理才華的人才能扭轉頹勢，而伯恩擁有豐富的管理才能。

「但同樣關鍵的是，雖然公司身陷財務和經營的困境裡，但曾經為蓋可帶來重大成功的業務優勢，依然完好無損地存在於公司內部。」

巴菲特將蓋可的問題，拿來和美國運通公司在 1964 年

經歷的沙拉油醜聞比較。他說，這兩家公司都是非常獨特的公司，都是暫時受到管理階層的打擊所影響，但公司優異的經濟基礎並未因此遭到破壞。

蓋可公司成長幅度超車波克夏

東尼・奈西利（Tony Nicely）在 1961 年加入蓋可，當時年僅十八歲的他，在承保部門工作。他在 1993 年成為執行長，並在 2018 年退休。1975 年到 1976 年公司發生危機的那段日子，奈西利擔任助理副總。雖然那段日子回憶起來充滿風雨飄搖，但他很感謝有伯恩掌舵，讓船安然無恙。

他在接受羅伯特・邁爾斯（Robert Miles）採訪時表示，伯恩「拯救蓋可免遭徹底毀滅。當時能做到這一點的人很少，如果有的話。傑克很有魅力、讓人信服，是一個非常稱職的人。」[4]

東尼・奈西利從伯恩那裡學到很多保險的知識。「他對業務很熟……他在蓋可建立起全新的管理流程，其中大部分依然存在……我們這些倖存下來的人，從傑克那裡學到很多東西，像是保險業務、管理以及許多其他方面的知識。」

伯恩上任後，發現員工和業務體系都是孤立的。負責定價的人做他們的事情，理賠人員做他們的事情，而儲備金則由其他人負責。他很驚訝多次聽到員工說「我不知道，這不是我的工作」之類的話。顯然，整個組織需要更了解公司的整體目標。公司的目標是收進來的保費，必須能夠帶來合理

的利潤。了解目標後，大家才能朝著同一個方向努力。

伯恩花了一些力氣，讓目標變得愈來愈具體。他的要求非常高，這種轉變對員工來說並不好過。「一開始我還只是個年輕人，兩三年後我就變成老人了，」東尼・奈西利說。「我必須花很多時間工作，所以有幾年我不是個好父親，也不是好丈夫。但改變我的不是長時間工作或缺乏休息，甚至也不是不知道……哪一天下班後，不知道公司還在不在的壓力。讓我變老的原因是，我總是不得不看著人們的眼睛……然後和他們說……我很抱歉……從星期一開始你就不用來上班了，但這不是你的錯。」[5]

公司規模變小了，但仍然矗立著

一如大家的預期，公司在 1976 年提報了損失。然而，到了 1977 年，蓋可開始有營業利益，並大肆宣傳公司的償債能力已經恢復。公司的業務量大幅減少，市占從 4% 降到 2% 以下，但現在的保單很可能帶來獲利。

伯恩決心讓公司回到低成本的基礎。他非常熱衷於削減成本，以至於多年來只有一位秘書。在激勵員工傑出的表現上，巴菲特說伯恩就像養雞農，把鴕鳥蛋滾進雞舍裡，然後說：「各位，這就是競爭對手正在做的事。」

巴菲特沒有對在第一線做事的人指手畫腳，這和他對待旗下其他公司的經理人如出一轍，正如他對《華盛頓郵報》的凱瑟琳・葛拉漢，以及時思糖果的查克・希金斯（Chuck

Higgins）。巴菲特讓他們不受干擾地繼續工作，只有當他們明確請巴菲特提供建議時，他才會表示自己的看法。巴菲特完全信任他們，而這些獨立思考的經理人非常欣賞這一點。

不過，巴菲特確實有一件事讓伯恩留下深刻印象，那就是他要求蓋可著眼於長期管理，絕對不能追求短期的銷售額或盈餘成長。他鼓勵伯恩在管理這家公司時，要以這是他唯一擁有股份，而且一百年內都不能賣掉股份的態度來經營。

雖然巴菲特不願意干涉經理人的工作，但他確實很享受每週閱讀公司的關鍵指標。蓋可每週二都會送來一些數據，例如客戶透過電話諮詢而購買保險的比例。

好事不嫌多

蓋可的發展讓巴菲特非常欣喜，因此除了波克夏最初持有的 2,353 萬美元股份之外，他又在 1979 年加購 476 萬美元的股份，此時特別股已經轉換為普通股。隔年，波克夏又花了 1,885 萬美元買股份，使總投資金額達到 4,714 萬美元，總共 720 萬股。波克夏在四年內，為蓋可股份支付的平均價格為每股 6.55 美元，當時持有共 33% 的蓋可股份。

巴菲特在 1980 年致波克夏‧海瑟威股東的信中，表達他對蓋可未來的興奮之情。他說：「蓋可是投資界的最佳典範，它擁有難以模仿的產業優勢，同時擁有高超的資金管理技巧。」

眼尖的人一定會注意到，我前面曾經說過，波克夏只花

了 4,570 萬美元買了蓋可一半的股份，但現在我說波克夏投入超過 4,700 萬美元。之所以會有這種差異，原因是蓋可和許多巴菲特持有的公司一樣，推出了股票回購政策。

有一次，波克夏將部分蓋可股份賣回給公司。但在許多時候，波克夏什麼也沒做，只是眼睜睜看著發行的股份，在其他人的拋售下下跌。最後，在 1990 年代中期，由於其他投資人把股份賣回給蓋可，讓原本持有三分之一蓋可股份的波克夏，最後變成持有二分之一股份。

十九年的輝煌歲月

透過表 1.1 的整理，可以看見 1976 年底到 1996 年初期間，蓋可以驚人的速度成長。在短短的一年內，蓋可的股價就從波克夏支付的 3.13 美元，上漲到 8.13 美元。但蓋可為波克夏・海瑟威和巴菲特帶來的名聲，現在才要開始發酵。1980 年，蓋可賺到龐大的盈餘，讓波克夏持有的三分之一股份，價值上漲到 2,000 萬美元，一年帶來的收益幾乎是波克夏購買股份的一半金額。

隔年蓋可的表現甚至更好。1981 年，蓋可的股價翻了一倍，占當年波克夏淨資產成長的一半以上（總計 1.24 億美元，約占 31% 的蓋可股份）。當時，波克夏的股價為 27.75 美元，五年內上漲了九倍，而波克夏持有的股份價值，也已經上升到 2 億美元。

到了 1982 年，波克夏持有的三分之一蓋可股份，意味

著高達 2.5 億美元的保費金額，遠遠高於波克夏所有保險公司直接保費的總額，包括國家賠償保險公司在內。又在短短兩年後，蓋可的保費收入躍升至 8.85 億美元，表示波克夏的收入是 3.2 億美元，遠遠超過波克夏自身保費收入的兩倍。1984 年初，蓋可的股份價值約為 4 億美元，相當於波克夏淨資產的 27%。

到了 1990 年代初期，蓋可的股價已經飆升到 320 美元以上，讓巴菲特在 1976 年為波克夏進行的這筆普通股投資，得到一百倍的回報。當時股份已經一股分割成五股，所以每股實際的價格約為 64 美元。

核心位置

伯恩很清楚，他要為公司帶來極高的資本報酬率。與此攸關的是，他意識到優秀的管理有一個關鍵指標。當公司經營業務賺到很多錢時，可以靠這個指標看出公司管理的好壞：管理高層是靠投資擴張業務，並把現金留在公司讓現金儲備不斷增加，還是透過分紅與股票回購，把這些錢分享給股東？

好的經理人知道，這個問題的答案取決於，邊際投資能否帶來讓人滿意的回報。如果額外投資無法帶來良好的報酬率，就應該把錢交給股東，讓股東把錢投資在其他地方。

伯恩確實投資過公司的業務，但前提是每一美元的投資，都要產生遠高於一美元的回報。他不會為了管理高層的

表1.1　波克夏持有的蓋可股份價值迅速上漲

年份	每股價格（美元）	波克夏 · 海瑟威持有的蓋可股份總市值 （百萬美元）
1976	3.13	24
1977	8.13	44
1978	7.00	37
1979	11.88	68
1980	14.63	105
1981	27.75	200
1982	43.00	310
1983	58.13	398
1984	58.00	397
1985	87.00	596
1986	98.50	675
1987	110.50	757
1988	124.00	849
1989	152.50	1,045
1990	162.12	1,111
1991	198.98	1,363
1992	325.00	2,226
1993	256.87	1,760
1994	245.00	1,678
1995	349.34	2,393
1996	波克夏 · 海瑟威以 23 億美元購入蓋可剩下的 49% 股份	

資料來源：W. Buffett, letters to shareholders of BH（1976–1996）. 不計蓋可在 1992 年發行的股票（每持有一股就增加四股）。

自負或薪水，而企圖建立一個企業帝國。他把無法達成上述標準的錢，都用來大幅增加股息。從 1980 年到 1992 年，蓋可派發的股息增加了六倍多。他也開始回購公司股票，最後回購了 30% 的股份。

蓋可管理團隊也表現出讓人欽佩的自我節制，只從事真正有利可圖的保險業務。巴菲特寫道，它們「在承保領域維持極佳的紀律，最重要的包括提供全額和適當的賠款準備金。如今，新業務讓他們的努力進一步帶來許多回報。」[6]

他們在成本上也受到約束：「1986 年，蓋可的承保和理賠支出，總共只有保費的 23.5%。許多大公司的數字比它們高 15%，就連像好事達保險（Allstate）和州立農業保險公司（State Farm）這種大型的直接保險公司，它們的成本也明顯高於蓋可。蓋可和競爭對手之間的成本差距就像一道護城河，保護著一座有價值又吃香的商業城堡。沒有人比伯恩的繼任者，也就是蓋可的董事長比爾·史奈德（Bill Snyder），更了解這種護城河圍繞著城堡的概念。」[7]

蓋可的經營團隊專注在低成本業務的成效。大多數保險公司的理賠和業務支出，合計均大於保費收入，也就是綜合比率高於 100％。直到 1992 年，這十六年來，蓋可的保險業務有十四年是獲利的，只有兩年的綜合比率超過 100%。這是一項了不起的成就（見圖 1.4）。

永久持股

　　巴菲特盛讚蓋可，即使他在 1986 年幾乎賣出他所有其他股票，但仍持有蓋可和另外兩家上市公司的股票。那兩家公司是首都城市媒體公司和《華盛頓郵報》。他把這三項資產視為他永久持有的資產，即使市場對它們的定價明顯過高，他也不會賣出。

　　他對蓋可的承諾，與他對時思糖果的承諾類似。他說：「就算有人出一個遠高於我們認為這些公司值得的價格，我們也不會賣股票。在企業的世界裡，頻繁買賣已經變成常態，所以我們這種態度可能顯得有點過時……但是我們還是會堅持這種『至死不渝』的作法。這是唯一能讓我和查理覺得自在的方法。這個方法的效果不錯，讓我們的經理人和我們投資的對象，可以不受干擾地經營他們的業務。」[8]

　　這個聲明發表後不久，蓋可提報每股的稅後盈餘為 9.01 美元。換句話說，波克夏購買蓋可股份十年後，一年內從蓋可得到的收入，超過它在 1976 年、1979 年和 1980 年每股支付的平均價格，也就是 6.55 美元。當年投資的這座金礦，如今還蘊藏著更多價值。

巴菲特認可的「投資英雄」

　　蓋可可能是巴菲特有史以來最出色的一筆投資。蓋可的成功很大程度上和我們先前說的內容有關，也就是要歸功於公司在承保業務上的出色表現。但是，波克夏・海瑟

圖1.4　蓋可和保險業的綜合比率*比較（1977年至 1992年）

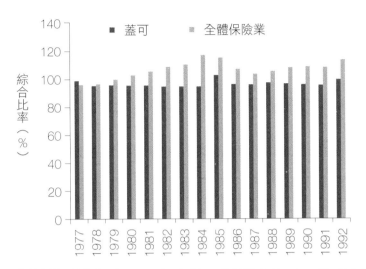

資料來源：W. Buffett, letters to shareholders of BH; R. G. Hagstrom, The Buffett Way（John Wiley 1 Sons, 1995）.
* 綜合比率 = 損失率（Loss Ratio）＋費用率（Expense Ratio）
　綜合比率＜1：有核保利潤。
　綜合比率＝1：損益兩平。
　綜合比率＞1：有核保虧損。

威的報酬率之所以能夠大幅提升，仰仗的是那一位負責用蓋可浮存金投資股票的人。那個人是路易‧辛普森（Lou Simpson），他的投資績效可與波克夏的巴菲特媲美。

　　在波克夏擁有蓋可一半股份的期間（1976年到1996年），對其他股東來說，讓一個沒有潛在利益衝突的人負責公司的投資業務很重要。這樣一來，巴菲特就被排除在外了。這是因為如果讓巴菲特負責蓋可的投資業務，他有心的

話可以從他其他的投資例如藍籌印花公司裡，投資或撤資，去買蓋可也持有的公司股票，從而操縱市場。對凡事都心存疑慮的監管機構來說，這種狀況在理論上就是有可能發生。於是，1979 年蓋可任命辛普森為投資主任，後來事實證明這是明智的選擇。

雇得漂亮

四十二歲的辛普森曾在多家投資基金公司工作。1979 年他看到傑克·伯恩刊登招募新投資長的廣告後，就來應徵了。他和另外三人被列入面試的候選名單。

巴菲特對於投資方法和優秀投資人所需的特質，有很大的興趣，他可以協助蓋可面試投資人。因此，這位手握蓋可 33% 股份的人，應公司要求面試這四位候選人。

巴菲特在和辛普森談了四個小時後，馬上打電話給伯恩，並告訴他不用再找人了，因為公司已經找到想要的人。七年後，巴菲特對《機構投資人》（Institutional Investor）雜誌說的話，也許可以讓我們一窺巴菲特在那次面試發現了什麼。他說辛普森「具備理想的投資稟性……他對於從眾或不從眾沒有特別的興趣，他很樂於遵循自己的投資想法。」

巴菲特非常讚賞辛普森，以至於經常在致波克夏股東信裡，稱讚他對蓋可投資組合的管理。

他寫道：「路易是一個情感與理性兼備的罕見人才，他的人格特質讓他的投資有長期的傑出表現。他以較低的風險

交易，投資報酬比同業表現得好很多」[9] 而且，「路易和我們在波克夏・海瑟威一樣，採取保守、集中的投資方法。有他加入我們的團隊，為我們帶來巨大的回報。」[10]

巴菲特確實把投資的棒子交給辛普森，也很滿意他要等到每個月月底的前十天，才會聽到辛普森做了哪些交易。

為什麼巴菲特如此讚揚辛普森？

接下來我將說明辛普森在蓋可的前二十五年，取得哪些成就。當他剛開始工作時，公司銷售保單的年收入約為 7 億美元。到了 2004 年，蓋可成功拓展客戶群，讓年收入增加到 89 億美元。

這些保費直接影響到浮存金的多寡。在 1980 年代，蓋可浮存金只有幾億美元，但到 1990 年代中期，這個數字已經增加到 25 億美元，並在 2004 年增加到 60 億美元。蓋可大部分的浮存金投資於政府債券和其他證券，而不是股票，因此辛普森的投資組合通常只動用不到一半的浮存金（表1.2）。

表 1.3 顯示辛普森利用浮存金賺取的回報。請注意兩件事：

1. **表現高於平均**：只要每年平均績效高於同行 1%，大多數基金經理人就會認為自己遙遙領先同業，而辛普森則高出 6.8%。為了讓你了解這個數字在長期裡的威力，我以 1 萬美元的投資來計算。標普 500 指數的年報酬率是 13.5%，

表1.2　蓋可的保險浮存金，以及路易‧辛普森投資組合的成長

年份	波克夏‧海瑟威含蓋可的浮存金（十億美元）	蓋可的浮存金（十億美元）	路易‧辛普森的投資組合（十億美元）
1996 開始	6.4	2.6	
1997	7.1	2.9	
1998	22.8	3.1	
1999	25.3	3.4	
2000	27.9	3.9	
2001	35.5	4.3	2.0
2002	41.2	4.7	
2003	44.2	5.3	
2004	46.1	6.0	2.5

資料來源：W. Buffett, letters to shareholders of BH.

若以複利計算，二十五年後可以得到 23 萬 7,081 美元。如果以辛普森 20.3% 年報酬率進行複利計算，則會帶來 101 萬 5,408 美元。

　　2. **表現低於平均**：所有投資人都會出現表現得比市場差的年份，而辛普森曾在 1997 年到 1999 年，連續三年表現劣於市場。發生這種情況時無須擔心，只要堅持完善的投資原則，長期來說你會安然無恙。採用價值投資的辛普森，和 1990 年代末期網路泡沫的非理性繁榮，顯得相當格格不入。在 2000 年股市崩盤後的幾年裡，他堅持自己的原則，並得到很好的成果。

表1.3 紀律嚴明的投資人辛普森及其績效

年份	蓋可股份報酬率	標普 500指數報酬率	相對結果	波克夏的市值變化
1980	23.7%	32.3%	-8.6%	32.8%
1981	5.4%	-5.0%	10.4%	31.8%
1982	45.8%	21.3%	24.4%	38.4%
1983	36.0%	22.4%	13.6%	69.0%
1984	21.8%	6.1%	15.7%	-2.7%
1985	45.8%	31.6%	14.2%	93.7%
1986	38.7%	18.6%	20.1%	14.2%
1987	-10.0%	5.1%	-15.1%	4.6%
1988	30.0%	16.6%	13.4%	59.3%
1989	36.1%	31.7%	4.4%	84.6%
1990	-9.9%	-3.1%	-6.8%	-23.1%
1991	56.5%	30.5%	26.0%	35.6%
1992	10.8%	7.6%	3.2%	29.8%
1993	4.6%	10.1%	-5.5%	38.9%
1994	13.4%	1.3%	12.1%	25.0%
1995	39.8%	37.6%	2.2%	57.4%
1996	29.2%	23.0%	6.2%	6.2%
1997	24.6%	33.4%	-8.8%	34.9%
1998	18.6%	28.6%	-10.0%	52.2%
1999	7.2%	21.0%	-13.8%	-19.9%
2000	20.9%	9.1%	30.0%	26.6%
2001	5.2%	11.9%	17.1%	6.5%
2002	-8.1%	-22.1%	14.0%	-3.8%
2003	38.3%	28.7%	9.6%	15.8%
2004	16.9%	10.9%	6.0%	4.3%
1980 年到2004 年平均年報酬率	20.3%	13.5%	6.8%	n/a

資料來源：W. Buffett, letters to shareholders of BH（2004, 2015）.

巴菲特經常開玩笑說，比起辛普森出色的表現，他的表現讓他覺得很「尷尬」。他在 1986 年寫道：「只有當我擁有波克夏的控股權時，我才有足夠的把握告訴你以下的數據。我把蓋可股票投資組合的整體回報，拿來和標準普爾 500 指數的整體回報比較過。」[11]

　　他在 2001 年表示：「路易的想法當然和我很相似，但我們最後往往會買不一樣的證券。這主要是因為他可以操作的錢比較少，所以他投資的公司比我投資的小。對了，我們之間還有另一個細微的差異，那就是近幾年來路易的業績比我好很多。」[12]

　　他在 2004 年說：「我還要補充一點，有時候我在心裡默默地反對他的決定，但最後結果顯示，他往往才是正確的。」[13]

　　最棒的讚美是這個：「有一件事超出路易在蓋可的工作範圍，那就是如果我和查理出了什麼事，只要有路易在，波克夏馬上就可以有一位出色的專家，幫我們處理波克夏的投資事務。」[14]

　　然而，辛普森謙虛地表示，他比巴菲特多了一個優勢。雖然他們的投資組合很集中，管理的標的數約在十五到二十檔之間，而且通常是七檔或更少，但巴菲特必須管理高達 400 億美元的部位，而辛普森只有數十億美元。

　　這表示辛普森可以選擇的公司更多。他可以投資 4 億美元給一家公司，而無需持有麻煩的控股權，或者因控股過多

而導致流動性不足。

相較之下，如果巴菲特把他投資組合裡的 5% 資金用於一家公司，投資金額可能會達到 20 億美元，很少有股份登記的公司可以吃下這麼多錢。如果把資金拆分——比方說拆成 4 億——這種替代作法也不好，因為這表示要持有數十家公司的股份，而巴菲特可能不夠了解裡面大多數的公司。這樣做，等於沿著邊際效益遞減的吸引力曲線或最佳創意曲線，走了一段很長的路。

2010 年，辛普森決定退休。巴菲特顯然不希望他離開，並在那一年致股東信中，稱辛普森是「一位投資英雄。」[15]

辛普森的投資方法

辛普森的投資方法就和他的朋友巴菲特一樣，是經過幾十年的反覆試驗發展出來的。我們值得花幾分鐘，了解這兩個人的成功策略有何相似之處。

▌看事實而不懷抱期待

在辛普森早期的職業生涯裡，也就是早在他被蓋可聘雇之前，他是一位成長型投資人。他經常無法正確評估，市場是否合理地定價一家公司的成長。當時的他希望他對未來的猜測正確無誤，希望能從幾支表現亮眼的股票，得到驚人的回報。

但是，在經歷過痛苦的經驗後，他了解若想在長期投資

裡取得好成績，就要買進知名、有高績效、低風險和低價格的公司。投資過去沒有拿出真正好成績，卻承諾未來會賺錢的公司，鮮少有好結果。

如果可以的話，閱讀一整天

辛普森對財經報紙、其他提供情報的媒體、年度報告、產業報告有莫大的興趣，通常每天花五到八小時閱讀。他和巴菲特一樣並不熱衷於交易，而是熱衷於閱讀和思考。

獨立思考

要對傳統觀念存疑，自己找資訊，自己親自分析。不要捲進非理性的行為和情緒。要願意考慮不流行和不受歡迎的公司，因為它們往往會帶來最好的機會。

要投資為股東經營的高報酬業務

要注意股東投資在業務上的錢，可以帶來多少報酬。在公司既有的戰略位置和管理素質下，如果公司的報酬很高，而且根據你的判斷高報酬可以持續下去，那麼股價很有機會在長期裡上漲。比起利潤回報，另一個有用的附加指標是現金流回報，因為它比利潤更被難操縱。

投資少量標的

在 2017 年 11 月凱洛格商學院（Kellogg School Management）的問答會議上，辛普森表示：「你愈常交易，就愈難增值，因為你要吸收大量的交易成本，更不用說還要繳稅。」辛普森從蓋可退休後，透過在 SQ 顧問公司（SQ Advisors）擔任主席，以及在凱洛格商學院擔任金融兼任教授，他得以持續鑽研與分享他熱愛的投資領域知識。

只投資少量的標的表示，你可以投入夠多的時間來好好了解這些公司，結果就是「我們的長期投資組合，由十到十五支股票組成……基本上，它們就是好公司。它們的股東權益報酬率（ROE）一直很高，而且公司的領導者都希望為股東創造長期的價值，同時善待利害關係人。」[16]

要找到符合他的標準的良好投資機會很難，所以當辛普森找到時，他會下重本投資。「你能了解消化的公司就那麼多，如果你管理五十或一百個部位，你增值的機會就會低很多。今年到現在，我們買進一個新的部位，正在認真考慮再買一個部位。我不知道我們最後會怎麼做。我們的投資組合在一年內的變化比率為 15% 到 20%。通常我們會增加一兩檔標的，並刪除一兩支標的。」[17]

有時候，最好的辦法是什麼都不做。辛普森承認，要做到完全不作為很困難，因為這樣「非常無聊」，但往往是正確的事。

▌多方打探

要了解你投資的公司的管理團隊。此外，在決定投資一

家公司之前，要徵詢它的客戶、供應商和競爭對手對公司的看法，包括它的策略和經理人。辛普森曾表示，他喜歡在公司高階主管的辦公室裡拜訪他們，這樣做「好比親自精挑細選。」[18] 了解公司高層的想法非常重要。

投資前要探究的重要問題，包括管理階層是否擁有公司大量的股份，以及他們在和股東打交道時是否坦誠。另外，他們是否願意結束無利可圖的業務，是否願意把多餘的現金用來回購公司股票，而不是把錢拿去投資低利潤的業務，以建立企業帝國？

辛普森告訴羅伯特·邁爾斯，投資帶給他的興奮感來自於「真正了解一門生意。當我們對一個原本不太熟悉的業務，開始有一些洞見時，我會覺得很興奮。」[19]

▌長期投資

猜測股市或個股在幾個月內的趨勢毫無意義，因為短期走勢不可預測。

比較可以預測的，是好公司多年來的股票長期回報。他說：「長期來說，市場最後是理性的，或至少在某種程度上是理性的。」[20]

辛普森喜歡巴菲特的打卡比喻：「你應該把投資想像成，有人給你一張可以打二十個洞的卡片。每次改變時，就在卡片上打一個洞。一旦你做出第二十個改變，你就必須堅持你擁有的。這裡的重點是，要非常謹慎地去做每一個決

定。你做的決定愈多，就愈可能出現錯誤的決定。」[21]

辛普森通常會在一家公司投資超過 10% 的資金，在五家公司投入超過 50% 的錢。

▎以合理的價格購進

一旦相中了一家優質企業，只有當它的股價相對於其前景來說不會太高時，才可以買進它的股票。「如果價格太高，就算是世界上最好的公司，那也不是一樁好投資。」[22]辛普森用收益率，或者收益率的倒數「本益比」和自由現金流的比等指標來衡量價格高低。

▎賣掉你的錯誤，但保留你的成功

很多文獻研究過，當人持有虧損的股票時，會有哪些心理狀態。他們會想，股價可能會漲回來，也不想賣掉股票面對他們犯的錯誤。同時，人們會把表現好的股票早早賣掉，因為沒有人會因為獲利而破產。

辛普森以雜草和花朵為例表達他反對這些看法。他說：「很多投資人把花摘下來，卻幫雜草澆水。他們賣掉賺錢的股票，留下賠錢的股票，希望賠錢的股票可以打平。」[23]他說，我們應該克服自己的本能，賣掉那些失敗的投資，同時保留表現和預期一樣好或更好的投資。他說，他最大的錯誤是他太早賣掉真正優秀的公司。正確的投資通常會在長期裡持續帶來巨大回報。

▍你要同時採用定量和定性的技巧

辛普森告訴我們，大多數股民很快就能掌握投資必要的定量技巧，但重要的定性技巧則要花更長時間來培養。巴菲特說過一句格言，充分體現出在分析一家公司時，定性分析的重要性。他說：「接近正確比完全錯誤好。」以下是辛普森認為非常重要的一些定性因素，儘管也許不完全精確：管理者是否高度誠信？他們是否善待組織裡的人？他們是否妥善地長期關注股東的利益，而不是沉迷於短期的表面功夫？

伯恩對辛普森的評價

伯恩接受《華盛頓郵報》採訪時，曾這樣評價辛普森：「我花了八年的時間思考，是什麼讓路易大放異彩。路易非常聰明，擁有普林斯頓大學經濟學的背景。但這個世界到處都有聰明人，所以我認為他的成功和他的性格比較有關。他對自己的判斷非常非常有把握，而且能夠無視其他人的看法。他每年都會得到一、兩個很棒的想法，然後會非常努力去執行。」[24]

東尼・奈西利的歲月

即使是了不起的企業，也偶而會走上歧途。1990 年代初期的蓋可高階主管，就曾經跌跌撞撞。然而，他們再次看到狀況會變好的願景。它們的核心競爭優勢，是靠低成本的通路經營汽車保險，後來又把優勢拓展到航空保險、家庭

保險和金融領域。這樣做的結果導致產品失焦，而且回報欠佳。

少了伯恩，蓋可的管理高層就無法專注，只能隨波逐流。伯恩當時受到消防人員基金保險公司的前景所吸引，因此在 1986 年辭職。消防人員基金保險公司是從美國運通公司分拆出來保險公司。

1992 年，美國因颶風安德魯而受創，颶風衍生的巨額支出，讓蓋可當年的承保出現損失。

蓋可的股價一度達到 300 多美元的顛峰，市值約為 450 萬美元，但後來跌到比 200 美元多一點。這個股價是用 1992 年分股票分割前的價格來衡量。後來一股分割成五股之後，股價實際的交易價格略高於 40 美元。

巴菲特開始擔心蓋可偏離它擅長的領域，甚至考慮出售波克夏持有的蓋可股份。

1993 年，奈西利出任共同執行長，負責營運保險業務。辛普森是另一位共同執行長，負責投資業務。

在奈西利的領導下，蓋可裁撤失焦的保險業務，並加碼投資低成本的直銷車險。我們都知道巴菲特很喜歡有護城河的公司。他後來說：「感謝東尼和他的管理團隊，蓋可的護城河因此得以拓寬。」[25]

買下另一半股份

如今，蓋可重新專注在直銷汽車保險的模式，巴菲特則

希望波克夏能擁有整間公司。1994 年，他和蒙格開始和蓋可的董事長巴特勒，與兩位共同執行長辛普森和奈西利談判價格。這場艱辛但友好的談判，一直持續到 1995 年。巴特勒、辛普森和奈西利，非常認真地履行蓋可少數股東託付給他們的責任。讓人稱許的是，他們穩健地談判，要求巴菲特以高昂但公平的價格，收購公司剩餘 49% 的股份。

巴菲特最後吞下這筆交易，接受波克夏要以 23 億美元買下另一半股份的事實。之前那一半的股份他只付了 4,570 萬美元，每股價格是 70 美元。又或者如果不考慮一股分五股的話，一股是 350 美元。

奈西利非常歡迎波克夏‧海瑟威完全持有蓋可股份。達成交易後不久，他告訴《華盛頓郵報》：「我真的認為，我們現在所處的位置，可能比過去任何時候都更有利，可以成長得更快。」由於巴菲特鼓勵長期發展，奈西利覺得自己可以放手投資追求成長，在短期內打造業務。

奈西利說：「在保險業，新業務開張的第一年通常都會虧錢。公司會面臨更高的損失和更高的費用……但我們的股東不關心逐年的結果。我們有一位長期投資人說，『你們在那邊好好做，財務問題我來操心就可以了。』」[26]

新的管理

奈西利非常熱衷於擴大廣告預算，巴菲特也鼓勵他這樣做。巴菲特認為，愈多人知道蓋可的保險成本很低愈好，因

為承保的利潤愈多，投資的浮存金才會愈多。但蓋可必須能夠持續壓低成本，這樣做才會是一件有利的事。奈西利正是做這件事的最佳人選，因為他經歷過公司垂死掙扎的艱困時期，而且他打從心底明白，蓋可的競爭優勢在於卓越的營運效率。

到了 1997 年，公司的行銷支出增加了兩倍多，達到 1 億美元。但他們並沒有就此止步。在接下來的兩年裡，這個數字達到 2.42 億美元，到 2009 年則達到 8 億美元。

巴菲特在 1998 年致波克夏信中表示，他希望蓋可打更多廣告。他說：「只要蓋可可以同時打造出優良的服務品質，波克夏願意無上限地投資蓋可的新業務。」

他並不在意新事業第一年是否會虧損，因為新事業向來如此。他說：「我們只是在計算每花一美元，是否能創造出超過一美元的價值。如果算出來的結果是好的，我們花的錢愈多，我就愈高興。」

在他隔年的信中表示：「東尼的腳會繼續踩在打廣告的油門上，而我的腳會踩在他的腳上。」

他強調，大幅增加廣告支出將讓業務顯著成長，並擴大和鞏固蓋可品牌在美國人心目中的承諾。「就我個人而言，我認為這些支出是波克夏最好的投資……蓋可正直接和許多家庭往來，這些家庭每年不斷付給我們 1,100 美元……現金正在流入公司，而不是流出公司。」

蓋可壁虎（GEICO Gecko）是蓋可的招牌卡通吉祥物，

它有著超現實的幽默感和一點搞怪氣息，說話操著英國口音。這隻壁虎在 2000 年的電視季首次亮相，並迅速成為廣告寵兒。到了 2006 年，蓋可在廣告上的支出，遠遠超過所有競爭對手，因為東尼・奈西利非常擅長把廣告的花費，轉變成保單利潤和浮存金。

「去年我和你說，如果你有一個嬰兒或孫子，一定要把他取名叫東尼。但波克夏的董事唐納德・基奧（Donald R. Keough）最近有一個更好的主意。他回顧了蓋可 2006 年的業績後，寫了一封信和我說：『忘掉生小孩的事吧！告訴股東，馬上把他們的孩子取名或改名為東尼或安東尼。』唐納德在信上簽了字『東尼』」。[27]

進入大聯盟

1995 年，蓋可的市占率是 2.5%，為美國第六大汽車保險公司。到了 2008 年，蓋可躍升為第三大汽車保險公司，市占率達 7.7%。巴菲特指出，美國人很在意省錢，因此紛紛找上蓋可投保。

後來，蓋可又只花了四年成為第二大汽車保險公司。到了 2015 年，它的市占率達到 11.4%。巴菲特寫道：「2030 年 8 月 30 日是我一百歲生日，我打算那時候宣布蓋可已經成為全美第一大保險公司。」[28]

2016 年，整個保險業歷經了虧損，奈西利和巴菲特認為這是蓋可的好機會，因為此時其他公司都失去拓展業務

的動力。在它們猶豫不決的同時，蓋可加速了新業務的發展。巴菲特以典型的獨立思考態度說：「我們喜歡在市況不好的時候把握時機，因為我們知道市況一定會再度變好。當我寄這封信給你時，蓋可繼續保持良好的發展態勢。當保險價格上漲時，人們會買東西。當他們買東西時，蓋可就會獲益。」[29]

保費（保單銷售額）的成長，顯示廣告費花得非常值得。蓋可在二十四年裡，營業額成長了十倍（圖1.5）。

由於營業額成長，保險浮存金從不到30億美元，增加到超過220億美元，所以蓋可有很多錢可以用來買股票和其他證券。即使這些證券的報酬率很普通，例如7%（我們不知道真實的報酬率），也會帶來超過14億美元的收益。

對大多數保險公司來說，用投資證券的報酬率來彌補承保損失，顯然非常重要。但圖1.6和圖1.7顯示，蓋可不需要靠投資來彌補承保損失，因為東尼·奈西利團隊的綜合比率低於100%，承保利潤有時候還會超10億美元。

因此，波克夏以4,570萬，再加上23億美元買下的公司，如今在一年內，可以為股東靠投資賺到10億美元或更多錢，並在一年內又可以靠承保再賺到10億美元。到了2018年底，這個數字總共來到155億美元。對巴菲特來說，這筆錢可以用在其他地方。難怪人們常認為蓋可是巴菲特最偉大的投資。

圖1.5 飛跳的蓋可壁虎：蓋可保險費和浮存金（十億美元）

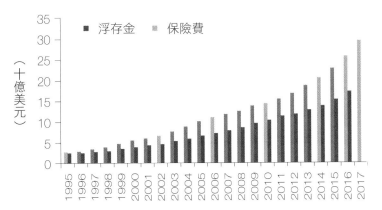

資料來源：W. Buffett, letters to shareholders of BH; National Association of Insurance Commissioners.

圖1.6 蓋可的綜合比率（％）

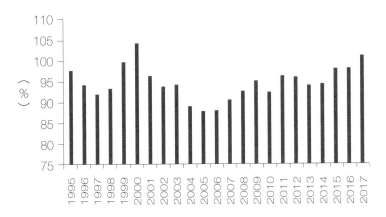

資料來源：BH annual reports; W. Buffett, letters to shareholders of BH.

圖1.7 蓋可的承保利潤（百萬美元）

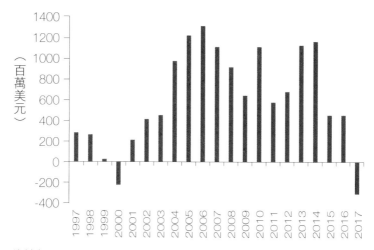

資料來源：BH annual reports; W. Buffett, letters to shareholders of BH.

華倫・巴菲特的管理風格

　　大多數進入波克夏・海瑟威旗下的經理人都不會離開公司，除非他們生病或退休，而且他們往往會延後退休。這些人通常是千萬富翁，所以不需要工作。但是，他們覺得自己受到巴菲特和蒙格的重視，覺得自己是志同道合的大家庭的一份子，並認為自己在做有價值的事。他們一邊開心去上班，一邊努力打造重要的事物，想讓他們的朋友華倫和查理以他們為傲。

像老闆一樣思考

　　蓋可的案例，很適合說明巴菲特如何對待他的經理人。

奈西利把蓋可看成自己的公司，就好像他擁有這家公司一樣。因此，他為公司做的決策，都是以長期為導向的決策。這種態度是巴菲特對所有主要高階主管的要求。

每個關鍵人員都被賦予很大的自由，可以按照他／她認為合適的方式經營業務。這種作法很有幫助。公司是經理人用來作畫的畫布，他們可以發揮創造力，創造出了不起的成就，而波克夏總部鮮少干涉營運。換句話說，波克夏只有少數的員工，剩下的人都是老闆。

有效利用時間

奈西利置身在巴菲特的保護傘下，這表示他不用做許多執行長必須做的事，也就是花很多時間在和營運無關的活動上。

巴菲特在 1998 年致波克夏股東的信中，解釋了場外交易的優勢。他寫道，東尼不需要花時間或精力參加「董事會會議、媒體採訪、投資銀行的演講，或和金融分析師會談」。他不需要「花時間考慮融資、信用評等或『華爾街預期的每股盈餘』」。擁有了營運自由，東尼和蓋可就可以自由自在地「把他幾乎無窮的潛力，轉化為相應的成就。」

思想的碰撞

2001 年，當羅伯特・邁爾斯正在為他的書《巴菲特的繼承者們》（*The Warren Buffett CEO*）做準備時，奈西利告

訴邁爾斯，成為波克夏·海瑟威一員最棒的事，是有機會更常和巴菲特交談。奈西利表示，他很高興擁有用長遠眼光來經營公司的自由。用這種方式經營公司，努力讓公司在三十年後變得強大，而不是只為了讓明天變好。[30]

他形容巴菲特是「世界上最好的老闆」，並稱讚他的智慧和支持。奈西利說他想讓巴菲特覺得驕傲。[31]

人和人之間的尊重是互相的。巴菲特在 1998 年致股東信中寫道，業界裡沒有人比奈西利更適合經營蓋可。

被正確的事激勵

巴菲特鼓勵大家做生意時要正派，要有誠信，並為他人服務。奈西利在蓋可得到超高的滿足感，來於為客戶做正確的事、為客戶省錢、提供優質服務，以及為波克夏的股東服務。他說：「這不是物質財產、財富或那些東西能滿足你的。那是創造出真正有價值的東西。」[32]

談到成功經理人所需的關鍵要素，奈西利說：「我認為，誠實和正直當然一定要排在第一位……良好溝通的能力……為了共同的目標和人們合作。」[33]

獎勵機制也很重要

巴菲特認為，他最重要的任務之一是制定經理人的獎勵計畫。每個子公司的目標各有不同，取決於經理人能夠直接控制的因素有哪些。就蓋可而言，巴菲特關注兩個關鍵

變數：

1. 保單數量成長。雖然以直銷的方式賣保險，確實會為公司帶來長期客戶，這些客戶最後也會帶來利潤，但保險業務在第一年通常無利可圖。因此，蓋可的獎勵計畫不應該懲罰無法馬上為公司帶來利潤的員工。因此，第一年的保單目標只是提高保單量。

2. 長期的汽車保險業務應帶來承保利潤，這裡指的是一年以上的保單。

這每一個變數都對獎金有 50% 的影響。

巴菲特認為，透過公司的利潤分享計畫，以同樣的標準獎勵所有蓋可員工是明智之舉。「蓋可的每一個人都知道什麼才是最重要的，」他在 1996 年致波克夏股東的信中這樣寫道。

「波克夏的薪資獎勵原則：目標應該包含：一、根據特定業務的經營狀況量身打造；二、性質簡單，容易衡量執行的程度；三、和計畫參與者的日常活動直接相關。因此，我們會避開『樂透』式的安排，例如波克夏的股票選擇權，因為它最後的價值可能是零或極高，完全不受我們想要影響的人所控制。我們認為，如果一個系統會帶來不切實際的回報，這對老闆來說不僅是一種浪費，實際上對於我們看重的經理人特質也有壞處。」[34]

我們有一些數據顯示，獎金可以讓高蓋可員工的實質薪

表1.4　蓋可成功地持續降低承保成本

年份	承保支出（溢價%）	年份	承保支出（溢價%）
1995	15.8	2007	18.4
1996	15.8	2008	17.9
1997	16.4	2009	18.2
1998	19.5	2010	17.8
1999	19.3	2011	18.1
2000	18.3	2012	20.0
2001	16.5	2013	17.2
2002	16.8	2014	16.6
2003	17.7	2015	15.9
2004	17.8	2016	15.6
2005	17.3	2017	14.5
2006	18.0		

資料來源：BH annual reports; W. Buffett, letters to shareholders of BH.

資，提高到什麼程度。在波克夏完全擁有蓋可的第一年，也就是 1996 年，約有 16.9% 相當於 4,000 萬美元的薪水，以獎金的形式發放。兩年後，這個數字是 32.3%，也就是 1.03 億美元；2004 年，這一數字是 24.3%，是 1.91 億美元。有這麼多錢當作額外獎勵，難怪員工會加倍努力，保單量和獲利能力都會上升。

表 1.4 顯示，蓋可團隊將核保成本，控制在客戶保費的 14% 到 20% 之間，通常比競爭對手低 15%。

蓋可在波克夏整體計畫中的重要性

蓋可的年度承保利潤和證券投資組合的回報，讓波克夏可以把這些現金，投資在全資子公司、美國大公司和其它公司的許多少數股份，藉此繼續成長。

但蓋可並不是波克夏旗下唯一的保險公司。到了 1990 年代，國家賠償保險公司在阿吉特・賈恩（Ajit Jain）的領導下，建立了龐大的再保險和巨災業務，並在個人保險業務上，又增加了很多額外的浮存金。

多年來，不斷有其他保險公司進入市場，其中最重要的是通用再保險公司（General Reinsurance），這家公司在 1998 年被波克夏以 220 億美元收購。這筆收購為波克夏貢獻 149 億美元的浮存金，讓波克夏整體的浮存金增加三倍。

巴菲特和查理把波克夏的成功，大大歸功於把低成本或無成本的浮存金進行有效投資，以及把遞延稅款預留的現金也用來投資。

這些現金來源不僅成長到超過 1,700 億美元，而且還是免費的。它們在會計科目上都屬於負債，但它們和其他資產不一樣，公司不用為它們支付利息，也沒有合約或到期日。

巴菲特在波克夏 2017 年的年度報告中寫道：「實際上，它們為我們帶來債務的好處，能讓更多資產為我們而用，卻不會為我們帶來任何缺點。」

從表 1.5 可以看出，在過去五十一年裡，只有十八年的浮存金才有成本，因為自從波克夏買下國家賠償保險公司以

圖1.8　蓋可的浮存金和波克夏所有保險子公司的總浮
　　　　 存金（十億美元）

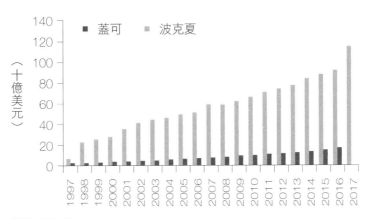

資料來源：BH annual reports.

來，有三分之二的年份裡都有承保利潤。

　　承保利潤很驚人。例如，截至 2018 年底的十六年裡，
承保只有一年虧損。在整個十六年期間，稅前收益總計 270
億美元。

巴菲特的失誤，損失 5,000 萬美元

　　雖然巴菲特和經理人互動時，原則上採取不干預的立
場，但有時候他會很支持某個想法，因此鼓勵經理人去執
行。蓋可對客戶發行的信用卡就是這種情況。畢竟，該公司
已經和數百萬名車主互動過，擁有這些人的行為數據以及有
效率的銷售通路。何不搭著賣保險的便車，同時向客戶推銷

表 1.5 波克夏在承保利潤、低成本或無成本資金上的表現非常成功

年份	承保損失（百萬美元）	平均浮存金（百萬美元）	資金的大致成本（1/2）
1967	獲利	17.3	小於 0
1968	獲利	19.9	小於 0
1969	獲利	23.4	小於 0
1970	0.37	32.4	1.14%
1971	獲利	52.5	小於 0
1972	獲利	69.5	小於 0
1973	獲利	73.3	小於 0
1974	7.36	79.1	9.30%
1975	11.35	87.6	12.96%
1976	獲利	102.6	小於 0
1977	獲利	139.0	小於 0
1978	獲利	190.4	小於 0
1979	獲利	227.3	小於 0
1980	獲利	237.0	小於 0
1981	獲利	228.4	小於 0
1982	21.56	220.6	9.77%
1983	33.87	231.3	14.64%
1984	48.06	253.2	18.98%
1985	44.23	390.2	11.34%
1986	55.84	797.5	7.00%
1987	55.43	1,266.7	4.38%
1988	11.08	1,497.7	0.74%
1989	24.40	1,541.3	1.58%
1990	26.65	1,637.3	1.63%
1991	119.59	1,895.0	6.31%
1992	108.96	2,290.4	4.76%

（接下頁）

年份	承保損失 （百萬美元）	平均浮存金 （百萬美元）	資金的大致成本 （1/2）
1993	獲利	2,624.7	小於 0
1994	獲利	3,056.6	小於 0
1995	獲利	3,607.2	小於 0
1996	獲利	6,702.0	小於 0
1997	獲利	7,093.1	小於 0
1998	獲利	228 億	小於 0
1999	14 億	253 億	5.80%
2000	17 億	279 億	6%
2001	41 億	355 億	12.80%
2002	4 億	412 億	1%
2003	獲利	442 億	小於 0
2004	獲利	461 億	小於 0
2005	獲利	493 億	小於 0
2006	獲利	509 億	小於 0
2007	獲利	587 億	小於 0
2008	獲利	585 億	小於 0
2009	獲利	619 億	小於 0
2010	獲利	658 億	小於 0
2011	獲利	706 億	小於 0
2012	獲利	731 億	小於 0
2013	獲利	772 億	小於 0
2014	獲利	839 億	小於 0
2015	獲利	877 億	小於 0
2016	獲利	916 億	小於 0
2017	32 億	1,145 億	3%
2018	獲利	1,227 億	小於 0

資料來源：BH annual reports. 除非另有說明，數字均以 100 萬美元為單位。

信用卡呢？蓋可萬事達白金卡就這樣誕生了。

　　問題是，對像蓋可這種市場新進業者來說，信用卡業務是出了名的危險。在資訊不對稱的推波助瀾下，會出現一種所謂的「反篩選」（adverse selection）的現象。這個意思是指，由於消費者比信用卡公司更了解自己的信用和可靠度，因此如果有機會申請新卡，那麼往往是信用最差的人才會申請新進業者的信用卡。換句話說，新進業者最後會得到平均風險最高的客戶組合。

　　巴菲特就曾做過錯誤決定，並在股東信上向大家承認自己犯的商業錯誤：「現在我要痛苦地承認，去年你們的董事長結束了一筆完全由他個人造成的昂貴敗績……我要強調的是，蓋可的經理人對我的想法不感興趣。他們警告我說，我們不會因此得到蓋可最有利潤的客戶，而會得到最無利可圖的客戶。我曾經巧妙地說我的年紀比較大，也比較聰明。但現在看來，我只不過是年紀比較大。」[35]

　　當然，經過這次慘痛的教訓後，巴菲特堅持自己的承諾，要當一個不干涉的老闆，讓他的經理繼續好好工作，起碼在大多數時候是這樣：

　　「我們傾向讓我們許多子公司自行營運，不受我們任何程度的監督和監控。這表示有時候我們會晚一點才發現管理問題，而且如果有人向我和查理徵詢意見時，我們偶爾會不同意經理人在經營和資本上的決定……但我們寧願為一些糟糕的決策付出看得見的代價，也不希望公司出現沉悶的官僚

作風而決策遲緩，或根本不做決策，從而衍生出許多看不見的代價。」[36]

學習重點

1. **專注於特許經營權**。當一家公司因最近的管理疏失而陷入困境時，你應該好好自己分析，看看它曾經亮眼的經濟特許權，是否以某種方式倖存下來，以及是否可以重生和加強。

2. **了解關鍵人物的品性和性格**。確保高階經理人：了解經濟特許經營權的性質；會明智而積極地追求利潤；將以高度的誠信對待股東。

3. **不要賣得太早**。巴菲特隨時都可以用比買入價高數倍的價格賣掉股票，但他選擇持續持有。如果公司的特許經營權依然完善，仍可帶來很高的資本回報，且公司由優秀的經理人掌管，那麼就算你一開始的投資成長了五十倍（1976 年至 1996 年），這家公司也許值得你買進更多它的股票，而不是賣出股票。

4. **尋找良性循環**。一定要找到良性循環，可能是已經開始運作的良性循環，也可能是可能在不久之後形成的良性循環。

5. **鼓勵公司投資本業**。但投資的前提是，每一塊錢的花費，都要能夠為股東創造超過一塊錢的價值。以上產生的任何現金都應該交給股東，以便他們可以把錢用在其他業務，並得到更好的回報。

6. **明智地確認和使用浮存金**。許多企業收到客戶的預付款

時，都擁有大量的現金餘額。持有這些閒置資金雖然可以讓管理者覺得安心，但回報卻非常微薄。巴菲特更喜歡把這些錢，用在能帶來兩位數回報的投資上。

第 2 筆

水牛城晚報（The Buffalo Evening News）

投資概況	時間	1977 年至今
	買入價格	3,550 萬美元
	股份數量	100% 持股
	賣出價格	仍然是波克夏・海瑟威的一部分
	獲利	至少十五倍

1977 年波克夏・海瑟威
股價：90 ～ 138 美元　市值：1.51 億美元　155 美元

　　要了解投資《水牛城晚報》的美妙之處，你需要想像一下網路問世之前的世界是什麼樣子。在這個世界上，如果一個城鎮只有一份報紙，那麼這份報紙可能是一個很好的經濟特許經營權。地方報紙這種壟斷事業，可以針對報紙的頭版收取額外的費用，更重要的是，還可以提高廣告費。

　　問題是，投資界的人都知道，這種報紙是富饒的金礦，因此當有報社要出售時，價錢往往很高。在很多情況下，由於價格太高，以至於買家會蒙受所謂的「贏家的詛咒」。他們雖然成功買下報紙，事後卻常懊悔不已。

　　於是，巴菲特和蒙格看了又看，一再檢視又拒絕收許多

收購報社的潛在機會。他們買了四家報社少許的股份，但如果不願意付很多錢，股份就無法累積。

後來，《水牛城晚報》在市場待價而沽。由於以下一些合理的原因，它的價格不算特別高：

- 它是兩家在水牛城營運的報社之一。多年來，兩家公司一直相互競爭，並在慘烈的競爭裡犧牲了各自的利潤。

- 其次，經理人屈服於工會的要求，以至於我們搞不清楚公司到底是為了誰的利益而運作。當然，在這種情況下，股東確定不會得到太多好處。

- 第三，《水牛城晚報》星期日沒有出刊，但星期日對廣告商來說最有吸引力，因為讀者看報紙的時間通常比較久。

- 最後，水牛城的運氣不太好，是一個位於鏽帶且人口不斷減少的城鎮。

《華盛頓郵報》和《芝加哥論壇報》（*Chicago Tribune*）已經拒絕了出價邀約。但巴菲特和蒙格有辦法解決《水牛城晚報》面臨的困難，並對未來可能的願景懷抱期待。

事後證明，《水牛城晚報》需要再度過五年的痛苦和損失，才能走向燦爛的高點。巴菲特有幾次想要徹底認輸，他已經準備好要承受 3,550 萬美元損失的打擊，準備跳船了。但在最黑暗的時刻裡，查理·蒙格和其他人出手相助，把巴菲特拉回船上，一起再努力一次。

這個過程非常艱辛，但他們堅持不懈地建立起一門生意。和波克夏支付的金額相比，這門生意在 1980 年代回饋以超過三倍的報酬回饋他們。到了 1990 年代，情況甚至更好，該公司把將近 3 億美元的資金交給波克夏・海瑟威，讓巴菲特投資在其他地方。以一筆 3,550 萬美元的投資來說，這個回報已經很不錯了。

七〇至八〇年代報紙的經濟特許權

巴菲特認為，理想的企業是不受政府監管的收費過路橋（unregulated toll-bridge），因為一旦支付了資本的成本，只要你能在當地維持壟斷地位，就可以把價格提高到超過通貨膨脹的水準。

多年來，巴菲特一直向他的好朋友表達這樣的想法，其中一位是桑迪・高茲曼（Sandy Gottesman）。高茲曼在 1977 年接受《華爾街日報》採訪時吐露了這個訣竅。「華倫把擁有一座壟斷或主導市場的報紙，比喻成擁有一座不受政府監管的過路收費橋。你擁有相對的自由，可以隨心所欲地把價格提高。」[37]

後來，巴菲特在 1984 年致波克夏股東的信中，進一步闡述報紙的市場力量的概念。他寫道：

「龍頭報紙擁有絕佳的經濟效益……大多數老闆認為，只有努力推出最好的產品才能維持高獲利，但是這種漂亮的理論卻因醜陋的現實而失色。當一流的報紙維持高獲利時，

三流報紙賺到的錢卻一點也不遜色，有時候甚至更多，只要你的報紙在當地夠強勢。當然，對一家想提高市占率的報紙來說，產品的品質非常重要……但是，一旦一份報紙主宰了當地的市場，決定這份報紙活得好不好的就不是市場了，而是報紙本身。無論好壞，占有龍頭地位的報紙終將大發利市。大多數的產業不是這樣運作的，因為品質不好的產品生意一定不會好，但報紙的內容即使很貧瘠，對一般民眾來說它仍然具備了『佈告欄』的價值。當其它條件相同時，一份爛報紙當然無法像一流報紙那樣擁有全國性廣大的讀者，但它對大多數地區性市民讀者來說卻仍有用處。凡能得到市民注意力的報紙，就能吸引到廣告主的注意力。」

深諳大者生存的道理

巴菲特十三歲時當過送報生，從他第一次送出第一張所得申報單，並繳了 7 美元的稅開始，就對報紙產生濃厚的興趣。他估計自己在青少年時期，總共送過五十萬份報紙，讓他有足夠的時間思考報紙對二十世紀消費者的吸引力，以及報紙對廣告商的重要性。

即使到了今天，他還是很擅長投擲報紙。在波克夏召開年度股東大會前的清晨，他會和所有與會人士一起參加投擲報紙的比賽，他稱之為「報紙投擲挑戰賽」（The Newspaper Tossing Challenge）。巴菲特知道怎麼折報紙並從遠處投擲，這樣報紙就不會散開。他在這方面依舊寶刀未老。除非你練

習過幾千次，否則不要和他挑戰。比爾蓋茲就丟得很糟糕！

巴菲特早年也培養出對好新聞的愛好，並深知獨立、知情分析和報導對健康的民主非常重要。2006 年，巴菲特深情地回顧了報紙往日的美好時光，寫道：

「在二十世紀大多數的時光裡，報紙是美國公眾獲得資訊的主要來源。無論是體育、金融或政治主題，報紙都占據舉足輕重的地位。還有一點也很重要，那就是報紙上的廣告，那是人們找工作或了解鎮上超市雜貨價格最簡單的方法。因此，絕大多數家庭都認為每天都要讀報，但我們可以理解大多數家庭並不想花錢買兩份報紙。廣告商比較喜歡發行量最大的報紙，而讀者往往想要廣告和新聞版面最多的報紙。這種循環讓報紙的叢林法則應運而生：大者生存。因此，當一個大城市有兩份或兩份以上的報紙——這是一個世紀前普遍的狀況——領先的報紙通常會成為最大贏家。競爭消失後，勝出的報紙在廣告和發行的定價能力，都會傾巢而出。一般來說，報社每年都會提高廣告商和讀者的費用，所以利潤會滾滾而來。對報社老闆來說，這簡直是個賺錢的天堂。」[38]

這就是 1970 年代中期，巴菲特和蒙格在報業尋求投資機會的背景。

購買水牛城的報社

到了 1976 年，波克夏‧海瑟威已經是《華盛頓郵報》

的大股東，持有約十分之一的股份，而巴菲特也和凱瑟琳·葛蘭姆（Katharine Graham）成為好朋友，她是《華盛頓郵報》的主要股東兼該報的發行人。巴菲特也是該公司的董事。

葛蘭姆在她的傳記告訴我們，在 1970 年代中期，她的重心是如何讓公司發展，但她欠缺分析收購或與目標對象談判的專業知識。她尋求巴菲特的協助，他的腦中似乎記得「過去十年正在發生或已經發生的所有交易。」[39]

1976 年 12 月，他們考慮購買水牛城電視台。然而巴菲特表示，當時也正在出售的《水牛城晚報》是更好的選擇。據葛拉漢說，他補充說「如果你們不想買，我就買。」[40]

於是，《華盛頓郵報》董事會檢視了《水牛城晚報》。後來，由於晚報面臨的競爭太激烈、工會太強勢以及沒有週日版，所以《華盛頓郵報》決定不買了。

請注意這件事的發展順序，巴菲特在過程中表現出他一貫的高度正直。他一直想買《水牛城晚報》，但他把機會優先讓給葛蘭姆。她是巴菲特的朋友，而且巴菲特身為《華盛頓郵報》的董事，對《華盛頓郵報》的股東負有誠信的義務，應該提供誠實的建議。現在葛蘭姆已經婉拒這筆交易，所以巴菲特可以敞開手去做。

巴菲特迅速聯繫了《水牛城晚報》老闆的經紀人文森·馬諾（Vincent Manno），馬諾受託尋找報社的買家。當巴菲特要求會面時，他才把開價從 4,000 萬美元降到 3,500 萬美元。《水牛城晚報》的稅前利潤只有 170 萬美元，因此潛

在買家顯然對於 4,000 萬美元的開價並不滿意。

　　1977 年的第一個星期六很冷，巴菲特和蒙格前往馬諾在康乃狄克州的家。經過一番討價還價後，他們當場就把售價確定為 3,550 萬 9,000 美元，其中 3,407 萬 6,000 美元以現金支付，其餘部分則用來負擔一些退休金的義務。1977 年 4 月 15 日，巴菲特和蒙格取得《水牛城晚報》100% 的股份。

　　當時的總編輯是莫瑞・萊特（Murray B. Light）。萊特寫了一本和《水牛城晚報》歷史相關的書，書名是《從巴特勒到巴菲特》（*From Butler to Buffett*），他寫道：

　　「《水牛城晚報》吸引了巴菲特，因為和美國其他大城市的日報相比，這份報紙在當地家庭的市占更高。《水牛城晚報》每天的發行量幾乎是《信使快報》（*The Courier-Express*）的兩倍，廣告收入多 75%，這些讓他印象深刻。他知道該報每星期只出刊六天，出刊週期在星期天出現空白，他知道必須迅速採取行動填補這個空白。」[41]

《水牛城晚報》簡史

　　這份報紙誕生於 1873 年美國內戰後經濟衰退的時期，當時紐約州的水牛城滿地泥濘、酒館充斥（共九十三家）且犯罪猖獗。該報由二十三歲的企業家愛德華・巴特勒（Edward H. Butler）創辦，他為水牛城約十二萬名居民，帶來了第一份星期日出刊的報紙。那時，當地已經有十份不同語言的日報。

老愛德華・巴特勒（Edward H. Butler Sr.）後來把公司的經營權交給兒子小愛德華・巴特勒（Edward H. Butler Jr.）。1956 年，小愛德華去世後，他的妻子凱特・巴特勒（Kate Butler）繼續經營這家公司。她的意志力堅強，每週在新聞辦公室工作六天，確保讀者都知道她的觀點。

在她去世的前幾年，有人建議她把財產捐出去以減少遺產稅，但她拒絕聽從這些建議。1974 年她去世時，有一大筆待付帳單，家族裡也沒有明顯可以繼承的人，因此遺囑執行人認為除了把公司賣掉之外，別無它法。

1969 年，莫瑞・萊特成為《水牛城晚報》的執行主編，當時報紙已經是一週出刊六天的晚報。1974 年凱特・巴特勒去世後，亨利・厄本（Henry Urban）被任命為總裁兼發行人。他是一位老派的紳士。比起追求最大利潤，他更重視公平交易。以下是一些例子：

「厄本以協商好的折扣價買下報社，卻因此在道德上感到內疚。他說，報社堅持向所有廣告商收取固定的廣告費……有鑑於此，要《水牛城晚報》以折扣價賣給我們，並不公平。」[42]

由藍籌印花公司收購

1977 年春天，巴菲特以他控制的三個主要資金池，來完成像《水牛城晚報》這類的交易。前兩個資金池，也就是波克夏・海瑟威和多元零售公司，當時已經沒有可用的現金

了，因此巴菲特用第三家公司——藍籌印花公司收購《水牛城晚報》。

早在 1969 年到 1970 年，當時巴菲特解散了巴菲特合夥事業有限公司，變賣股份並把收入交給他的夥伴，或給他們波克夏或多元零售公司的股份時，藍籌印花公司的股票還是巴菲特投資組合裡的醜小鴨。他想要賣掉藍籌印花公司的所有股份，可是一直無法用合適的價格售出。因此，他只好保留他在藍籌印花公司約 7.5% 的股份。他是在 1968 年到 1969 年，以 300 萬到 400 萬美元購買這些股份。

幾個月過去了，巴菲特和蒙格開喜歡藍籌印花公司不錯的財務狀況。對這兩位投資人來說，把無趣的現金和容易受通膨影響的債券投資，改成持有更具吸引力的公司的股票，是比較理想的作法。

當時，藍籌印花公司的浮存金收入，也就是已售出但尚未兌換的印花，是 6,000 萬到 1 億美元。1972 年初，巴菲特和蒙格安排該公司以 2,500 萬美元，購買 99% 的時思糖果股份。這筆交易馬上就成功了。1972 年，時思糖果的稅後利潤只有 230 萬美元，但到了 1976 年增加到 510 萬美元，1977 年增加到 575 萬美元。這家位於美國西海岸的糖果公司，幾乎不需要投資，因此它賺到的收入可以送到藍籌印花公司總部，以便投資到其他地方。醜小鴨正在變成天鵝。

1973 年到 1974 年，藍籌印花公司用另一筆 3,000 萬美元左右的資金，買進魏斯可金融公司的股票，為藍籌印花公

司總部帶來大量現金流。藍籌印花公司的現金股息，由魏斯可金融公司旗下的主要公司「互惠銀行」（Mutual Savings）支付。1975 年股息為 190 萬美元，1976 年是 320 萬美元，1977 年則是 380 萬美元。

藍籌印花公司從其他活動得到的收入如下：1976 年 210 萬美元，1977 年 520 萬美元。在這 520 萬美元裡，其中舊的印花業務帶來約 110 萬美元，其餘 410 萬美元則來自浮存金的利息、股息以及股票市場的已實現資本收益。總的來說，到了 1977 年，藍籌印花公司的稅後收入是 1,700 萬美元。

因此，雖然《水牛城晚報》是巴菲特和蒙格至今最大的投資，但藍籌印花公司有足夠的資金可以完全收購它。

巴菲特和蒙格現在由衷地喜歡藍籌印花公司。波克夏·海瑟威一直忙著買更多這間公司的股票，到了 1974 年底，波克夏·海瑟威持有藍籌印花公司四分之一以上的股份。到了 1976 年底，持有量增加到 36.5%。此外，蘇西和華倫·巴菲特擁有藍籌印花公司 13% 的股票，查理·蒙格的基金則持有十分之一，多元零售公司持有約六分之一。1978 年波克夏和多元零售公司合併後，波克夏·海瑟威持有 58% 的藍籌印花公司的股票，直到 1983 年才擁有全部的股票。

賠錢貨──報業狀況愈來愈糟

水牛城也許是個運氣不好的小鎮，但對報社來說，它有

一個很大的優點：人口高度穩定。在水牛城出生和長大的人，對當地和當地的機構有很高的忠誠度，例如它們當地歷史悠久的報紙。

對於一家晚報發行商來說，另一個優點是這座城鎮的工業屬性。許多藍領工人每天早早起床工作，到了下午稍晚或晚上就會讀報。很多人讀《水牛城晚報》。在美國主要城市裡，當地家戶購買當地報紙比例最高的就是《水牛城晚報》，沒有其他報紙能出其右。

蒙格還指出《水牛城晚報》有另一個優勢，那就是高品質的新聞內容。他在 1977 年致股東信裡談到藍籌印花公司，他說：「我們根據一個理念來投資《水牛城晚報》，那就是我們認為經過一番努力後，《水牛城晚報》現有的新聞價值，最後會在市場上重新展現。此外，通貨膨脹最後會讓一家繁榮的報社，變成一項比其他公司還安全的資產，讓我們可以用收購《水牛城晚報》的價格，去收購其他公司。根據經驗和反覆思考，我們更加確信，自己一開始對《水牛城晚報》的新聞價值的看法是正確的。《水牛城晚報》是一份值得稱許的報紙，其中一部分原因是，幾十年來這份報紙是由傳奇編輯阿福・基爾霍夫（Alfred Kirchhofer）主導和操刀。基爾霍夫雖然已經退休，但如今已八十三歲的他，仍然每天閱讀《水牛城晚報》。無論是過去或現在，基爾霍夫先生仍對正確、公平和服務充滿熱忱。在我們收購之前，目前的管理階層一直在延續這些標竿，我們也鼓勵他們繼續這樣

做下去。」

擁有良好名聲的《水牛城晚報》，週間的銷售量超過《信使快報》。從星期一到星期五，《水牛城晚報》的發行量為二十七萬份，《信使快報》則為十二萬五千份。

改進空間

但是，誠如藍籌印花公司董事長查理・蒙格在 1977 年的信中所說的，「投資這類報紙有先天的問題和不確定性」。他沮喪地表示，當他們接手《水牛城晚報》時，競爭對手《信使快報》每週出刊七天，而六十多年來《水牛城晚報》只出刊六天。《信使快報》憑藉著它穩定壟斷的地位，在一般的星期天賣出二十七萬五千份報紙，那是一週裡廣告商付最多錢的一天。

蒙格研究過美國各地城市報紙的業績紀錄，他知道對於領先的報紙來說，擁有週日版對公司的長期生存極為重要。因此，巴菲特和蒙格甚至在收購《水牛城晚報》之前，就和《水牛城晚報》的經理人討論過星期日出刊的問題。

為了在 1977 年 11 月推出週日版，他們知道必須釋出誘因改變讀者的閱讀習慣。因此，他們推出一場週日版發行前的廣告閃電戰，亮點是家庭訂戶可以在前五個星期，以目前一週支付六天報紙的費用 1.05 美元，讀到七天的報紙。也就是說，週日的報紙是免費的。五個星期過後，一週七天的報紙價格只會微幅上升到 1.20 美元。

同業反擊

《信使快報》的老闆不會坐視它們利潤豐厚的週日市場，遭遇這種競爭威脅。於是，它們首先發起一場宣傳攻勢，撰文警告水牛城善良的老百姓們，小心提防外地來的騙子，那個「來自奧馬哈的老大哥」。因為這些人打算毀掉大家心愛的《信使快報》；其次，他們提起訴訟，指控《水牛城晚報》違反《反壟斷法》，靠補貼週日的報紙蓄意摧毀競爭對手。

他們向法院申請，要求禁止《水牛城晚報》計劃導入的促銷活動、計劃以 30 美分的低價出售週日版報紙，以及《水牛城晚報》的低價廣告費。最重要的是，他們希望依《反壟斷法》規定的三倍金額得到損害賠償，再加上要補償他們的律師費和成本。

讓巴菲特和蒙格沮喪的是，就在報紙發行前夕，法院通過一項臨時禁令。既有報社竟敢公然要求保持自己的壟斷地位。雖然《信使快報》沒有得到它想要的一切，但法院還是讓《水牛城晚報》動彈不得。例如，《水牛城晚報》的特價期間從五週縮短到兩週、不能向廣告商保證週日的發行量、報紙將來會有降價限制、不准發送免費試閱報紙。此外，《水牛城晚報》必須曠日廢時地和客戶簽署訂購單，才可以在星期天派送報紙給客戶。

倖存者，準備戰鬥吧

這些規定很苛刻。律師出身的蒙格決定反擊，並指示他以前在加州的律師團隊，為全面判決做好充分準備。距離判決還有好幾個月的時間。與此同時，就算有嚴厲的禁令，他們還是計劃要在 1977 年到 1978 年冬天，每週銷售約十六萬份的報紙。

雖然他們表現得很好，但這只是《信使快報》三分之二的發行量。而且讓人沮喪的是，《水牛城晚報》在週六的發行量減少了約四萬五千份。更重要的是，《信使快報》在週日的廣告量占市場的 75%。《信使快報》還花費鉅資改造它們的印刷機器，並增加報紙的專題、副刊和記者人數，試圖在競爭中超越《水牛城晚報》。

1978 年 2 月，蒙格在 1977 年藍籌印花公司年度報告中悍然寫道，他們「全面」投入發行星期天的報紙。雖然「訴訟費用和其他意外等問題，可能讓《水牛城晚報》的短期利潤有時候會降得很低，或甚至降到零」，但他們不會退縮。1979 年 4 月，上述法律限制在上訴中被撤銷，但兩家報紙仍持續激烈競爭，帶來多年的痛苦，如表 2.1 所示。

鏖戰

巴菲特、蒙格和他們的團隊，不遺餘力地讓公司獲利。他們減少供應新聞用紙的工廠數量，並協商到更好的價格。1980 年，他們和公司裡十三個工會面對面，大致上是告訴

工會，如果工人繼續罷工和勒索公司，公司就會關門大吉。如果真的收掉《水牛城晚報》，藍籌印花公司的股東就會蒙受巨大損失，但如果工會繼續強勢下去，他們不知道該如何扭轉頹勢。巴菲特和蒙格都強調過不要虛張聲勢，但公司結束營業的威脅確實很可能發生。幸好，工會領導人知道事態嚴重，後來姿態放軟了。

1980 年到 1981 年間，經濟衰退對水牛城帶來沉重打擊，鎮上的零售商數量大減，其他人也開始謹慎規劃廣告預算。1980 年代初，狀況看起來一片黯淡。但蒙格始終堅守信念，他在 1982 年 2 月寫給藍籌印花公司的股東說：

「我們相信我們擁有鎮上最好的一家公司，也是水牛城兩大報紙裡比較優質的一家。所以，我們仍然希望並期待在適當的時機裡，《水牛城晚報》為水牛城帶來的價值，能夠彰顯在公司的年度利潤裡，也適當反映我們投資的價值。」[43]

但把這麼多資金投入這家公司後，大家覺得有一點可惜。在這最黑暗的時刻，蒙格認為藍籌印花公司和波克夏的許多價值都被破壞了，因為如果把錢投資在其他地方可以賺更多。他們的機會成本很高，蒙格認為機會成本和傳統財報裡的投資損失一樣重要。他寫道：

「如果我們 1977 年沒有收購《水牛城晚報》，而只是以相當於我們在其他股份的平均獲利能力得到回報，那麼我們現在將擁有價值約 7,000 萬美元的其他資產，每年獲利

表2.1 《水牛城晚報》的損失和週日版發行量

年份	淨收入（百萬美元）	週日版發行量（二月）
1977	0.34	
1978	-1.43	160,000
1979	-2.41	156,000
1980	-1.47	173,000
1981	-0.53	178,000
1982	-0.60	183,000

資料來源：Blue Chip Stamps annual reports. 在此其間，週一到週五的發行量，和 1977 年的二十七萬份相比變化不大。1982 年，《水牛城晚報》的週日版市占率上升到 40%。

超過 1,000 萬美元，而不是只有《水牛城晚報》和它目前的赤字。

　　當其他投資在往前跑時，長時間停在起跑線上的投資，就永遠無法迎頭趕上。當然，我們現在不能事後諸葛，必須針對當前的情況採取正確的經營策略。」

　　蒙格認為，《水牛城晚報》的策略是繼續為城鎮、員工、讀者和廣告商努力，努力到在長期的未來裡依然毫無希望為止。他們之所以經營得如此艱辛，是因為主要競爭對手的相對實力、《水牛城晚報》的損失，以及工會的問題。

　　這種坦然接受自己判斷錯誤，正是我們想在巴菲特和蒙格身上看到的理性、冷靜和誠實分析，但我們不太確定長期會有多少損失。當然，我們知道故事最後的結局。當初投資的 3,550 萬美元，後來獲得至少十五倍的回報。但在 1982

年初，這看起來是個不可能的任務。

巴菲特和蒙格在《水牛城晚報》的管理風格

巴菲特和蒙格讓兩位優秀的經理人在《水牛城晚報》續任。第一個是亨利‧厄本（Henry Urban），他從 1974 年擔任總裁兼發行人，一直到 1983 年退休為止。在動盪的時期，厄本採用穩定、保守的方法經營。他毫不猶豫地支持藍籌印花公司。[44]

巴菲特在 1983 年給波克夏股東的《致股東信》，談到厄本的時候表示，「我們週日出刊後，在那段滿滿都是訴訟和虧錢的黑暗日子裡，亨利從未退縮……水牛城整個商界都欽佩亨利，所有幫他工作的人都欽佩他，我和查理也都很欽佩他。」

第二個關鍵人物是莫瑞‧萊特（Murray B. Light），他自 1949 年以來一直在該報社工作。他每個動作都像好萊塢電影裡典型的報社編輯。他會在編輯部昂首闊步，一邊熱烈歡呼，另一邊大聲下令，決定報紙的內容和社論主題。他雖然吹毛求疵，但大家認為他是一個公正又有工作倫理的人，對新聞自由充滿熱情。

厄本和萊特尊重且全心支持巴菲特對優質新聞業的熱忱，並認為他是一位願意支持員工的老闆。萊特在他的報業歷史中寫道，巴菲特當然重視企業的獲利能力。如我們所想的，巴菲特會就發行量和廣告費相關問題定出方向，也會決

定如何配置資本以及管理階層的薪資。但除此之外，尤其是和報紙編輯立場相關的問題，巴菲特把它留給萊特和他的團隊處理。[45]

以下是巴菲特管理公司的方法的主要原則。

● 首先，他沒有時間和專業知識處理日常事務，甚至連重大的經營決策也是如此。除此之外，如果他插手干涉，就會剝奪自信又能幹的管理者應有的自主權和信任，而自主和信任又會帶來忠誠度和勤奮。如果老闆明確尊重員工，很多人就有動力盡自己最大的努力做事。把控制權交給實際在做事的人，是對他們的尊重。

● 其次，巴菲特買下這家公司的首要目標非常明確，也就是得到高的資本回報。他最想定期收到的資訊，是和獲利相關的關鍵績效指標，例如發行量或報紙的成本。

● 第三，他負責為經理人找到合適的薪資方案，讓他們的利益和巴菲特以利潤為中心的長期利益掛勾在一起。獎勵不只限於給錢，他的經理人非常喜歡他讚美工作出色的人。

● 最後，如果把公司賺到的錢留在公司裡，那些錢帶來的報酬率若讓人不盡滿意，就應該把錢送到波克夏總部，供巴菲特分配到其他地方，例如在股市購買另一家公司或股票。

巴菲特非常放手，因此他從未要求《水牛城晚報》的編輯，必須根據他個人的政治傾向撰文。公司裡大部分的記

者，根本不知道巴菲特的政治傾向是什麼。他給編輯部的指示是，要支持可能對水牛城讀者最有幫助的政治人物。

雖然巴菲特不願意插手干預，但在早期艱困的日子裡，他確實願意充當參謀，或提出一些想法，想出一些擊敗競爭對手並讓公司獲利的方法。萊特經常和他在電話討論想法，有時長達一小時或更久。巴菲特對報紙的淵博知識，總是讓萊特印象深刻。

蒙格對《水牛城晚報》的重要貢獻

在1970年代末和1980年代初慘澹經營日子裡，蒙格有如一塊磐石，堅定地關注報紙的長期前景。他相信，如果報社能堅持原則，產出優秀的產品和好新聞，就能得到讓人滿意的利潤。他尤其自豪的是，他們的報紙有超過50%的內容是新聞而不是廣告，大多數報紙的新聞比例是40%。

在1981年藍籌印花公司的年度報告裡，他寫道他完全沒有出售《水牛城晚報》的念頭，顯示出他對水牛城的未來和公司團隊有信心。他相信，「在《水牛城晚報》工作的優秀員工」能夠「成功地把公司打造成對老闆和員工來說，都是很好的企業」。

除了奉獻、努力和公平正確的報道之外，蒙格還要求他的經理們做一件事：在可行的情況下，盡快把壞消息告訴他。他說，好消息自然地會傳開來，但他需要盡快知道出了什麼壞消息，以便採取措施或至少減輕壞事的影響。他在

1981 年藍籌印花公司的年度報告裡，強調這種直接面對問題的態度。他在報告中寫道，他不希望管理者掩蓋問題，他自己也不會在給股東的年度信裡做這種事。他堅信「言出必行」的態度，明白告訴股東《水牛城晚報》遇到的困難。據此，他曾經寫道：

「如果訴訟持續下去，而且競爭對手成功地改變法律……得到它們想要施加在我們身上的各種禁令，或者長期罷工導致《水牛城晚報》停刊，那麼公司可能會被迫停止營運，並進入清算程序。」

《水牛城晚報》的第三位關鍵經理

《水牛城晚報》的第三位關鍵經理人是史丹佛·利普西（Stanford Lipsey）。史丹佛·利普西和巴菲特之間的關係，起碼可以追溯到 1965 年，當時巴菲特第一次說要買《奧馬哈太陽報》（Omaha Sun）。利普西是小報《奧馬哈太陽報》的老闆和發行人，1969 年出售該報後答應留下來管理報社。他擅長新聞調查和選舉新聞，甚至得過普立茲獎，但這份報紙在商業上並不成功，並在 1980 年出售。兩人是經常交談的好朋友。

1977 年底，當《水牛城晚報》的處境惡化時，巴菲特問利普西是否願意搬到水牛城來幫忙改善狀況，但他很不情願。巴菲特非常希望得到利普西的意見，以至於問他是否願意至少每個月去水牛城一趟，然後「去做任何你認為應該做

的事⋯⋯如果你在那裡坐鎮，那邊的營運就會更好。」[46]

　　因此，利普西展開和水牛城長達三十四年的合作關係。

　　開始，他每個月為發行人亨利‧厄本擔任一週的顧問，諮詢重點放在發行部和廣告部。這位來自奧馬哈的外地人，很快就得到水牛城團隊的認同。萊特寫道：「他敏捷、富有創造力的思維，以及謹慎又能邏輯思考問題的能力，贏得每個人的信任。」[47] 利普西後來留在水牛城度過他的職涯，成為水牛城社會的支柱和重要貢獻者。

　　1980 年，利普西自己決定搬到水牛城從事全職工作。他很投入並決心要打贏和《信使快報》的戰爭。利普西是一個友善、幽默的人。他不認為自己是商人，而是一名「新聞工作者⋯⋯這就是我要奉獻的領域⋯⋯〔報紙〕是社會的重要機制。」[48] 他決心幫助報社走過艱辛。

　　1983 年厄本退休後，利普西接掌發行人職務。他很期待未來的輝煌歲月。在利普西掌管的時代，巴菲特的介入也十分有限。巴菲特喜歡討論的關鍵議題，是廣告定價和報紙收費。他在《財星》（Fortune）雜誌一篇文章裡告訴凱洛‧盧米思（Carol Loomis），執行長對特定業務的定價，和經理人有不一樣的看法：

　　「經理人只有一項業務要顧。從他的立場來說，如果把價格定得太低了一點，也沒有什麼大不了；但如果他把價格定得太高，他就會搞砸對他來說唯一重要的事。沒有人知道提高價格會帶來什麼後果，所以對經理人來說，這件事就好

比下注俄羅斯輪盤。但對執行長而言，他要管的事情不只有一件，所以從他的立場來說，狀況就不是這樣了。所以，我認為在某些情況下，應該由經驗豐富和立場客觀的人來定價。」[49]

巴菲特公開大力讚揚利普西。以下是他在 1986 年致波克夏股東信的例子：

「《水牛城晚報》在史丹利・利普西的帶領下，持續表現優異，連續第三年每人工作時數大幅下絳，其它成本也控制得宜。即使報紙的廣告成長率遠低於同業，但營業毛利仍然大幅增加。我們雖然控制成本，但沒有因此降低我們對新聞品質的要求，我們的『新聞版面』持續維持在 50% 以上。」

利普西說，和巴菲特合作最棒的是「他是一個完全正直和誠信的人。當他和你說話時，你感受得到他是真的惦記著你，而且他很平易近人……我們合作過三十多年，從未有過意見不合。」[50]

利普西對待同事的態度，和來自奧哈馬的巴菲特一模一樣：「你希望別人怎麼待你，你就怎麼待他們。華倫就是這樣的人。你會不遺餘力地為關鍵人物努力，並認真地思考如何讓讓他們開心。」[51]

利普西在 2012 年 12 月退休，促使巴菲特思考他的貢獻。他寫道，如果沒有利普西，《水牛城晚報》很可能已經關門大吉。利普西對報業的了解，包括「發行、製作、銷售

和編輯非常都非常出色」。利普西和莫瑞‧萊特合作度過艱難的歲月,並在接下來的幾年裡帶領《水牛城晚報》取得極佳的業績。「無論是當朋友還是當經理人,史丹利都是最棒的。」[52]

強大母公司加持,成為水牛城最大報

1978 年到 1982 年間,《水牛城晚報》和《信使快報》為了在供過於求的市場裡爭搶讀者和廣告商,紛紛降低價格,因此遭受巨大損失。雙方的前景都很黯淡。1982 年 9 月 19 日,《信使快報》的老闆丟出震撼彈宣布退出市場,讓《水牛城晚報》成為水牛城唯一的都市報紙。

《信使快報》的老闆覺得受夠了,他們看到《水牛城晚報》的老闆財力雄厚,還有能力承受多年虧損。藍籌印花公司不僅有來自時思糖果和魏斯可金融公司的收入,其母公司波克夏‧海瑟威也可以馬上挹注資金。既然如此,在水牛城繼續和強勁對手正面交鋒,又有什麼意義?

因此,在報業的生態裡,資源最多、最大的公司占了上風。水牛城從原本有兩份報紙,如今變成只有一份。對手投降後,《水牛城晚報》流向波克夏的稅後利潤大幅驟升。《信使快報》收攤後又過了大約三年,波克夏就打平了它們在 1977 年,投入《水牛城晚報》的全部 3,550 萬美元。利潤不斷成長,直到每年的獲利幾乎和當初投入的錢一樣多。

1983 年,《水牛城晚報》招募了許多《信使快報》的

圖 2.1 《水牛城晚報》為波克夏帶來的稅後利潤

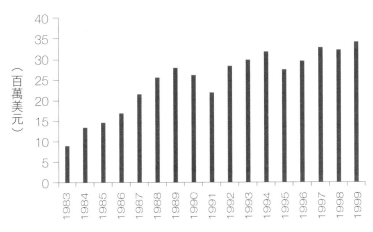

資料來源：W. Buffett, letters to shareholders of BH（無法取得 1999 年後的數據）。

前新聞工作人員，並創辦了一份早報，報紙名稱也簡單地改為《水牛城新聞》（*The Buffalo News*）。報紙在週日的發行量迅速翻倍，達到三十六萬份以上，平日發行量也大幅提高到三十二萬三千份。1983 年 1 月，《富比士》（*Forbes*）雜誌對《水牛城新聞》估值是 4 億美元。

靠著穩健體質，繼續在慘淡報業努力前行

到了二十一世紀第一個十年的中期，網路不僅改變了很多產業，也改變了報業。巴菲特很遺憾出現這種發展，他表示報業的基本面正受到侵蝕，導致《水牛城新聞》的利潤下降。他寫道：「當一個產業的基本面正在崩潰時，經理人的

才幹也許可以減緩衰退的速度，但敗壞的基本面將勝過管理才華。」[53]

雖然情況繼續惡化，巴菲特仍誓言要維持《水牛城新聞》：

「除非我們的現金不斷耗盡，否則我們還是會持續經營新聞媒體事業。我和蒙格都熱愛報紙，我們一天要讀五份報紙，而且我們相信擁有自由、有活力的新聞媒體，是維繫民主的關鍵要素。我們希望結合紙本及網路，可以避免報紙走向日薄西山。波克夏也會和水牛城一起努力，發展一套可持續的商業模式。我相信我們可以成功，只是報業擁有可觀獲利的歲月已經不再。」[54]

線上新聞、網路廣告，以及像房屋銷售的專業網站出現，導致二十一世紀的前十五年裡，報紙的週日發行量砍半，降到十七萬四千份。平日的發行量降到只有十一萬一千份。儘管如此，《水牛城晚報》仍有獲利。2015 年獲利 1,090 萬美元，2016 年獲利 730 萬美元，這些收入得益於其他的收入來源，例如幫《紐約時報》印報紙。此外，開支也降低了。

如今，《水牛城新聞》仍然是波克夏的一部分，並且是水牛城和尼亞加拉地區的主要報紙，每天早上出刊，而晚報則在 2006 年停刊。但要維持這個地位非常辛苦。到了 2018 年，當我撰寫本文時，連社論也因為削減成本而被取消了。

學習重點

1. **看得到的數字不見得是唯一重要的事。** 一筆投資到底好不好，往往要從戰略位置的定性潛力來考量，而非只靠最近的會計數據來決定。雖然《水牛城晚報》這幾年的生意很難做，而且在未來幾年可能都無利可圖，但它有潛力成為不受監管的過路收費橋，亦即擁有龍頭公司的經濟特許經營權。

2. **專注於產品的品質和管理人的素質。** 巴菲特和蒙格在買《水牛城晚報》時，很得意這份報紙備受推崇，而且編輯也很出色。此外，即使在早期經營出現困難時，報紙每週都在虧損，但老闆和編輯也不願意在品質上妥協。

3. **思考長期。** 巴菲特和蒙格表示，他們持有股票的期限是「永遠」。這種眼界有助於他們妥善看待近期的損失。

4. **遭到嚴重打擊時，要堅持下去。**「當事情不如人意，而人生時不時就會發生這種事；當你要走的路看似崎嶇，資金不足、債務很高；當你想微笑卻只能嘆息；當憂慮壓得你喘不過氣，必要的話就休息一下！但千萬別放棄。生活是曲折的，每個人都可能遇到這種事。人生不如意十常八九，但如果堅持下去，就可能會贏。」──無名氏〈不要放棄〉。

5. **預備金。** 當蒙格誓言要為《水牛城晚報》繼續奮戰下去時，藍籌印花公司有很多收入來源和預備金，因此讓他

有言必信的底氣。此舉勢必讓《水牛城晚報》的員工團
結起來，並打擊了《信使快報》老闆的士氣。

6. **信任你的經理人並盡量協助他們**，不要事必躬親。

第 3 筆

內布拉斯加家具商城

（Nebraska Furniture Mart）

投資概況	時間	1983 年至今
	買入價格	5,535 萬美元
	股份數量	90% 持股
	賣出價格	仍然是波克夏‧海瑟威的一部分
	獲利	至少十倍

1983 年波克夏‧海瑟威
股價：775 ～ 1,345 美元　市值：10.118 億美元　每股市值：975 美元

　　每年 5 月，波克夏‧海瑟威在奧馬哈召開股東大會，與會人士的一大傳統是在內布拉斯加家具商城（Nebraska Furniture Mart），享受夜裡的燒烤和鄉村音樂。這是股東彼此聊天的機會，大家讚嘆內布拉斯加家具商城的規模，以及這筆在 1983 年的投資的輝煌表現。

　　當波克夏收購內布拉斯加家具商城時，它只有一家分店，但它卻是方圓數百英里內最大的家具店。從那時開始，這家店變得愈來愈大。如今店面有 77 英畝那麼大，占地 1,689,000 平方英尺，離巴菲特家只有 2 英里。它不只賣

家具，還賣超過八萬五千種商品，包括電腦、電視和家用電器。

這家公司緩慢擴點，後來在堪薩斯城、達拉斯沃思堡（Dallas-Fort Worth）和得德因（Des Moines）開設了大型店面，就這樣。也就是說，這家公司在四十年裡只開了三家新店面。

一如既往，只有當一家公司能夠創造或強化競爭優勢，並且具備經濟特許經營權時，巴菲特和蒙格才會對該公司投入大規模的資本。他們認為，不可以為了虛榮而大事擴張。在一個地方行得通的事情，不表示在其他幾百個地方也會行得通。只有經過深思熟慮的計畫，才能吸引客戶的興趣，才能擊敗競爭對手，並獲得良好的資本回報。

如果你知道內布拉斯加家具商城的創辦人是女性，她二十四歲剛到美國時幾乎不會說英語，而且沒有上過一天學，就會知道她有多了不起。奧馬哈人稱呼羅斯·布魯姆金夫人（Mrs. Rose Blumkin）為 B 夫人，她在俄羅斯革命期間逃亡，一路上賄賂警衛，最後逃離白了俄羅斯。她到 1937 年，才在地下室開了一家小店。她在照顧四個孩子的同時，也一邊經營商店。大家都很熟悉她的座右銘：賣低價，說實話。她也有過艱困的時光，甚至不得不變賣家裡的家具還債。然而，她靠長達數十年的艱辛努力，讓客戶甘願長途跋涉數百英里，到她的店買特價商品。

在她八十九歲高齡之際，巴菲特終於成功說服她出

售公司 90% 的股份，後來股份則減少到 80%。這筆交易是根據巴菲特起草的一頁多合約，在微笑和握手下完成的，人們稱之為「奧馬哈歷史性的一握」（Historic Omaha Handshake）。交易時，巴菲特認為沒有必要檢查庫存或房地產所有權，或進行任何盡職調查。事實上，他連帳目都沒有經過審計程序。他擁有比這些作法都更好的洞察力：他了解 B 女士一家人，知道他們可以信任，而且他非常熟悉奧馬哈民眾享受的優質購物體驗。

B 女士非常喜歡在內布拉斯加家具商城工作，因此她一直工作到一百零三歲，那時她的工作時間，只比她以前每週七十小時的工時少一點。巴菲特說，頂尖商學院的畢業生或經營大公司的人，都不是她的對手，她遙遙領先他們。你可以從她的故事和想法學到很多。以下是巴菲特買下內布拉斯加家具商城後不久，在美國國家廣播電視公司（NBC）接受採訪時所說的話：

「如果我要創業，而且如果我有像在美國國家美式足球聯盟（NFL）那樣的第一選秀權，可以從全國頂尖商學院最優異的二十五名畢業生，以及《財星》500 強前二十五名最優秀的執行長裡物色人才，又或者我可以選 B 女士來經營公司，我一定會選 B 女士。B 女士是絕無僅有的人才。」[55]

在同一部紀錄片裡，B 女士說：「我沒有受過教育，我用的是老方法，那就是說真話，買對的產品，賣便宜的東西。」

巴菲特認為，波克夏要留住才華洋溢的創始家族，以及他們建立的文化和團隊精神。波克夏收購內布拉斯加家具商城多年之後，B夫人的兒子路易，以及後來兒子羅納德和艾爾文，都和B夫人一起經營公司，直到B夫人在1998年去世為止，享年一百零四歲。如今，公司由羅納德和艾爾文，帶領家族的第四代成員和他們的員工一起經營。

在研究內布拉斯加家具商城交易之前，我最好先補充說明1977年收購《水牛城晚報》，到1983年收購內布拉斯加家具商城，這兩筆交易之間發生的事。撇開一些一開始買的首都城市股票，這期間就沒有什麼特別出色的長期投資。不過，巴菲特仍在穩定地建立經濟特許經營權，也精明地買了一些股票。此外，巴菲特和蒙格也不斷思考，未來該如何管理他們旗下愈來愈多看似不相干的業務。他們在這段時期，為將來要描繪的偉大的願景奠定基礎。

購買內布拉斯加州家具商場的前五年

除了營運業務外，巴菲特和蒙格也很有興趣取得一些公司的少數股份，這些股份可以在相當程度上抵抗高通膨的衝擊。1979年，美國高通膨率的問題上升到讓人憂心的14%。在這樣的環境下，即使你買了一支稅前報酬率為20%的股票，扣除稅金後，你的實質購買力其實比年初時還少。如果一家公司可以把價格提高到至少和通膨一樣高，而且成長時不需要投入大量資本，這類公司就會頗受青睞。

在這五年間，波克夏的收入驚人（見表 3.1）。1977 年，巴菲特和蒙格經營的公司帶來 3,920 萬美元，讓他們可以把錢用在其他地方。到了 1981 年，這筆錢已經增加到 6,260 萬美元。

保險的承保的利潤雖然沒有太大波動，但用保險浮存金買的證券所帶來的股息和利息卻很好，從 1978 年的 1,640 萬美元，上升到 1982 年的 3,530 萬美元。難怪華倫和查理開心到跳舞去上班，因為所有流入波克夏的資金，都可以讓他們拿去投資新的標的。保險浮存金和藍籌印花公司的浮存金，帶來的好處還不只有這些。他們時不時地會賣出持股，因此產生資本利得。這部分的年度收益，從 680 萬美元到 2,310 萬美元不等。

在這五年裡，時思糖果的利潤翻了一倍多，達到 690 萬美元。此外，時思糖果不需要把賺到的錢拿去投資，因此錢被送到巴菲特和蒙格那裡。時思糖果的母公司藍籌印花公司也帶來可觀的收入，其中大部分來自於它的浮存金。

有些資金來自聯合零售連鎖店（Associated Retail Stores），但這部分的資金並沒有成長，而是呈現減少趨勢。幸好巴菲特早在幾年前，就已經把該公司的業務，連同波克夏的紡織製造業，一同轉去從事多角化經營。

另外，總部位於洛克福的伊利諾伊國家銀行不斷壯大，每年帶來超過 400 萬到 500 萬美元的現金，讓巴菲特能夠再投資。在理想的情況下，應該把這家優秀的公司保留下來，

表 3.1　波克夏・海瑟威經營業務的稅後淨利

項目 （單位：百萬美元）	1978年	1979年	1980年	1981年	1982年
保險承保	1.6	2.2	3.6	0.8	11.3
保險投資收益（股息及利息）	16.4	20.1	25.6	32.4	35.3
已實現的證券收益	9.2	6.8	9.9	23.1	14.9
聯合零售連鎖店	1.2	1.3	1.2	0.8	0.4
時思糖果	3	3.4	4.2	6.3	6.9
藍籌印花公司－母公司	1.4	1.6	3.1	2.1	2.5
伊利諾國家銀行	4.3	5.0	4.7	-	-
魏斯可金融公司（母公司和儲蓄貸款銀行）	3.7	4.2	3	3.1	3.7
其他	0.9	1	2.6	0.6	1
債務利息	2.3	2.9	4.8	6.7	7.0
總盈餘	39.2	42.8	53.1	62.6	46.4

資料來源：W. Buffett, letters to shareholders of Berkshire（1978–1982）.

但監管機構怕有利益衝突，不喜歡非銀行的商業組織經營銀行。在 1980 年的最後一天，波克夏透過一些機制，將它的銀行持股移轉給波克夏的股東，讓銀行和波克夏脫鉤。

　　魏斯可金融公司也正初見成效。1970 年代末，該公司仍靠儲蓄和貸款業務賺錢。除了儲蓄和貸款，魏斯可還擁有大量資產，並透過債券利息、股息和股票資本利得賺取收入。1980 年 3 月，魏斯可在時機成熟時，賣出大部分的儲蓄和貸款業務後，公司可用於投資的資金大大地增加。雖然美國當時仍身處儲貸業務的危機裡，公司剩下的儲貸業務仍然在賺錢。

非控股企業

他們在這段期間購買的重要股份很多（見表 3.2），但他們並未長期持有這些股份。到了 1987 年底，他們賣出所有股份，或僅持有相對較少的股份。他們控制或經營的大多數業務帶來現金，而且保險業務因擴張而讓現金增加，這些錢讓他們可以累積許多公司的非控股權股份。此外，保險業務累積了更多可供投資的浮存金。1977 年，浮存金平均為1.39 億美元，1982 年增加到 2.2 億美元。

首都城市媒體公司的股份，也是在這段期間累積而來。波克夏的股東人數，在 1970 年代末約為 1,000 人，並在1983 年迅速從 1,900 人成長到約 2,900 人。大部分成長是波克夏用新發行的股票，支付購買藍籌印花公司股票的費用。此後，波克夏的股票數為 1,146,099 股，只比 1965 年多 1%。在十八年後的今天，波克夏的股東共同擁有國家賠償保險公司、時思糖果和《水牛城新聞》等大公司，以及雷諾菸草公司（R. J. Reynolds）和《時代》雜誌等美國巨頭公司的股份。波克夏的股價從每股不到 20 美元，上漲到超過 1,000 美元。

巴菲特和蒙格的原則

在這段時期，也就是在解除合夥關係約十年後，巴菲特和蒙格思考他們管理的投資組合公司和股份的基本原則，以及他們對待股東的方式。這些想法奠定的基礎，讓他們能夠建立起有史以來最優異的公司。

表 3.2 波克夏在 1977 年到 1987 年投資的公司

投資企業	買入金額 （百萬美元）
聯合出版公司（Affiliated Publications）	3.5
美國鋁業公司（Aluminium Company of America）	25.6
阿美拉達赫斯公司（Amerada Hess）	2.9
阿克塔公司（Arcata）	14.1
克里夫蘭克里夫公司（The Cleveland-Cliffs Iron Company）	12.9
克拉姆與福斯特公司（Crum & Forster）	47.1
匯聯實業（Gatx）	17.1
通用食品（General Foods）	66.3
漢迪哈曼公司（Handy & Harman）	27.3
埃培智集團公司（Interpublic Group）	4.5
凱撒鋁業公司（Kaiser Aluminium and Chemical）	20.6
凱撒工業公司（Kaiser Industries）	0.8
奈特里德報業（Knight Ridder）	7.5
通用媒體公司（Media General）	4.5
國家底特律公司（National Detroit）	5.9
國家學生行銷公司（National Student Marketing）	5.1
奧美廣告公司（Ogilvy & Mather）	3.7
平克頓偵探事務所（Pinkerton）	12.1
雷諾菸草公司（R. J. Reynolds Tobacco Company）	142.3
塞費柯保險公司（Safeco）	32.1
《時代》雜誌（Time）	45.3
時代鏡報公司（The Times Mirror Company）	4.4
F · W · 伍爾沃斯公司（F. W. Woolworth）	15.5

資料來源：W. Buffett, letters to shareholders of Berkshire（1978–1982）.

表3.3　**1977 年到 1982 年波克夏持有股票的總價值**

年	成本（百萬美元）	年底市值（百萬美元）
1977	107	181
1978	134	221
1979	185	337
1980	325	530
1981	352	639
1982	424	945

資料來源：W. Buffett, letters to shareholders of Berkshire（1978–1982）.

　　從 1983 年，巴菲特給波克夏股東的《致股東信》中總結的原則中可以發現，他對待股東的方式，和他當年才二十幾歲時，少數幾位奧馬哈人信任他把積蓄交給他時一樣。雖然他要對股東負的法律義務非常有限，但他決定主動承擔更多責任。他還決定要和他旗下公司的經理人，建立起真正的友誼。

　　對於想要建立多元業務或多元股票投資組合的人來說，這些原則是恆久的指引。我在這裡完地呈現這些原則：

　　雖然我們（波克夏）的形式是企業，但我們的態度是夥伴關係。我和查理・蒙格把我們的股東，看成是公司的所有合夥人（owner-partner），把我們自己看成管理合夥人（managing partner）。由於我們的持股規模較大，所以無論好壞我們也是控股合夥人（controlling partner）。我們不認

為是波克夏擁有我們的商業資產，相反的，我們認為波克夏是股東持有資產的管道。

根據這種所有人的態度，我們的董事都是波克夏‧海瑟威公司的大股東。每五位董事裡至少有四位董事，他們家族有超過 50% 的淨資產，都是透過波克夏而持有。我們吃自己做的飯。

根據後面提到的一些條件，我們的長期經濟目標，是讓每股內在商業價值的平均年成長率，盡可能增加。我們不會用規模來衡量波克夏的經濟意義或績效，而是以每股的進展來衡量。我們確信，未來每股收益的成長速度會下降，這是因為資本大幅增加的原因。但如果我們的成長率因此未能超過美國大公司的平均水準，我們會很失望。

我們傾向透過直接擁有多元的企業集團，來實現這個目標，這些企業能夠帶來現金，並持續獲得高於平均水準的資本回報。我們的第二個選擇是擁有相似的業務，主要作法是透過我們的保險子公司購買可流通的普通股。企業的價格和可用性，以及保險資本的需求，決定了任一特定年份的資本配置。

由於企業所有權這種雙管齊下的方法，並且由於傳統會計的局限，相對來說合併報表收益可能比較無法揭示我們真實的經濟表現。我和查理身為所有者和管理者，實際上忽略這些綜合數字。然而，我們也會向你報告我們控制的每一項主要業務的收益，我們認為這些數字非常重要。這些數據，

連同我們將提供和個別企業相關的其他資訊，一般來說應有助於你對該公司的判斷。

會計結果不會影響我們的營運或資本配置決定。假設有兩項投資機會的成本差不多，前者可帶來 2 元的盈餘，但按照通用會計準則，我們的財報不可以納入這筆盈餘；後者可帶來 1 元的盈餘，但是可以納入財報中。在這種情況下，我們會毫不猶豫地選擇前者。其實我們經常面對這類抉擇。收購一整家公司時，盈餘可全數納入集團報表，但收購價格往往是收購小額股份的兩倍之多。可是，若收購小額股份，盈餘基本上不會反映在集團的財報上。總的來說，隨著時間過去，我們預期這些無法反映在財報上的盈餘，將可以透夠過資本利得反映在波克夏的內在價值上。

我們很少使用大量債務，但當我們這樣做時，我們會試著以長期的固定利率來舉債。我們會放棄有趣的機會，不會過度利用我們的財務狀況。這種保守的作法會讓我們的業績打折，但面對投保人、存款人、貸方，以及將大部分淨資產交給我們看管的股東，我們對他們負有託付之責，只有這樣做才能讓我們放心。

不讓股東為管理階層的「願望清單」埋單。我們不會只是為了多角化經營，就以併購的價格購買整家企業，而置全體股東的長期經濟利益於不顧。我們對待你的錢，就像對待我們自己的錢一樣謹慎。我們會充分權衡，如果直接在股市買股票讓投資組合多樣化，能夠得到多少價值。

再好的想法也必須定期接受檢驗。我們會自我檢驗保留盈餘的決定是否明智，檢驗的標準是如果我們保留 1 元的盈餘，日後是否能為股東帶來至少 1 元的市場價值。迄今為止，我們一直能夠通過這項檢驗。我們將繼續在五年期的滾動基礎上，採用這項檢驗。隨著波克夏的淨值日益成長，要明智地運用保留盈餘也愈來愈困難。

　　只有當我們得到的商業價值，和我們給出的商業價值一樣多時，我們才會發行普通股。這條規則適用於所有形式的發行，不只有合併或公開發行股票，還包括股債交換、股票選擇權和可轉換證券。發行股票相當於出售一小部分股東擁有的公司，我們不在違背整個企業價值的情況下做這種事。

　　你應該充分意識到，**我和查理有一種態度會讓我們的財務表現打了折扣**：不管價格如何，我們根本沒有興趣賣掉波克夏擁有的任何優質企業。至於表現低於標準的企業，只要我們仍然期待它們起碼能帶來一些現金，只要我們覺得他們的經理人和員工都很不錯，我們就很不願意賣掉這些公司。我們希望不要重蹈資本配置的錯誤，這些錯誤讓我們買下這類表現低於水準的企業。有些人建議，可以投入很多資本，讓表現不佳的公司回復到讓人滿意的獲利能力。對此，我們的態度非常謹慎。這些獲利預測讓人眼花繚亂，雖然提出建議的人很熱心，但投入大量資金到產業狀況不佳的公司，最後都會像在流沙裡掙扎一樣，難有回報。然而，金羅美式（gin rummy-style）的管理風格，也就是放棄最沒有前途的

公司，也不是我們的風格。我們寧願整體績效受到一些影響，也不要再投入更多錢進去。

我們會對你坦誠相告，強調在評估業務價值時重要的利弊。我們的原則是，如果我們的立場改變，我們會告訴你我們自己想知道的商業事實。我們對你的責任，只會比這些更多。

此外，身為一家擁有重要通訊社的企業，如果我們在報告自己的作為時，採用的標準比我們希望新聞工作人員報導其他人時應採用的標準更低，例如更低的準確度、平衡度和深入程度，那麼我們就是不可原諒。我們也相信，身為管理者，坦誠相告對我們有好處。在公開場合誤導別人的執行長，最後可能會在私底下誤導自己。

雖然我們的政策是坦承，但我們只會在法律要求的範圍內，討論我們在有價證券上的操作。好的投資點子非常稀有又有價值，而且會因競爭而被剽竊，就像收購好產品或好企業的想法一樣。所以，我們通常不會談我們的投資想法。封口不談的作法，甚至也適用於我們已經賣出的證券，因為我們將來可能再次買一次。另外，外界若誤傳我們正在買的證券，我們也會保持緘默。如果我們否認這些報道，但在其他項目上卻說「不予置評」時，我們不予置評的態度就會變成默認。

玫瑰盛開帶來了什麼？

　　二十世紀初，在明斯克（Minsk）附近一個村莊的兩房小木屋裡，年輕的蘿絲有一天晚上醒來，發現她母親已經忙著在做麵包。她告訴母親，她無法忍受「她必須這麼努力地工作」，還說等她長大後，會去大城市找一份工作賺錢，然後去美國。她的母親要照顧八個孩子，並經營一家雜貨店。她的父親是拉比，也就是猶太教教士。蘿絲六歲時開始在母親的店裡工作。十三歲時，想到家裡有這麼多兄弟姐妹，於是她出於責任感，到一家又一家店去找工作。她的堅持總算有回報，等到她十六歲時，即使從未上過學，但已經成為經理，負責監督六位男性工作。

　　四年後的 1914 年，二十歲的蘿絲和鞋子推銷員伊薩多爾・布魯姆金（Isadore Blumkin）結婚。在她婚禮當天，她記得母親帶來兩磅大米和兩磅餅乾，她說「那就是喜酒」。後來戰爭爆發了，伊薩多爾前往美國，免得被「可惡的哥薩克」徵兵。但他沒有帶蘿絲去，因為他們的錢無法養活他們夫妻兩人。

　　當時的背景是，俄國在 1916 年 12 月發生革命，身高四英尺十英寸（約 147 公分）高的蘿絲，搭上西伯利亞鐵路穿越西伯利亞，她身上沒有車票也沒有護照。中俄邊境的一個邊境警衛讓她通過，因為她說她正在為軍隊購買皮革，等她回國時會帶一大瓶梅子白蘭地（slivovitz）給他。「我學會了所有技巧」，她說。隨後，她去了日本和西雅圖，脖子上

掛著一個標籤，上面寫著「美國愛荷華州，道奇堡」。

蘿絲·布魯姆金一直很感謝她在美國得到的溫暖，她說：「在美國出生的人，不像那些從黑暗裡走出來的人，懂得感謝這一切美好的事物。從我來到這裡的那一天起，我就愛上美國了。」[56]

在道奇堡待了兩年後，這對年輕夫婦搬到奧馬哈，伊薩多爾開了一家二手服裝店和當舖。直到她的大女兒法蘭西斯開始上學，蘿絲才開始學英語。法蘭西斯教她媽媽她每天學到的東西。

她的第一個任務是拯救她在白俄羅斯的家人。她努力賣衣服，每存到 50 美元就寄回家。這樣的錢足夠讓家裡的一個人前往美國。1922 年底，她把父母和五個兄弟姊妹都帶到美國。

最後，B 女士在四十三歲時和四個孩子安頓下來，並以 500 美元開始她的商業生涯。1937 年，她搭火車前往芝加哥，那裡是美國當時家具批發活動的中心。她在那裡看到美國家具商場（American Furniture Mart）。整齊陳列的商品、巨大的建築物以及家具生意，讓她留下深刻的印象，於是她決定把她的新店面，隆重取名為內布拉斯加家具商城。她為自己要開的店買了價值 2,000 美元的商品。該店座落在奧馬哈的市中心，是她先生的公司所在大樓的地下室。

她在回家的路上一直憂心忡忡，因為她只有 500 美元的本金，和以及 1,500 美元的債務。她非常擔心，擔心到變賣

家裡的家具，包括冰箱和所有東西，以便能按時付款。

B 女士面臨非常激烈的競爭，她的對手是大型百貨公司和專賣店，而她在地下室的店面位置並不好。但是，除了 500 美元之外，她還有一個想法。她說：「如果你賣的價格最低，就算你在河底，客戶也會去找你。」[57] 她說的對，人們確實找到了她。

但她的折扣價惹惱了地毯和大型家具公司。製造商和零售商之間，彼此都有一個默契。如果他們都維持高價，那麼大家都可以得到很高的利潤。她的競爭對手首先說服製造商抵制她。她應對的方式是從全國其他地方的供應商進貨，或請其他人悄悄幫她買地毯和其他產品，這樣她就可以繼續以低價出售。

B 女士被以《違反公平貿易法》的罪名送上法庭，而且不只一次，是四次。她對法官說：「『地毯』每一碼我用 3 美元購買，布蘭岱斯（B 女士的主要競爭對手，現已不復存在）以 7.95 美元賣出，我則用 3.95 美元的價格來賣。法官，我所有產品都以高於成本 10% 的價格出售，這樣做有什麼問題嗎？我不想對客戶搶錢。」最後，法官不僅宣判她無罪，第二天還和她購買了價值 1,400 美元的地毯。最重要的是，報紙報導了這件事，因而大大提高她的銷量。

波克夏・海瑟威在 2013 年的年度報告，重現內布拉斯加家具商城在 1946 年的帳目，你可以從中衡量低利潤率／高週轉率的作法（圖 3.1）。[58] 從年初開始，淨資產只有 5

萬 7,460 美元，但在十二個月內增加到 57 萬 5,096 美元。對
這類產品來說，這是驚人的資產回報。她用來支付給供應商
的銷售成本，則比一般的家具零售商高很多。營收是 47 萬
2,891 美元，毛利為 10 萬 2,206 美元，毛利率只有 17.77%，
但不至於低到她經常說的 10%。但她將成本控制得如此嚴
格，以至於其他所有開支，包括廣告費、薪資、租金和卡車
燃料等等，只有 81,521 美元，營業利益為 20,685 美元。扣
除一些額外收入後，淨利為 29,884 美元。

1945 年，內布拉斯加家具商城從地下室，搬到奧馬哈
市中心的法爾南街 2205 號，這家店的店面更大。第二次世
界大戰結束後，她的兒子路易加入她的團隊。他的兒子經
歷過諾曼第登陸的奧馬哈海灘，在突出部戰役中贏得紫心
勳章，以及解放達豪集中營。路易繼承了母親的創辦理念，
並在她的基礎上打造這家公司。有了她的常識和幹勁，再加
上他的智慧、平和的脾氣和出色的溝通能力，公司的業務在
1960 年代和 1970 年代突飛猛進。他很有推銷的天賦，這一
點主要歸功於他的母親。他說：「我可以去讀五間公立學校
和四間大學，但永遠學不到我從母親那裡學到的東西。」[59]

雖然 B 女士非常嚴厲，經常責罵和開除員工，但路易
卻是有名的紳士。他非常友善，常常重新雇用同一個人。他
知道母親習慣批評別人到羞辱的程度，但他則喜歡「說好
話」。雖然他母親無法接受懶散、「愚蠢」或「呆笨」的員
工，但她在很多地方都表現得很友善。例如，她對窮人和

圖 3.1 內布拉斯加家具商城的帳目（1946 年）

內布拉斯加家具商城的資產負債表
1946 年 12 月 31 日

資產			金額（美元）
流動資產			
現金		$50.00	
應收帳款	$67,007.01		
減：備抵壞帳	$6,162.58	$60,844.43	
存貨		$34,650.00	$95,544.43
固定資產			
傢具和設備	$42.85		
租賃改良	$22,787.90		
卡車	$1,565.35	$24,396.10	
減：累計折舊		$5,590.98	$18,805.12
其他資產			
Simons 珠寶公司應收貸款			$2,000.00
資產總計			$116,349.55

負債			
流動負債			
第一國民銀行 －透支		$9,730.54	
應付帳款		$20,612.55	
累計稅款		$2,742.06	
應付貸款			
辛西亞·施奈德	$3,000.00		
諾曼·巴特	$2,000.00		
班·馬加辛	$2,000.00		
奧馬哈國民銀行	$4,000.00	$11,000.00	$44,085.14
股東資本與未分配利潤			
1946 年 1 月 1 日餘額	$57,460.27		
1946 年淨利	$29,884.42	$87,344.69	
減：提款	$15,080.28		$72,264.41
負債總計			$116,349.55

營業收入淨額		$575,096.47	100.00%
各項營業費用		
期初存貨	$22,789.00	
採購	$457,834.81	
運費	$17,186.27	
製造與安裝	$9,730.72	
	$507,540.80	
期末存貨	$34,650.00	
銷貨成本		$472,890.80	82.23%
毛利		$102,205.67	17.77%
各項營業費用		
會計與法律	$548.29		.10%
廣告	$5,750.19		1.00%
壞帳準備金	$3,777.63		.66%
銀行費用	$40.43		.01%
車輛與卡車支出	$2,000.54		.35%
佣金	$454.74		.08%
折舊	$3,770.36		.66%
捐款	$1,067.50		.19%
轉運費	$57.17		.01%
會費與訂閱	$49.00		.01%
燃料	$1,175.10		.20%
一般開銷	$3,636.75		.63%
保險	$1,543.49		.27%
利息	$630.62		.11%
照明、電力、水	$1,384.09		.24%
維護與修理	$222.25		.04%
郵資	$256.85		.04%
租金	$9,294.00		1.62%
薪資	$40,288.00		7.00%
標誌租賃	$600.00		.10%
文具與用品	$659.57		.11%
稅金	$1,062.60		.18%
薪資稅	$1,042.78		.18%
電話與電報	$1,141.25		.20%
差旅	$1,887.60		.32%
總費用		$81,520.68	14.17%
毛利		$20,684.99	3.50%
其他收入		
進貨折扣	$5,409.33	
附加費用	$3,790.10	$9,199.43	1.60%
淨利		$29,884.42	5.20%

資料來源：Berkshire Hathaway Annual Report（2013）.

受壓迫的人有很強的同情心，因此盡量把利潤壓在很低的水準。她說：「很多移民來自集中營，有些人需要工作，我們雇用他們……什麼階級，這些是我們喜歡的人。」[60] 她在 1960 年代中葉，雇用許多剛到美國的俄羅斯移民。「有一個女孩子，我讓她賣家具，她的業績打敗所有美國的大學生。她非常友善。訂單成交時，她就歡天喜地。」[61]

1970 年，公司除了市中心的店面，還多了一家大型的郊區商店。這家店的店址，就在內布拉斯加家具商城現在的位置。事情原本進展得很順利，但 1975 年一場災難般的龍捲風席捲此處。奇怪的是，事後從策略的角度來看，這其實是一件幸運的事。當時，這家大型倉庫式商店的屋頂被風吹走，人們於是很自然地把所有產品都搬回另一家店面。然後他們發現，消費者更喜歡商品都集中在一個地方，而且價格還很低廉。顧客已經準備好要去血拚一番。

奧馬哈只需要一家賣地毯和家具的大型商店。路易的兒子艾爾文是現任的執行長，他解釋過他們何時靈機一動想到這個點子：「我們發現，我們在一家『店面』可以做的事情，比在同一個城市裡有兩家店面可以做的事更多。這讓我們興起蓋一家大店面的願景，然後關閉我們市中心的商店。」他們之所以選擇七十二街設址，是因為它有一個很大的停車場，而且還可以擴展。到了 1980 年代，內布拉斯加家具商城已成為美國最大的家居用品店。

和華倫·巴菲特的交易

　　1970 年，本名為喬治·古德曼（George Goodman）的投資作家亞當·斯密 (Adam Smith) 收到葛拉漢的信，信中提到一位住在奧馬哈的投資人，但他從沒聽說過這個人。葛拉漢建議斯密去找這位投資人談談。當「華爾街教父」告訴你，你應該去聽聽一位厲害投資人的意見時，亞當·斯密意識到如果他不親自去奧馬哈一趟，那麼他就太蠢了。巴菲特是一位很親切的主人，他和古德曼一起度過一些時日。

　　亞當·斯密後來記錄下他們一起度過的時光，裡面有一段提到：我們沿著奧馬哈的一條街開車，途中經過一家大型家具店。我必須在這個故事裡使用字母，因為我記不得數字。『你看到那家店了嗎？』華倫說。『那真是一樁好生意。它每一層有 a 平方英尺的空間，每年營業額為 b，存貨只有 c，而資本周轉率則超過 d。』我說：『那你為什麼不把它買下來呢？』我說。『它是私人公司，』華倫說。『喔。』我說。『無論如何，有一天我可能會買下它。』華倫說。

　　那句『那真是一樁好生意』，我聽過好幾次了，這句話永遠適用在管理穩健、有穩固利基、資金充足、回報可觀的企業身上。」[62]

　　現在我們知道了，在波克夏收購內布拉斯加家具商城之前的十二年，巴菲特就在觀察該公司的商業邏輯，並留下深刻的印象。在和亞當·斯密開車兜風後的十年裡，內布拉斯加家具商城占據了奧馬哈家具銷售額的三分之二。舊有的競

爭對手紛紛倒閉，潛在的新對手則因為害怕被殺得片甲不留而退縮。

巴菲特遇到的問題是，內布拉斯加家具商城是 100% 的家族企業，而且他們沒有想賣公司的跡象。所以，他只能遠遠地欣賞，並讓他們知道有一天他想買下這家公司。巴菲特很容易和對方保持聯繫，因為蘇珊‧巴菲特和布魯姆金夫婦很要好，尤其是和路易的妻子法蘭（Fran）關係匪淺。

到了 1983 年，路易的兒子羅納德、艾爾文和史帝夫，已在該公司工作多年，但家裡的氣氛很緊張。B 女士對家人的態度很嚴厲，就像對她身邊其他人一樣，導致家人之間有一段時間不太願意溝通。她抱怨她被「孩子們」擺佈。因此，如果賣掉公司，新的所有人將成為老闆，他就可以整頓掉那些「無能的人」。她的三個女兒和女婿，每人擁有該公司 20% 的股權，但她希望他們賣掉自己的股份，把公司留在路易的手中。最重要的是，她已經八十九歲了，不希望家族為了繼承生意而爭執。當然，她還有遺產稅的考量。因此，她開始接受賣掉大部分股份的想法，把非流動的資產，轉變成可以分給家人的流動資金，然後他們就可以各走各的路了。

巴菲特找路易討論可以接受的價格。為了提高自己雀屏中選的機會，巴菲特說如果他們把公司賣給大型連鎖店，它們遲早會派自己的經理人來管理業務，而且他們可能會提高槓桿，很快就把公司轉手賣掉。但另一方面，如果公司由波

克夏接手，路易和他的兒子將保留營運控制權，生意也會長期運營下去，員工、客戶和奧馬哈都會受益。他們用一生打造的事業和非凡的精神與文化，將存續下去。

直到路易上任後，他們才去店裡見 B 女士。B 女士很快就會知道自己喜不喜歡一個人。幸運的是，她喜歡並信任巴菲特，這筆交易當場就敲定了。從此以後，她一直開玩笑說巴菲特要她報個價格，騙她賣公司。所以當她出價時，他馬上就答應了。「他是用現金買的，而且從來沒有拿走庫存。他告訴我，比起英格蘭銀行，他更信任我。他很聰明，他買到好價錢。」[63]

巴菲特是這樣描述那次的會面：「1983 年 8 月 30 日是我的生日，那天我出門拿到這份合約……我把合約交給 B 夫人。她沒有讀合約，但她的兒子路易告訴她合約內容。我從來沒有要她走審計流程，我只是問她有沒有欠錢，以及是否擁有這棟大樓。她說是的，於是我們就達成協議。這不是討價還價的那種收購。」[64] 這筆交易的合約轉載於 2013 年波克夏年度報告裡，你可以在網路讀到那份報告。[65]

不管他們是否同意到底是誰得到更好的價格，雙方都十分尊重彼此。B 女士對巴菲特的評價是：「華倫‧巴菲特是個天才，我非常尊敬他。他很誠實，很樸實，一諾千金。我認為這個城市裡，沒有第二個人像他這樣溫柔、友善、誠實和友好的人。」[66]

波克夏‧海瑟威以 5,535 萬美元，買下內布拉斯加家具

商城 90% 的股份，我喜歡他們用手寫的方式把這部分寫在合約裡。他們把 10% 的股份留給路易和他三個兒子。另外，有 10% 份股票選擇權，是要留給家族裡重要的年輕經理人。因此一段時間後，波克夏的持股變成 80%。請注意，該合約也是由 B 夫人的三個女兒一同簽署。

B 夫人續任董事長，並負責地毯業務，路易則繼續擔任總裁，他也是業務的主要管理者。

特許經營權

為什麼巴菲特對這家公司的估值超過 6,000 萬美元？我們先從利潤開始看。從 1982 年到 1983 年，營業額約為 1 億美元，稅前利潤率約為 7%。扣除稅額之後，股東可以得到大約 450 萬美元的業主盈餘，[67] 因此，一年本益比約為 13。如果把這些數據孤立起來看，巴菲特不會說他是用便宜的價格買到這家公司。他說：「所以，這家公司買得並不便宜。」[68]

因此，我們看到的數字，本身不足以證明這是個合理價格。面對所有投資，我們都要在定量分析的基礎上，再增加定性分析。根據他幾十年來觀察到的定性因素來看，現金流不斷成長表示公司有堅實的基礎。「這是一筆很棒的生意，是我參與頂尖家族企業的絕佳機會。」[69] 我們來進一步說明這一點。這間占地二十萬平方英尺的商店，至今銷售的家具、地毯和電器數量，仍居全國之冠。經濟特許權的強度，

圖 3.2 經濟特許行業的優勢

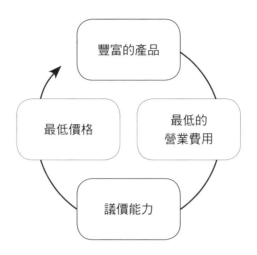

其關鍵在於：

● 首先，公司可以為客戶提供眾多商品，從高價到低價都有。

● 其次，公司以薄利銷售聞名，因此當人們蜂擁而至想撿便宜時，銷售量非常大，讓它們每平方英尺的銷售額可以達到 500 美元之譜。

● 第三，由於銷售量龐大，公司對供應商有很大的議價能力。

● 第四，公司的營運費用很低。這棟大樓是它們的，所以不需要租金，它們也沒有任何債務。此外，每平方英尺帶來的高營業額，表示每單位收入的管理費用較低。

● 第五，上述因素變成正向回饋，可以把低成本帶來的

大部分好處回饋給客戶，從而帶來更大的銷售額，進一步提高產品種類、公司的聲譽和購買力，並降低成本。

在買下該公司後不久，巴菲特寫道：「在評估一家公司時，我常問自己一個問題：假設我有充足的資本和技術人才，我會如何和它們競爭？但我寧願和灰熊摔跤，也不願意和 B 夫人以及她的子孫競爭。他們的採購做得很出色，他們的營運費用率是競爭對手做夢也不敢想的，接著他們又把大部分省下來的錢都回饋給客戶。這是一門非常理想的生意，它為客戶提供極佳的價值，進而為公司的所有人帶來卓越的經濟效益。」[70]

蒙格擁有淵博的知識，看得出內布拉斯加家具商城適合的商業模式：

「極端的成功可能是由以下要素組合而成的：將一兩個變數最大化或最小化。例如，好市多或我們的家具和電器商店〔內布拉斯加家具商城〕。把成功的要素結合在一起，讓這個更大的組合以非線性的方式推動成功。這種作法讓人想到物理學的臨界點和臨界質量的概念，它帶來的結果通常不是線性的。你會有更多一點的質量，然後得到非常出色的結果。如果結合了許多要素，就會有非常的表現。等於掌握並駕馭了一次大浪潮。」[71]

收購內布拉斯加家具商城十九個月後，巴菲特非常驚訝這家公司，居然比競爭對手多了那麼大的優勢。在 1984 年

致股東的信中，他說美國最大的獨立專業家居用品零售商萊維茨家具（Levitz Furniture），非常自豪它們給消費者的價格，比大多數零售商更低，但毛利率仍高達 44.4%。

內布拉斯加家具商城的毛利率，只有萊維茨家具的一半左右。內布拉斯加家具商城的之所以可以這麼薄利，是因為它優異的效率：薪資、租金、廣告等的營業費用，約占銷售額的 16.5%，而萊維茨家具是 35.6%。靠著這種無與倫比的效率和精明的大宗採購，內布拉斯加家具商城能夠獲得優異的資本回報，同時每年為客戶節省至少 3,000 萬美元。這個數字是根據顧客在一般的商店，溢價購買相同商品的平均花費算出來的。內布拉斯加家具商城為客戶省下很多錢，因此讓能夠不斷擴大其店面版圖，讓它的成長遠遠超出奧馬哈市場自然的成長幅度。

值得注意的是，到了 1990 年，人們認為內布拉斯加家具商城，是德梅因市最受歡迎的第三大家具零售商（總共有二十家零售商），而且內布拉斯加家具商城連暢貨中心都沒有。德梅因距離奧馬哈一百三十英里，但顧客卻路過當地其他零售商而不入，寧願驅車到內布拉斯加家具商城消費。「實惠的價格和豐富的選擇就像磁鐵一樣，民眾擋都擋不住地被吸引過來。」[72]

美好的家庭

擁有良好的經濟特許經營權，並不足以讓巴菲特投資，

他還要確保負責人既能幹又正直。

幾十年來，巴菲特一直很欽佩布魯姆金家族。聰明又能鼓舞人心的女性家長，以及她的兒子路易，共同領導這個家族企業，「大家認為他們是美國最精明的家具和電器零售商。」[73] 另外，路易的三個兒子，「都擁有布魯姆金家族的商業能力和職業道德，以及最重要的品格。此外，他們都是非常好的人。我們很高興和他們合作。」[74] 這三個人都讀過最好的商學院，但大家公認最好的商學院，是 B 夫人和路易在奧馬哈開的商學院。

巴菲特和蒙格有一個重要原則，是要明確界定你的能力範圍，並在能力範圍內做事。布魯姆金一家人都知道，他們在哪些領域有優勢，而且他們只涉足那些領域的業務。他們在同一個地方，數十年如一日地經營家具和地毯生意。

有人問巴菲特，布魯姆金斯家族為他的生意帶來什麼祕訣時，巴菲特說：

「他們家族的所有成員：（1）以熱忱和活力澆灌事業，讓班傑明・富蘭克林和何瑞修・艾爾傑（Horatio Alger）也相形失色；（2）用極度務實的態度，界定他們的特殊能力落在哪個範圍，並在這個範圍內果斷行動；（3）只要不屬於他們特殊能力範圍裡的東西，就算是最有吸引力的主張，他們都會忽略；（4）總是用最好的態度，對待他們往來的每一個人。」[75]

買下後發生什麼事？

首先，董事長 B 夫人短期內不打算退休，巴菲特也無意要她這麼做。她的薪水提高了，但她還是照常每週工作七天銷售地毯。當地報紙引述她的話說：「我回家就是吃飯睡覺，如此而已。我等不及天亮，天亮我就可以繼續做生意了。」

在買一家公司時，巴菲特和蒙格在找的，是即使波克夏擁有大部分或全部的股份，仍不減對經營的熱情的人。他們確實很幸運，因為內布拉斯加家具商城的路易、羅納德、艾爾文、史帝夫和 B 夫人的其他孫子，都對這門事業懷抱極大的熱忱，沒有表現出一絲鬆懈。他們對於用這門生意做出非凡事業的潛力感到興奮。看看表 3.4 的數字，我想我們可以得到一個結論：他們做得很好。收購後的十年裡，營收和利潤都翻了一倍。大部分賺到的現金都可以讓巴菲特投資在其他地方。

1993 年後，公開資料的內容變得比較沒那麼詳細。隨著波克夏・海瑟威收購了更多零售商，內布拉斯加家具商城的收入和利潤和其他公司合併，一起在年度報告裡呈現，因此我無法列該公司後來利潤成長的狀況。不過巴菲特確實表示過，2011 年內布拉斯加家具商城的盈餘，是 1983 年的十倍以上。

我們可以推論一下：內布拉斯加家具商城在德梅因（1993 年）、堪薩斯市（2003 年）和德州（2016 年）開設

表 3.4　波克夏在內布拉斯加家具商城所持股份的稅後盈餘和銷售額

年份	稅後盈餘（百萬美元）	銷售額（百萬美元）
1983（只有四個月）	年化 4.5	100
1984	5.9	115
1985	5.2	120
1986	7.2	132
1987	7.6	143
1988	9.1	n/a
1989	8.4	153
1990	8.5	159
1991	7.0	n/a
1992	8.1	n/a
1993	10.4	200
2011	2011 年的獲利比 1983 年超過十倍	

資料來源：W. Buffett, letters to shareholders of BH（1984–2011）.

新店面後，收入上升到 16 億美元左右。我們從表可以看出，在 1980 年代，盈餘通常約為銷售額的 5% 到 8%。如果我們大膽假設，可能會得到一個結論：內布拉斯加家具商城現在每年的稅後收入，超過 8,000 萬美元。但是，如果該公司的規模更大、效率更高，這個數字可能會更高。無論真實的數字是多少，該公司的年收入，很可能遠高於巴菲特在 1983 年買下 80% 股份的總額。

　　在波克夏在收購內布拉斯加家具商城六年後，B 夫人在銷售和行銷上的能力依然勝過周遭的人：「她在競爭中脫穎

而出。我知道她正在加快速度，她很可能在未來五年或十年裡充分發揮出她的潛力。因此，我說服董事會廢除一百歲就要強制退休的規定，是時候該這樣做了。隨著時間過去，我認為這項規定似乎更蠢了。」[76]

但是在 1989 年，B 夫人和孫子發生嚴重爭執。孫子想要改造地毯部門並調整營運，但 B 夫人不同意，所以她就退出布拉斯加家具商城。有一段時間她都待在家裡，很快就覺得受不了。因此她在九十五歲時，又創辦了一個銷售地毯和家具的新生意。她在哪裡開這家新公司？就在內布拉斯加家具商城對面的一塊地上。她每週工作七天，和家人互別苗頭。

直到 1992 年，兩方才終於和解，她把自己的房子和土地，賣給內布拉斯加家具商城。這一次，B 夫人慷慨地主動提出簽署競業禁止的協議。

接下來的四年，她一直經營地毯生意直到直到一百零三歲。1998 年 8 月，有超過一千人參加她的葬禮，包括她在 1920 年到 1922 年從蘇聯營救出來的三個兄弟姐妹、十二個孫子和二十一個曾孫。葬禮期間商店沒有打烊，因為家人認為她不會同意錯過賣東西的機會。

至今，羅納德和艾爾文仍在經營這家公司，而且很自豪能和巴菲特合作，史蒂夫則在加州經營另一家公司。艾爾文談到巴菲特的方法時表示：「他永遠不會告訴我們應該做什麼，但當他和我們講故事的時候，我們就很清楚自己該做什

麼。他和我父親一樣，是個不可思議的榜樣。」[77]

「你奮鬥，你努力，你懷抱希望。有時候你的願望成真，有時候落空了……而我的願望成真了。」[78]

羅斯·布魯姆金夫人

學習重點

1. **如果你發現一家好公司，花幾年追蹤它的發展是很值得的**，即使你可能因為它的價格高昂或老闆不想賣，而無法買到那家公司。

2. **低成本製造商可能是個不錯的投資**。一旦公司在所屬領域占有龍頭地位——不管是地理上的領域或產品上的領域——低成本、低利潤再加上豐富的品項，將可為客戶帶來巨大利益和高股東權益報酬率。

3. **評估一家公司的價值時，不要只專注於今年的盈餘**。財報盈餘必須放在利潤成長的潛力，以及所需的資本投入此一脈絡來評估，而這又取決於經濟特許權本身是否有護城河，能否帶來持久的競爭優勢。此外，管理者是否有能力和高度正直。

4. **享受和董事及高階經理人相處的時光**。有機會的時候，多鼓勵和表揚他們。

5. **不要認為成功的作法，可以一直帶來高股東權益報酬率。**成功很可能無法複製，因此在擴張店面或產品線上，要格外謹慎。四十年來，內布拉斯加家具商城只開了三家分店。

第 4 筆

首都城市媒體－ ABC －迪士尼

（Capital Cities–ABC–Disney）

投資概況	時間	1986 年到 2000 年
	買入價格	5.175 億美元
	股份數量	18% 的首府城市和 ABC 股份，後來得到 3.5% 的迪士尼股份。
	賣出價格	超過 38 億美元
	獲利	超過 600%

1986 年波克夏‧海瑟威
股價：2,440 ～ 3,170 美元　市值：20.73 億美元
每股市值：1,808 美元

　　這項投資是以一段關係為基礎。這段關係一開始是友誼和相互尊重，接著才是商業上的判斷和確認。首都城市媒體公司的豐厚利潤和資本回報，證明了巴菲特正確的商業判斷。巴菲特曾在幾年間覺得沮喪，因為他找不到人才和優良的商業特許經營可以投資。直到十五年後，他終於找到方法，以生意夥伴的身分得到經濟利益。當然，前提是如果我們忽略他曾在 1977 年，有過一筆造成暫時虧損的投資。

　　他之所以能夠受益，是因為波克夏向一家公司投入有史

以來最大的資金。二十年前當巴菲特掌握波克夏時，波克夏的資金為 2,200 萬美元，但到了 1986 年，它已經可以把 5 億 1,750 萬美元投資在一家公司。

巴菲特從確認首都城市媒體公司是一家優秀的公司，到他真的把錢投入這家公司，期間長達十五年。要做到這樣，需要何等的耐心和紀律？你必須先等十五年，然後才全心投資一家大家公認的優秀公司。這樣做之所以合理，是因為那家公司之前實在太貴了。在那段等待的時間裡，巴菲特對公司的了解愈來愈深，對總經理也愈來愈信任和欽佩。他看到他的能力，也看到他的正直。

波克夏和首都城市媒體公司的交易，是我在本案例研究中介紹的第一筆交易，第二筆交易則和第一筆交易密切相關。1986 年，波克夏買下首都城市新發行股份的 18%，為該公司提供收購美國廣播公司（ABC）所需的 35 億美元現金。這是美國當時歷史上第二大併購案。因此，巴菲特很快就收購了一家大型廣播公司，並將第二家大廣播公司也納入同一個旗下管理。

接著是第三筆交易。1996 年，迪士尼買下首都城市媒體公司／ABC 的所有股份，讓波克夏帶走 13 億美元的現金去其他地方投資，以及價值 12 億美元的迪士尼股票。這是波克夏從早期出售首都城市媒體公司的股票中，得到的最大收益。

合抱之木，生於毫末

這段關係始於 1960 年代末，當時有一位朋友邀請巴菲特和托馬斯・墨菲（Thomas S. Murphy）到紐約共進午餐。他們兩人一拍即合，巴菲特稱讚墨菲是「美國最優秀經理人」。[79]

墨菲是二戰海軍老兵，畢業於哈佛商學院。1954 年，二十九歲的他到紐約州奧巴尼（Albany）一家名為哈德遜山谷廣播公司（Hudson Valley Broadcasting）的小公司工作。該公司成立之初，資金不到 150 萬美元，只有一家電視台和一家無線調幅廣播電台。當時電視仍在起步階段，普遍處於虧損狀態。墨菲是頭銜很大的營運長，但他實際上是第一位員工。

墨菲把他日後的成功，主要歸功於他在一家艱困的小公司裡學到的經驗。這個團結的團隊，必須面對連續三年虧損的嚴重財務問題。他們差點兩度破產，被迫向原始股東求助。他們學會如何撙節開支，只使用必要的人力和物力。

他們堅持撐過艱困時期，並帶來值得的回報，因為全美各地的家庭開始逐漸購買電視，這個產業即將起飛。電視台的經營許可證固定數量，如果你擁有許可證，就可以在某種程度上避免競爭的威脅。此外，這門生意並非資本密集，而且政府對電視台雖略有規範，但並沒有規定電視台能對廣告商收取多少費用。

這家在奧巴尼的電視台營收成長，而且由於成本相對固

定，一旦收入超過收支平衡點之後，利潤率就會迅速上升。公司付了攝影棚、攝影機和天線的費用後，生意就差不多確定下來了。無論是為三十萬個家庭還是三百萬個家庭提供服務，電視台的成本大致相同。然而，隨著收視人數增加，廣告商支付的費用則會愈來愈多。

墨菲和他擅長鼓勵人的老闆法蘭克・史密斯（Frank Smith），看到這個領域的經濟潛力。這個領域的特點是，隨著營收增加，利潤會不成比例地增加。其他電視台老闆沒有完全了解這種生意的獲利潛力，因此願意以低價把業務賣給首都城市電視台。首都城市電視台的名字，是在 1957 年首次合併後得名。該公司後來進行了數十次的收購。

電視台無需額外支出大量資本，現金就可以源源不絕地流進公司。電視台的業主盈餘和財報上的稅後利潤大致相同，因為資本支出通常與折舊相當，而且營運資本又增加得很少。因此，股東可以得到 800 萬美元的稅後利潤。他們可以用股息來領這筆錢，又或者如果他們認為這筆錢可以妥善投資，他們就會把錢留給經理人去收購更多電視台。股東選擇相信他們，於是後來得到更豐厚的回報。

1964 年，公司任命墨菲為總裁。1966 年，墨菲的導師兼朋友法蘭克・史密斯不幸英年早逝，享年五十六歲。於是，墨菲被升任為董事長兼執行長。當時，該公司有五家電視台和六家廣播電台。

經營風格

墨菲說，他自己「無論好壞，總是努力經營公司，就好像我擁有公司 100% 的股份一樣。我們確實為股東著想，我們為股東認真經營公司。我們經營公司從來不是為了擴張。我們經營公司是為了讓股東致富，如果可以的話。」[80]

現在我們可以知道，為什麼巴菲特和墨菲在第一次的重要會面時，兩人會處得很好：

1. 墨菲知道控制成本很重要，就算生意在成長也是如此。這是他的本能。

2. 墨菲意識到，他經營的是一家能夠帶來股東權益報酬率的企業，因為他手中的這張電視台執照，可以讓利潤隨著銷售額成長而快速增加。他顯然把戰略定位掌握得很好，知道這種經濟特許權擁有一條又深又險的護城河，也知道該如何加深和拓寬這道護城河。

3. 墨菲經營公司是為了股東的利益，這是他的個性。他認為自己的天職是服務股東，因為股東信任他把錢交給他打理。

巴菲特之所以欽佩他，還有第四個原因：墨菲了解能力圈（circle of competence）的概念，也一定會待在自己的能力圈裡面。「我盡可能長期地待在我們了解的產業，也就是電視和廣播產業。」[81]

話雖如此，不久之後首都城市媒體公司取得的廣播許可

證數量，已經達到監管機構許可的上限。於是，墨菲去其他地方拓展利潤，並在相關產業的公司裡尋找利潤，他認為自己在這個領域有豐富的知識。「當我們的規模達到監管機構——聯邦通信委員會（FCC）——允許的最大規模時，我進入了另一個我熟悉的業務，那就是報業。從某種意義上說，它就像廣播一樣都是獨占業務，並受到廣告商的支持。」[82] 1968 年，一家大型雜誌出版商《仙童》（*Fairchild*），買下《女性時裝》（*Women's Wear*）、《每日交易日誌》（*Daily Trade Record*），以及其他深受讀者喜愛的雜誌。

墨菲之所以能夠專心研擬公司策略和收購新公司，是因為他有一位出色的經理丹·伯克（Dan Burke），伯克負責營運首都城市媒體公司。巴菲特盛讚這兩人說：「多年來，我一直在觀察首都城市媒體公司的管理，我認為它是美國所有上市公司裡，最好的一家公司。湯姆·墨菲和丹·伯克不只是出色的管理者，你還會想把女兒嫁給他們。能和他們交往真是我的榮幸。」[83]

巴菲特還在 2015 年說道：「無論是他們的成就，還是他們做事的方式，這兩個人都是我和查理親眼見過最好的營運夥伴。」[84]

巴菲特在 1985 年接受《財富》雜誌的文章採訪時，更大力讚揚墨菲和伯克：

「用巴菲特讚美的話來說，墨菲和伯克是『愉悅理性的典範』。他們知道如何激勵公司的經理，鮮少用威脅或設定

具體財務目標的方式刺激他們。他們以分權和成本控制為基礎，採取低調的管理風格。這種風格的理念是，主管信任每一位經理，並期待他們發揮自己所有的潛力。」[85]

要是波克夏能擁有它就好了

股市完全知道首都城市媒體公司的成長潛力，所以該公司股價一直維持在高檔。事實上，自從首都城市在 1957 年上市以來，其股價平均每年上漲超過 20%。由於估值已經過高，因此巴菲特無法買進它的股票。

他們第一次會面後不久，墨菲想聘請巴菲特成為首都城市的董事。但巴菲特解釋說：「我不能當你們公司的董事，因為你們的本益比太高了。以這個價格來說，我會要一個大職位。」[86] 當時，巴菲特希望《華盛頓郵報》能邀請他加入董事會，但媒體監管機構禁止他擔任出版、電視和廣播兩大公司的董事會成員。

雖然到目前為止，巴菲特在首都城市媒體公司沒有任何經濟利益可圖，但他還是承諾會幫助他的朋友。巴菲特告訴墨菲：「如果有什麼地方我可以幫得上忙，請隨時打電話給我。」[87] 他們經常通電話，墨菲成為巴菲特核心社交圈的一員。他們相互尋求建議。墨菲尤其常問巴菲特，他對他的業務點子有什麼看法，以及他對最近潛在交易機會的看法。「華倫是我最好的董事，雖然他實際上不是我們公司的董事。每當我要進行一筆交易時，我都會打電話給華倫，和他

圖4.1　首都城市媒體公司／ ABC 股票分割調整後的股價

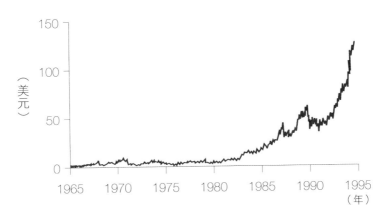

討論這些事。他非常願意花時間討論，並且給我建議。」[88]

　　1977 年，股市曾在一段時間裡，讓巴菲特認為首都城市的股價很合理。因此，波克夏以 1,090 萬美元買了 22 萬股，也就是每股 49.48 美元。到了 1977 年 12 月 31 日，股票的價格為每股 59.20 美元。但是，在 1978 年到 1980 年間，巴菲特僅以每股 43 美元的價格賣掉股票，這筆投資於是變成有點糟糕。六年後，巴菲特又以高很多的價格，買進該公司 300 萬股的股票。為此，他曾公開怪自己當時把股票賣掉：

　　「當然，你可能有一些人想知道，為什麼我們現在以每股 172.50 美元的價格購買首都城市的股票，因為你們才華出眾的董事長曾在 1978 年到 1980 年間，以每股 43 美元的

價格，賣掉波克夏曾經持有的同一家公司的股份。我知道你們會想問這個問題。我在 1985 年花了很多時間，想找到一個能夠解釋這些行為的簡潔答案。請再給我一點時間。」[89]

波克夏的錢從哪裡來？

在檢視這筆交易本身之前，我們值得先想一想，用來買這些股票的 5 億 1,750 萬美元，是從哪裡來的。波克夏·海瑟威的其他公司做了什麼，才能賺到這麼多錢？

起初，巴菲特沒有想到 1980 年代會賺進這麼多錢。從 1983 年 8 月購買內布拉斯加家具商城到 1985 年底，巴菲特曾示警他的股東／合夥人，必須開始習慣比過去低很多的報酬率。他在 1984 年致股東的信中堅定地說：

「過去我曾告訴你們，資本暴增會拖累資本報酬率……過去二十二年，我們動輒 22% 的成長已成歷史。在往後十年裡，每年只是想賺個 15%，我們就要累積大約 39 億美元。想要順利達成這個目標，必需要有一些很棒的點子。我和我的執行合夥人蒙格，目前並沒有任何夠棒點子。不過根據我們的經驗，好點子有時候會突然冒出來。」

當然，我們現在知道巴菲特和蒙格的表現，遠遠超過他們當時設想的目標。1980 年代中期，股市整體的向上走勢（見圖 4.2）雖然對巴菲特有幫助，但不足以解釋波克夏在這段時期帳面淨值幾乎翻倍的原因。

價值翻倍的重要原因是，旗下保險子公司買賣的股票獲

圖 4.2　道瓊工業平均指數（1982 年 10 月到 1985 年 12 月）

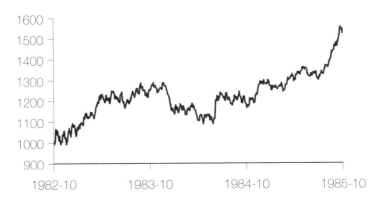

資料來源：ADVFN.com

得非常高的資本利得，以及大量相關的股息和利息收入。除此之外，《水牛城新聞》、內布拉斯加家具商城、時思糖果和魏斯可金融公司的利潤也不斷上升（見表 4.1）。

　　總而言之，這三年產生了 6.97 億美元的稅後收入。這些收入最主要來自投資「通用食品公司」（General Foods）。這筆投資大部分是在 1980 年買入，並在 1985 年售出。巴菲特表示，購買價「遠低於我們認為的每股價值。」[90] 該公司賣給菸草公司菲利普莫里斯（Philip Morris）後，獲得的稅前收益是 3.38 億美元。

　　「我們受惠於四項因素：便宜的買進價格、經濟體質優秀的公司、一群能幹且注重股東權益的管理階層，以及願意出高價的買主。雖然最後一項因素是這筆交易能夠獲利的關

表 4.1　波克夏營運業務的稅後盈餘

投資項目 （百萬美元）	1983年	1984年	1985年
保險承保	-18.4	-26.0	-23.6
保險投資收益（股息及利息）	39.1	62.1	79.7
已實現的證券收益	45.3	71.6	325.2
《水牛城新聞》	8.8	13.3	14.6
內布拉斯加家具商城	1.5	5.9	5.2
聯合零售連鎖店	0.4	-0.6	0.1
時思糖果	12.2	13.4	14.6
藍籌印花公司——母公司	-0.4	-0.9	2.8
互惠銀行儲貸	1.9	3.2	4.0
魏斯可金融公司	3.4	4.8	4.2
其他	27.2	11.3	18.4
債務利息	-7.3	-7.5	-7.3
波克夏股東慈善捐款	-1.7	-1.7	-2.2
總盈餘	112.2	148.9	435.8

資料來源：W. Buffett, letters to shareholders of BH（1984–1986）.

鍵因素，但我們認為前三項才是能為波克夏股東創造最大價值的根本原因。在選擇股票時，我們的重點是如何漂亮地買進，而完全不考慮逢高出脫的可能性。」[91]

1985 年 7 月到 12 月期間，巴菲特結束虧損的紡織業務。這對未來的利潤雖然影響不大，但也是讓利潤上升的另一個因素。為了忠誠和勤奮的員工，多年來巴菲特努力讓紡織業務持續運作，但他最後得到的結論是紡織業務「虧損得沒完沒了」。[92]

1965 年，波克夏的 2,200 萬美元會計淨值全部來自紡織

業。但隨後其他資金漸漸流入，首先是 1967 年進入保險業的國家賠償保險公司，然後是許多其他業務，讓公司一年的稅後收入超過 4 億美元。

巴菲特在 1985 年致股東信中，反思了紡織業和資源的轉移：

「幾年前我寫道：『當赫赫有名的經營者，遇到一個基本面糟糕的公司時，往往是後者占了上風。』如今，我的看法一點也沒變，當你遇到一艘老是漏水的破船，與其不斷白費力氣補破洞，不如把精力放在如何換一條好船。」

遵循這個投資哲學，並以精湛的技術把它付諸實踐，巴菲特和蒙格於是擁有 5.172 億美元，能夠支持他們的朋友墨菲進行他最大的收購，同時持有一些優秀的全資控股公司，以及一流的有價證券投資組合。

「未來幾年獲利狀況無法令人滿意」，為什麼巴菲特還要投資？

在垃圾債券的餵養和投資銀行家的慫恿下，1980 年代是企業禿鷹作威作福的時代。這些禿鷹收購公司後大玩金融遊戲，接著再把公司出售，嚴重破壞企業的營運，並衝擊勤勤勉勉做事的經理人。

這些禿鷹正虎視眈眈地盯著美國廣播公司 ABC。倫納德·高德森（Leonard Goldenson）是這家公司的創辦人，他一手把公司打造成受人尊敬的電視帝國。如今，他對公司的

未來憂心忡忡。已經高齡八十歲的他，心想盤旋在空中的禿鷹會把他打造的成果碎屍萬段。他在公司裡尋找接任的人選，但沒有發現任何準備好擔當重任的人。

此時，政府對電視台的所有權規定已經放鬆。最近，聯邦通訊委員會，把一家公司可以持有的特高頻（VHF）電視台數目，從五個增加到十二個。墨菲為此大受激勵，於是在1985年1月聯繫了高德森。其實兩家公司早已建立起牢固的關係，因為 ABC 的節目已經在首都城市電視台播放。墨菲說：「我們是不屬於 ABC 的最大聯播公司。」[93]

高德森認識並欣賞墨菲多年，並願意和他討論公司合併的想法。墨菲回憶道：「我去找他說『倫納德，我想聊聊我們可否達成協議。』我以為他會把我趕出他在三十九樓的辦公室，但是他沒有。實際上，我們很快就達成協議。」[94]

但高德森很快就預見一個問題：那些討人厭的企業禿鷹，憑著高額借貸和短視的思維，可能隨時狙擊公司。就算他們沒有競標買下整個合併後的公司，也可以買下很多股份，破壞墨菲和他的團隊在合併後，想要打造的戰略和文化優勢，從而毀掉公司長期的業績。

雖然高德森相信墨菲能讓公司團結一致並蓬勃發展，但他確實說過：「湯姆，你需要一隻重達四百磅的大猩猩來防止有人介入，並把我們兩個都接管了。」[95] 墨菲需要一個可以防止惡意收購的大股東。「結果，我把我的朋友華倫·巴菲特捲進來。我認識華倫十五年了，我打電話給他時，他是

《華盛頓郵報》的董事。我告訴華倫：『我和高德森要談一筆生意，我想聽聽你的建議。』」[96]

擁王派

此時，波克夏已經持有超過 4,600 萬美元的 ABC 股票，巴菲特對這兩家公司都有濃厚的興趣。他很快就理解這筆交易的邏輯、其潛在的多元綜效，以及墨菲和伯克削減成本的才華有多麼重要。他還認為，為了讓公司的經營者有安全感，並繼續營運企業為股東創造長期的財富，他們必須找到一個大股東來撐腰。

無論華爾街的金融玩家提出什麼誘人的短期利益，這個股東都會拒絕賣掉公司。墨菲回憶說：「〔巴菲特〕第二天就來了，我們討論了這個問題。我告訴華倫，如果他想和我達成協議的話，我也很想和他達成協議。他想了想說：『好，我認為這是個好想法。我願意這麼做……』然後，他接著說：『我將投入 5 億美元……』這筆交易價值 35 億美元，華倫出資 5 億美元（實際上是 5.175 億美元）。我猜華倫認為我太心急了。ABC 比首都城市大很多，但我告訴華倫，首都城市賺了很多錢，利潤也很高，所以我說服了他。」[97]

他們雙方都知道，由於交易必須符合監管機構的要求，所以收購過程將耗費數個月的時間，例如同意出售重疊的電視台和廣播電台。巴菲特擔心股價會在這段時間上漲，因為

市場會知道這筆交易將為首都城市的股東創造價值。因此，他堅持以每股 172.50 美元購買 300 萬股的股票。那必須是一筆固定的金額，即使這筆錢要到 1986 年才會支付，即使到了那時候首都城市股票的市場價格已經飆升。墨菲很快就同意了，因為波克夏的現金對於這筆交易來說非常重要。為 ABC 支付的總金額為 35 億美元，但首都城市必須借到 21 億美元，再借更多的話就顯得有點魯莽了。他們計劃賣電視台，再籌資 9 億美元。

合併消息公布後，市場的反應通常是被收購的公司股價上漲，收購公司的股價則下跌，這是因為市場通常認為收購方的高階主管過於樂觀，最後付了太多錢。但這一次，當市場得知此消息時，兩家公司的股票都上漲。ABC 的股價在一週內飆升 42% 到 106 美元，首都城市則上漲 22% 到 215 美元。《財星》雜誌裡的一篇文章解釋：

「股價出現凌厲的漲勢，顯示市場對首都城市的管理階層懷抱著堅定的信心，相信他們能夠好好經營這家倖存的公司。」[98]

承諾協助，但不能放棄《水牛城新聞》

現在，他們眼前有兩個問題要解決。首先，首都城市媒體公司在水牛城有一家電視台，這家電視台必須賣掉，因為按規定巴菲特不可以同時影響電視台和報紙。墨菲同意了。

其次，如果巴菲特想成為首都城市公司的董事，他就必

須辭去在《華盛頓郵報》董事會的職務，他也確實這樣做了。畢竟，他還是可以在沒有席位的情況下，為凱瑟琳・葛拉漢出謀劃策。

為了表達對墨菲和伯克的信心和信任，巴菲特主動做得更多。他讓墨菲對波克夏的首都城市持股擁有表決權，並讓他決定是否出售股票。

「那時發生一件有趣的事。華倫把他持有 18% 股份的公司，交給我處理長達十一年。我從來沒想過和他要這個權利，但他要我幫他持有的股份投票。他讓我對公司擁有絕對的控制權。他非常信任我和我的夥伴伯克。在我們經營 ABC 的這些年裡，我們一直保持非常友好的關係。毫無疑問，華倫・巴菲特給了我很大的安全感。可以這麼說，他就是我那四百磅的大猩猩。」[99]

有一個標準可以衡量墨菲和伯克的管理才華。1957 年，首都城市的股票在市場上的價格是 0.72 美元（股票分割後調整過的價格）。到了 1985 年 12 月，股票的價格是 224.50 美元。在這二十八個年頭裡，股票的複合年報酬率為 22.8%。最重要的是，還有股息。（1993 年股票一股分割成十股，因此 1985 年的股價只有 22.45 美元。但如果用 1993 年之前未分割的價格來計算，股價是 224.50 美元。在 1993 年股票分割之前，股價曾在被迪士尼收購之前上漲到 1,000 多美元。）

為什麼值得和 ABC 交易

巴菲特在 1986 年 3 月的《致股東信》中表示，一月購買首都城市 300 萬股的股票，讓他能夠收購 ABC，但這樣做可能讓「未來幾年的財務狀況，無法讓人滿意」。這不是波克夏股東想聽到的消息，但巴菲特還說了一些安慰的話。他說：「但對我們來說，這完全也不構成困擾，我們非常有耐心。不管你多有天賦或多麼努力，有些事情就是需要時間。你不可能靠九個女人用一個月生出孩子。」

因此，這筆投資不會很快就有回報。他也在報紙採訪中表示，葛拉漢不會為這筆投資替他鼓掌，但他確信這是一筆不錯的投資。

「我們以足價買下首都城市，顯示人們近年來對媒體的股票和媒體的資產非常熱衷。人們在買某這些媒體資產時，其狂熱程度已經接近瘋狂的地步。你在這裡沒有討價還價的餘地。然而，我們投資首都城市，可以讓我們把資產和傑出的人結合在一起，而且我們喜歡大規模參與其中的機會。」[100]

首都城市媒體公司和 ABC 在 1985 年初合併之前，市值均約為 22 億美元，但 ABC 的年營收是 37 億美元，遠高於首都城市低於 10 億美元的年營收。但它們利潤則很接近（見表 4.2）。

首都城市以 35 億美元的價格，收購 ABC 全部股份 2,910 萬股，等於每股 118 美元，再加上十分之一的認股權證（價

表 4.2　首都城市和 ABC 的稅後盈餘

年份	首都城市		ABC	
	總金額 （百萬美元）	每股 （美元）	總金額 （百萬美元）	每股 （美元）
1982			160	5.54
1983	114	8.53	160	5.45
1984	143	10.98	195	6.71
1985	142	10.87		

值約 3 美元）。認股權證賦予持有人在公司合併後的兩年半內，可以用 250 美元購買首都城市股票的權利。需要十股的 ABC 股票，才能得到一個認股權證。

這筆交易的價值與價格

現在，我們可以從 1985 年的角度思考價格和價值。粗估這兩家原本各自獨立的公司的收入後，我們假設它們合併後將產生大約 3 億到 3.5 億美元的收入。

但這樣計算的話，就忘了這家合併公司背負超過 20 億美元的巨額債務。1986 年，公司債的利率至少是 9%，因此該公司的利息負擔將超過 1.8 億美元，每年的盈餘將低於 2 億美元。市場認為，這家公司的價值是 36 億美元（1,608 萬股 × 每股 224.5 美元），因此該公司股票的本益比很高。（在波克夏額外購買 300 萬股之前，已經持有 1,308 萬股。）

但分析到這裡，我們還沒討論該公司在不斷擴張的媒體

市場裡，擁有的特許經營潛力、其卓越的管理能力，以及一些龐大的綜效。

首先，看看它持有的資產

當時，大多數觀眾透過電視聯播網收看三大媒體的節目。雖然也有一些有線電視，但規模很小。幾乎所有美國人都會收看 ABC 電視網。除了電視網之外，首都城市媒體公司／ABC 還擁有八個電視台，每個電視台在各自的市場裡排名第一或第二。廣告商每年花的廣告費愈來愈多，相互爭奪電視時段吸引觀眾。

ABC廣播網擁有兩千多家聯播機構和十七個廣播電台，以及各種紙本刊物，包括《機構投資人》和《堪薩斯市星報》／《堪薩斯市時報》（The Kansas City Star/Times）。它還有一個電影工作室。

娛樂體育節目電視網（ESPN）是一顆隱藏的寶石，ABC 持有 80% 股份。ESPN 在 1980 年代的業績數字看起來很糟糕，但它注定要在 1990 年代引起迪士尼極大的興趣。墨菲回憶道，高德森告訴他，有一天 ESPN 會變得非常有價值：

「ESPN 取得了不可思議的成功。我們在 1985 年買下它時，它每年虧損 4,000 萬美元。高德森對我說：『湯姆，有一天它的價值將和你們一家大型電視台一樣高。』……首都城市媒體公司收購了 ABC，因為我們認為我們可以經營

電視台並賺更多錢，我們也真的這樣做。但對我們來說，真正的巨大的突破是 ESPN 持續發展。它從虧損 4,000 萬美元，到虧損 2,000 萬美元，到損益兩平，到獲利 5,000 萬美元，到獲利 1 億美元。現在它的獲利高到天際。」[101]

第二，看股東權益報酬率（ROE）

1980 年代，媒體公司在增加客戶時，只需要額外投入少量的資本，因此這兩家公司合併前，通常會產生 15% 到 22% 之間的股東權益報酬率。我們有充分的理由認為，這個獲利水準起碼會維持下去。

第三，看削減成本的能力

墨菲的管理風格是把經營決策下放給地方，並要求經理要以長期擁有公司的態度經營企業。管理者必須注重成本，在墨菲手下長期工作過的人，都知道他們必須做什麼。最近被收購進來的公司必須知道評等很重要，但前提是高評等可以帶來利潤，評等本身不是最終目標。如果他們無法獲得豐厚的利潤，墨菲就會出手介入。公司曾裁員超過一千五百人，並取消像是一次花六萬美元買花的帳單，以及搭乘豪華轎車等不必要的支出。公司還賣掉黃金地段的大樓。

墨菲在 2000 年的一次採訪中，解釋了他的方法。他認為公司的責任不僅限於員工、大眾和股東，還包括它所服務的社區。

「……我們告訴員工，在我們找到的人裡，我們只雇用最聰明的人，而且我們只會留下必要的人才在身邊。我們也告訴他們，我們將高度去中心化，並賦予他們很多責任……我們給大多數員工一張賽馬的門票，意思是我們給他們選擇權……我們告訴員工，他們不能做任何會讓公司難堪的事情，不能做任何不正當或不道德的事情，因為我們不會給這樣的人第二次機會。」[102]

墨菲相信，如果公司在社區和員工上都做得很好，股東的收益也會很好。

第四，看償債能力

墨菲把重疊的電視台出售，因此在相當短的時間裡籌措到 12 億美元。

在收購後的五到六年裡，超出資本投資和額外營運資金所需的現金流，累計超過 20 億美元。

透過一系列收購，他在 1960 年代和 1970 年代打造出首都城市。但在 1980 年代末，他仔細查看可以收購的對象後，認為價格都太高了。相反的，他把業務帶來的現金，用來減少債務和建立現金儲備。到了 1991 年，公司的債務和持有的現金大致持平。1992 年，持有的現金實際上超過了債務，當時債務已經降到 10 億美元以下。

表 4.3　首都城市／ABC 的稅後利潤（1986 年到 1992 年）

年份	百萬美元
1986	181.9
1987	279.1
1988	387.1
1989	485.7
1990	477.8
1991	374.7
1992	389.3

資料來源：R. G. Hagstrom, The Warren Buffett Way（John Wiley 1 Sons, 1995）.

不讓巴菲特失望的表現

不久之後，首都城市媒體公司／ABC 的稅後利潤超過 4 億美元（見表 4.3）。波克夏在這些盈餘中占 18%，介於 6,700 萬美元到 8,700 萬美元之間。的確，這些盈餘並非都以股息支付，因為把大部分資金重新投入到業務裡更合理，可以讓業務變得更強大。

多年來，首都城市媒體公司／ABC 也回購過股票，因為墨菲認為和其他一樣吸引人的公司相比，自家公司的股價被低估了。1993 年 12 月，波克夏以每股 630 美元的價格，將三分之一的股票賣給首都城市／ABC，稅後拿到 2.97 億美元。此時，波克夏剩下的持股為 13% 的流通股份。

隔年，股票一股分割成十股，波克夏剩餘的 200 萬股於

是變成 2,000 萬股，市值總計 17 億美元。

透視盈餘

巴菲特在他的年度股東信裡，報告以下的「透視盈餘」（look-through earnings）（見表 4.4）。透視盈餘包括：

● 支付給波克夏的現金股息

● 根據一般公認會計原則，波克夏占有的保留盈餘比例，並未反映在波克夏的利潤裡。

● 如果把投資對象的保留盈餘也分配給波克夏，那麼波克夏要支付稅額。

因此，這筆一開始價值 5.175 億美元的投資，每年帶來的透視盈餘大約在 5,400 萬美元到 7,500 萬美元之間，這是一個完全可以接受的水準。透視盈餘後來還變得高。1993年，波克夏出售三分之一的股份，投資成本降到 3.45 億美元，但後來首都城市／ABC 仍每年持續為波克夏帶來超過 7,000 萬美元的盈餘。這是非常好的表現 。

巴菲特給投資人的建議

巴菲特建議所有投資人，要好好計算出你的投資組合的業主盈餘。要做到這一點，投資人要確認其投資組合裡的股票盈餘，並把它加總起來。每個投資人的目標應該是建立一個投資組合，實際上是一家公司——該組合將在十年裡帶來

表 4.4　首都城市媒體公司應給付波克夏‧海瑟威的業主盈餘（1990 年到 1994 年）

年份	股息（百萬美元）	屬於波克夏的未分配盈餘（百萬美元）	稅額（百萬美元）	總透視盈餘（百萬美元）
1990	0.5	85	-11.0	75
1991	0.5	61	-8.0	54
1992	0.5	70	-9.9	61
1993	0.5	83	-11.5	72
1994	0.5	85	-11.7	74

資料來源：W. Buffett, letters to shareholders of BH（1991–1994）.

最高的透視盈餘。

　　「這種方法會迫使投資人思考長期的商業前景，而不是短期的股市榮枯，這種態度可能會改善業績。當然，從長遠來看，市場價格是投資決策的記分板，但價格是由未來的盈餘決定。投資就像棒球一樣，要想在記分牌上記錄得分，就必須關注場內的比賽，而不是注意記分牌上的數字。」[103]

超乎預期的豐厚回報

　　巴菲特在收購首都城市公司時，想讓墨菲和伯克放心，讓他們相信他不會抽身離開。他表示，把表決權和何時賣出波克夏持股的決定交給他們，是為了鼓勵他的經理人竭盡全力為股東帶來長期利益。有了巴菲特的自我限制後，

　　「專業經理人便能全心全意地為公司打拚，進而為全體

股東創造最大的利益。這樣做顯然比讓『來來去去的資本家』，把公司「推入資本遊戲」而導致經理人分心要好很多……我們不希望我們喜歡和欣賞的經理人，在歡迎我們大舉投資之後，卻因為我們的大量持股而擔心公司會哪天一夕生變。」[104]

公司合併後，巴菲特更進一步表示，首都城市媒體公司是波克夏旗下的保險子公司，唯一永久控股的三家公司之一。「即使這些股票的價格明顯過高，我們也不打算把它們賣掉。就像如果有人要用我們認為過高的價格，和我們買下時思糖果和《水牛城晚報》，我們也一樣不會賣。」[105]

巴菲特在 1987 年致股東的信中承認，對華爾街的一些人來說，他和蒙格長期持有的態度看起來可能有點奇怪。他說他們兩人都認同大衛·奧格威（David Ogilvy）的建議：「趁年輕時培養怪癖，這樣等你老了，人們就不會認為你老糊塗了。」

「然而，我們的態度很適合我們的個性，以及我們想要的生活方式。我們寧願和我們非常喜歡和欣賞的人合作而獲得 X 的回報，也不願意放棄這些關係，和無趣或讓我們不愉快的人交往而得到 110% 的 X 回報。而且，比起我們在這三家永久持股的公司的管理者，我們永遠找不到比他們更讓我們喜歡和欽佩的人。」

從表 4.5 可以看出，1980 年代中期波克夏的投資組合集中度。巴菲特很少有機會可以用低價購買少量股權，他

表 4.5　波克夏‧海瑟威持有的普通股（1986 年到 1988 年）

投資項目 （單位： 百萬美元）	股份數	成本	1986 年 12 月市值	1987 年 12 月市值	1988 年 12 月市值
首都城市／ ABC	1986 年為 2.99，之後 都是 3.00	1986 年 是 515.8、 1987 年之 後是 517.5	801.7	1,035.0	1,086.8
蓋可	6.85	45.7	674.7	756.9	849.4
漢迪哈曼公司	2.38	27.3	47.0	未提供	未提供
Lear Singer	0.49	44.1	44.6	未提供	未提供
華盛頓郵報	1.73	9.7	269.5	323.1	364.1
可口可樂	14.17	1988 年 592.5	未提供	未提供	632.4
房地美特別股	2.40	1988 年 71.7	未提供	未提供	121.2
其他普通股		1986 年 12.8	36.5	未提供	未提供
普通股總數			1,874.0	未提供	未提供

資料來源：W. Buffett, letters to shareholders of BH（1986–1988）.

恪守不出售《華盛頓郵報》、蓋可或首都城市媒體公司／ABC 的承諾。光是首都城市／ABC 就占波克夏有價證券的 43%。

　　巴菲特曾抱怨說，從 1987 年到 1988 年他投資不了上市公司，因為當時的股價太高。他表示，他和查理這幾年對股票能做的不多。因此到了 1987 年底，除了「長青三巨頭」

（Permanent Three）和一些套利的持股之外，波克夏在股票上的投資不超過 5,000 萬美元。他把 9 億美元投入中期債券，並以 7 億美元購買所羅門兄弟公司 9% 的特別股。

從特許經營權到純粹的「生意」

1990 年代初，老牌媒體公司的命運已經出現不祥之兆。新科技威脅到媒體獲取較高溢價的能力，因為廣告商有了許多替代方法可以吸引大眾的注意力。

巴菲特在 1991 年致股東的信中表達了這樣的看法：電視、報紙和雜誌產業的經濟活動，已開始變愈來愈像生意（business），而不是特許經營權。

他把特許經營定義為具備以下特徵：客戶需要或渴望擁有的產品或服務；客戶認為沒有相近的替代品；價格不受政府監管。這些特徵讓公司具備對產品或服務強勢訂價的能力，從而產生高股東權益報酬率。

他還說，特許經營權可以讓公司捱過一段時間的管理不善。糟糕的管理者可能會降低特許經營權的獲利能力，但不會嚴重損害其商業模式。

一方面，公司只有價格比競爭對手漂亮、銷售量增加，或產品和服務的供應量有限時，才能得到超額利潤。另一方面，優秀的管理可以讓這些條件維持更久。但是，上述兩者終究都要面臨競爭的影響。然而，管理不善可能讓企業隨時走向衰敗。

巴菲特認為，媒體已經失去原有的特許經營權力量，因為客戶現在有更多選擇。「不幸的是，需求無法隨著新供給出現而增加。美國人的眼睛就只有那五億隻，一天就只有那二十四個小時，所以結果是競爭加劇，市場被分食，媒體因而喪失一部分的特許優勢。」[106]

巴菲特舉例說明，當特許經營變成純粹的生意時，對企業價值會有什麼影響。一家特許經營商店今年的業主盈餘可能是 100 萬美元，但由於它擁有提高售價的能力，因此可以合理預期未來業主盈餘每年都會增加 6%。成長率對估值有很大的影響。

我們假設要求的報酬率是 10%，成長率是 6%，那麼現值（內在價值）將是 100 萬美元／（0.10 − 0.06）＝ 2,500 萬美元。

然而，如果特許經營權不再，那麼收入成長可能是零，現值（內在價值）將只有 1,000 萬美元，也就是 100 萬美元／（0.10 − 0）＝ 1,000 萬美元。

巴菲特表示，首都城市媒體公司／ABC 以及《水牛城新聞》和《華盛頓郵報》的內在價值，「正因為產業經歷的長期轉型而大幅下降」。但他不打算出售自己主要的媒體資產，因為《水牛城新聞》、首都城市和《華盛頓郵報》出色的管理，降低這些公司內在價值的流失速度。他們的債務比較少，並且仍然「擁有比美國一般企業更好的經濟特性。但是，像堡壘那麼強的特許經營和有如聚寶盆一樣的時代，已

經一去不復返了。」[107]

迪士尼出手了

許多分析師在 1990 年代討論過，如果世界第一的內容供應商和世界第一的發行商合併，是很合理的作法。媒體在美國以外的地方還有很大的擴張潛力，它們的產品可以在海外販售，尤其是體育和動畫娛樂領域。

雖然墨菲和迪士尼的麥可・艾斯納（Michael Eisner）彼此談過，但未能達成協議。艾斯納願意慷慨地以 190 億美元購買首都城市／ABC 的股份，但他不想用迪士尼的股份來交換，堅持以現金購買。現金有兩個問題。

第一，許多股東，例如波克夏，必須因此繳納資本利得稅。其次，兩家公司合併後，首都城市／ABC 的股東將無法享受到合併後的成功果實。因此，墨菲拒絕了這個提議。

每年七月，來自世界各地的媒體大亨和其他高層人士，都會聚集在愛達荷州的陽光谷，參加由赫伯・艾倫（Herb Allen）籌辦的聚會，後來雙方就是在那裡達成協議。在 1995 年的《致股東信》中，巴菲特談到一次偶然的會面，促成了這筆交易。

1995 年 7 月 14 日，聚會結束後，巴菲特受邀到艾倫家共進午餐。午餐結束後他離開艾倫家，要去和湯姆・墨菲打一場高爾夫球。他在同一街上走路時，遇到艾斯納。

巴菲特恭喜艾斯納在當天早上的會議發表了精彩演講，

接著他們聊了起來，然後首都城市和迪士尼合併的話題突然冒出來。這不是兩家公司第一次討論合併，但之前從沒有任何進展，其中一部分原因是迪士尼堅持全部用現金交易，但首都城市想要迪士尼的股票。

墨菲抵達時，他們三人簡短地交談了一下，艾斯納和墨菲都表示他們打算各退一步，以促成這筆交易。幾週後，雙方達成協議，並在三天內起草了一份合約。

「我認為，迪士尼和首都城市的合併案，是天造地設的一對。即使那天大家沒有在陽光谷巧遇，雙方終究還是會合併。但是，當我那天遇到麥可……他正要去趕飛機，所以要不是那次巧遇，整個合併案可能不會那麼快完成。迪士尼和首都城市，都將因我們那天的巧遇而受惠良多。」[108]

為取得一股的首都城市／ABC 股票，艾斯納將給予一股的迪士尼股票和 65 美元現金。首都城市／ABC 的股東，可以自由地要求要大部分拿到迪士尼股份，或者大部分拿到現金。

1996 年 3 月 5 日，巴菲特交給負責這筆交易的曼哈頓銀行家兩個信封。第一個信封是波克夏在首都城市／ABC 價值 25 億美元的 2,000 萬股股份，這些股份將轉移給迪士尼。第二個信封則被密封，上面寫著「3 月 7 日下午 4 點 30 分之後再打開」。[109] 到目前為止，他還沒有告訴墨菲和艾斯納，他想要現金還是股票。當信封打開時，上面寫著波克夏只想要股票。

圖4.3　迪士尼股價（1995 年到 2003 年）

　　結果事與願違。由於太多首都城市／ABC 股東想拿到迪士尼的股份，所以大家只好妥協，接受混合方案，因為艾斯納堅持整筆交易必須一半是現金，一半是股票。因此，波克夏最後得到 12 億美元的現金，以及價值 13 億美元的迪士尼股票。對於十年前只投資 3.45 億美元來說，這個回報已經很不錯了。

巴菲特再一次後悔賣得太早了

　　巴菲特一開始對迪士尼很有興趣，甚至還增加了波克夏持有的 2,100 萬股。他非常喜歡「米老鼠」沒有經紀人。動畫角色和明星演員不一樣，動畫角色無法要求得到它們在電影裡創造出來的高價值，因為它們 100% 屬於迪士尼所有。

但隨著股市從 1998 年到 2000 年逐漸泡沫化，巴菲特選擇在市場依舊強勁時賣掉迪士尼股票。在尚未扣除資本利得稅之前，他得到約 20 億美元。請謹慎看待這個數字，因為確切的數字並未公開，我必須從分散的數據裡拼湊出來。當時，網路、衛星電視和有線電視彼此競爭帶來的影響，已經愈來愈明顯，迪士尼的本益比超過四十倍。

總之，波克夏為了首都城市／ABC 股票付了 5.175 億美元。1993 年，波克夏出售了三分之一股票，稅前收入為 6.3 億美元。1996 年，波克夏從迪士尼收到 12 億美元（稅前）以及迪士尼股票。1998 年至 2000 年底，波克夏出售迪士尼股票後收到約 20 億美元。

當時墨菲已經七十多歲了，他繼續在迪士尼工作了一段時間。直到 2003 年，七十八歲的他加入了波克夏的董事會。九十多歲的他仍在董事會裡，依舊為巴菲特和蒙格提供建議。

學習重點

1. **了解經營企業的人非常重要**。由於巴菲特相信墨菲可以把公司管理得很好，並且會為股東的利益著想，所以巴菲特後來找機會投資他。

2. **耐心與紀律**。持續追蹤一流公司的動態是明智之舉，要了解公司的業務和管理者。但是，即使了解這些東西，也必須等到公司的內在價值和市場價格之間，有良好的安全邊際時才可以投資。

3. **經濟特許經營權可以是很棒的投資**，但前提是股價不會太高。特許經營權的特徵：一、客戶需要或渴望的產品或服務；二、沒有相近的替代品；三、價格不受監管。

4. **只做能力圈以內的事**。企業管理者必須知道自己的能力圈，並只在能力圈以內行事。

5. **搭上正確的商業之船**。把精力放在換另一條船來搭，而不是修補已經破洞的船。

6. **對公司忠誠，不要和經理人對抗**。如果投資人很忠誠，而且不和經理人對抗（如果經理人值得你這樣對待的話），投資人就可以賺到股息。和華爾街貪婪的短期玩家相比，巴菲特是一隻重達四百磅的大猩猩，是守護公司的白衣護衛（white squire）。[110]

7. **透視盈餘的思維會帶來寶貴的觀點**。在面對你的投資組合時，要計算出股份的潛在盈餘，無論這些盈餘是以股

息支付，還是保留盈餘的形式留在你投資的公司裡。把你的投資目標，設定在十年後能帶來最高的透視盈餘。

8. **想在記分板上得到分數，你必須把注意力放在場內比賽的表現（業務表現），而不是記分板本身的數字（股票市場）。**

史考特費澤（Scott Fetzer）

投資概況	時間	1986 年至今
	買入價格	3.152 億美元
	股份數量	100% 股份
	賣出價格	仍持有
	獲利	20 億美元，持續增加中

1986 年波克夏‧海瑟威
股價：2,440 ～ 3,170 美元　市值：20.73 億美元
每股市值：1,808 美元

　　巴菲特收購史考特費澤之所以引人矚目，首先是因為它是一家企業集團。在那之前，巴菲特和蒙格把重心放在從事單一業務的公司，並預估這些公司在未來幾十年內，都會繼續從事一樣的業務。例如，時思糖果致力於糖果的製造和零售；伊利諾州國家銀行只在小區域裡從事銀行業務；國家賠償保險公司和蓋可則是保險公司。就連首都城市／ABC 的各項業務也只和娛樂相關。

　　但史考特費澤集團有二十多家公司，這些公司之間幾乎沒有什麼共同點。它最大子公司的業務，是挨家挨戶推銷每套 600 美元的百科全書。吸塵器部門也是挨家挨戶推銷，每

台機器售價高達 900 美元，但這兩家公司在其他方面又完全不同。史考特費澤的其他子公司還生產和銷售空氣壓縮機、電動馬達，以及拖車掛鉤等多種產品。

這項投資引人矚目的另一個原因，是該公司的領導人才在幾個月前進行管理層收購，讓自己成為公司裡唯一的老闆，而且公司還大到足以成為財星 500 大的一員。他就在這樣的情況下，接受巴菲特和蒙格成為他的老闆。

第三，把股份賣給波克夏後，管理團隊一定會非常開心，因為他們將在已投入資本取得優異的回報。每年得到超過 50% 的報酬率，是這家公司的常態。而且，由於史考特費澤在資本項目和營運資金上不需要額外投資太多錢，所以會有驚人的股息流向巴菲特和蒙格，讓他們投資在其他公司。光是收購後的前十五年裡，就有 10 億美元匯到奧馬哈總部，而這些錢來自於一家他們用 3.152 億美元買下的公司。

這個案例很適合用來說明巴菲特計算業主盈餘的方法。巴菲特在 1986 年《致股東信》的附錄裡，列出估算史考特費澤業主盈餘所需的要素。他進一步解釋，為什麼這是預測股東收益以評估公司價值的最好方法。這是巴菲特唯一公開說明這個重要方法的例子。

史考特費澤集團簡史

1914 年，喬治・史考特（George Scott）和卡爾・費澤

（Carl Fetzer）在俄亥俄州克里夫蘭創辦了一家機械工廠。1922 年，他們和克里夫蘭的夥伴吉姆‧科比（Jim Kirby）合作，發明了新的吸塵器。一直到 1960 年代，他們的業務都非常成功，幾乎完全專注於這個領域的產品。此時公司有大量現金，因此開始大肆收購。到了 1973 年，公司收購了三十一家公司。

1970 年代中期，拉爾夫‧舒伊（Ralph Schey）被任命為董事長兼執行長。他著手將這家龐大的企業集團，削減到只剩下二十個事業部，但保留了消費市場裡的優質品牌。

經歷過 1973 年到 1975 年的經濟衰退後，他認為當未來經濟又衰退時，消費品牌將更有韌性。此外，這種作法也和公司高階主管的技能呼應，因為這些高階主管主要是行銷出身，有製造背景的人比較少。

於是，舒伊開始擴大消費產品範圍。1978 年，他收購了韋恩家用設備公司（Wayne Home Equipment），這家公司生產石油和天然氣燃燒器、空間加熱器，以及鍋爐用泵以及水泵。1978 年還有一筆更大的交易，他以 5,000 萬美元收購了龍頭百科全書直銷商《世界百科全書》（World Book）。《世界百科全書》在市場處於寡占狀態，《大英百科全書》是遠遠落後的第二名。網路出現之前，《世界百科全書》是美國中產階級生活的支柱，年銷售量約二十萬至三十萬套。儘管購買全套百科全書需要花數百美元，但家長往往認為這是一筆非常值得的投資。[111] 當時百科全書通常以信用付款的方

式出售，所以史考特費澤（公司當時的名稱）靠提供貸款得到豐厚的利潤。

收購狂潮以及史考特費澤面臨威脅

1980 年代是私募股權肆虐的時期，想想 1987 年的電影《華爾街》就知道。這股狂潮大部分的資金來自德崇證券（Drexel Burnham Lambert）新發行的垃圾債券，導致高槓桿企業岌岌可危，紛紛走到債務崩潰的邊緣。只要做錯一件事，公司就可能玩完了，員工和城市都會受到重創。

伊凡‧博斯基（Ivan Boesky）是一位收購專家，握有 2 億美元的基金。他在 1984 年春天開始累積史考特費澤的股份。一般認為，電影《華爾街》裡的主角葛登‧蓋柯（Gordon Gecko）有一部分是以他為原型。四年後，他因內線交易被判處三年監禁。1984 年 4 月 26 日，博斯基提出以每股 60 美元的價格收購史考特費澤，總計 4.2 億美元。但就像《紐約時報》說的 [112]，「史考特費澤的主要吸引力，是它手頭上幾乎有 1 億美元的現金」，因此購買的成本實際上比 4.2 億美元低很多。

拉爾夫‧舒伊已經料想到，華爾街禿鷹遲早會找上他的公司。在博斯基採取行動的前幾天，舒伊宣布他已經以管理階層收購的方式出價要買公司。他的出價是每股 50 美元，總共 3.6 億美元。舒伊知道別人出價比他高，而且他在募資上遇到困難，於是撤回了出價。

但博斯基持有的股份只有約 5%，如果他想獲勝就要想盡辦法說服其他人，尤其如果考慮到他出的價格本益比很低，是 60 美元／4.80 美元＝ 12.5。市場對於博斯基能否成功仍抱持懷疑態度，當時股價只跌到 57.50 美元。

5 月 8 日，董事會拒絕博斯基的提議，理由是「該提議有重大的不確定性和條件。」[113] 舒伊堅決反對博斯基的出價，擔心他的朋友和同事可能會蒙受惡果。「我覺得我有義務盡可能保護我們的員工，讓他們得到公平的對待。我不希望任何一群員工……突然發現自己被掃地出門，乏人問津。」[114]

在這期間，公司和博斯基有過一些你來我往。直到 1985 年 8 月，博斯基認輸了，並開始出售他的股票。管理層收購股東股份的計畫重新啟動，目前的報價為每股 62 美元，總價是 4.4 億美元。但這裡還有一個大問題：收購的資金主要來自史考特費澤的員工持股計畫（employee stock ownership plan, ESOP），員工持股計畫將持公司 41% 的股份，並投入 1.82 億美元到為收購而設立的新公司。所以，只要付 900 萬美元，管理層收購就可以買到 29% 股份。

政府反對員工持股計畫只持有 41% 的股份，尤其考慮到經理人認為他們可以利用稅收優惠，向員工持股計畫額外注資 2,500 萬美元。這筆交易最後失敗了。舒伊在 9 月 5 日終止計畫，稱史考特費澤現在已經「開放徵求新提案，並將考慮其他可能的交易。」[115] 這時候公司的股價跌到

55.50 美元，並在 10 月吸引了另一對禿鷹瑞爾斯兄弟——史蒂芬・瑞爾斯（Steven Rales）和米歇爾・瑞爾斯（Mitchell Rales）。他們出價每股 60 美元。他們習慣用垃圾債券來收購。

為什麼巴菲特選中史考特費澤？

巴菲特透過媒體關注史考特費澤的傳奇故事，並認為值得寫一封信給舒伊，看看他是否有興趣加入波克夏旗下的公司。波克夏旗下的公司在管理上擁有高度的自主權，巴菲特也鼓勵它們著眼於長期發展。

1991 年春天，巴菲特在對聖母大學商學院學生和大學生演講時，描說明這筆交易是如何達成的：[116]

「我從來沒見過這個人……我在 10 月 10 日寫了一封信給他，我說：『親愛的舒伊先生：這就是我們的狀況……』我給他一份年度財報，並說『如果你想和一個會兌現支票，又不會打擾你的人一起共事，事情就會這樣發展。』於是，我用一張信紙的篇幅，告訴他我們所有不好的狀況，然後說『如果你願意談談這件事，我會和你見面；如果你不想談，就把信丟掉。』後來他打電話給我，我們 10 月 22 日在芝加哥見面，並在那天晚上達成協議。一週後，這筆交易就完成了，那是五、六年前的事了。我去過克里夫蘭兩次，我不需要去但是我想去。他把那家公司當成自己的在經營。」

舒伊在 1988 年向《財星》雜誌表示，巴菲特的動作很

快，而且省去盡職調查的繁文縟節，在在說明了和他共事不會有官僚主義。「如果我自己無法擁有史考特費澤，那麼和巴菲特合作就是次佳的作法。」[117] 他補充說，這樣做比經營一家上市公司更好，因為他已經受夠了機構投資人的質疑和揣測，也對董事會在批准重大行動時過於謹慎感到沮喪。「舒伊最傑出的作法是，他目前（1988 年）打算把《世界百科全書》的組織去中心化，這個組織會永遠待在芝加哥商品市場大樓。舒伊說，原本的董事會可能會因為害怕風險而抗拒組織重組，正好現在巴菲特找上他。」[118]

芝加哥會議結束一週後，史考特費澤董事會批准了這次的交易。1985 年 10 月 29 日是出售案宣布後的第二天，《紐約時報》表示史考特費澤的吸引力在於，它能夠穩定帶來現金，而且也有一堆現金。然而，有一位分析師表示，這是一家成長性「普通」的公司，但有低波動性作為補償。[119] 1984 年，該公司公布的利潤為 4,060 萬美元（每股 6.01 美元），比 1983 年的 3,220 萬美元（每股 4.80 美元）成長 26%。1984 年的銷售額為 6.954 億美元。

巴菲特看到的遠遠超過《紐約時報》的作者。他還看到這家公司擁有一系列強大經濟特許經營的護城河，以及強大的業務。他尤其喜歡《世界百科全書》，因為它是「很特別的東西」。巴菲特在 1985 年致波克夏股東的信中，說明許多人對這些書的感情：

「查理和我對《世界百科全書》的運作很有興趣，因為

我們認為這套百科全書很特別。我已經是這套書的粉絲，已經用了二十五年，我的孫子如今也和我的孩子當年一樣，也在讀這套書。」

他補充說，老師、圖書館員和消費者者，經常把《世界百科全書》評選為最有用的百科全書，但它的售價卻低於任何主要的競爭對手。他說，雖然直銷產業裡有很多公司的業績都在下降，但史考特費澤擁有卓越的產品和適中的定價，讓巴菲特願意支付該公司提出的價格。

巴菲特和蒙格把史考特費澤看成一個整體，是一家「可以理解、規模龐大、管理良好、盈利能力良好的公司……公司裡的許多業務，在其各自的領域裡處於領先地位。」[120]最重要的是，「大部分業務的股東權益報酬率都很高，甚至很優異。」[121]

1986 年 1 月，波克夏以每股 60 美元的價格買下史考特費澤。若考慮到公司內部有一些閒置現金，這些現金可以在收購後不久轉移到波克夏，那麼付出的金額實際上約為 3 億 1,520 萬美元。拉爾夫‧舒伊願意繼續擔任執行長，讓公司因此非常有吸引力：

「拉爾夫上任時，公司有三十一項業務，這是 1960 年代瘋狂收購的結果。他處理掉了很多不合適或利潤有限的業務，但他在整頓那堆大雜燴時並不是非常投入，因此錯過了《世界百科全書》在 1978 年被收購的機會。拉爾夫在營運和資本配置上的表現非常出色，我們很高興能和他合

作。」[122]

誰需要戰略部門？

巴菲特對企業的戰略定位有深刻了解，對事業的品質有高度敏銳的直覺，但他對自己的這些能力都輕描淡寫。「史考特費澤收購案，充份說明我們對收購採取隨緣的態度。我們沒有任何特定的策略和計畫，也沒有請企業規劃人員告訴我們社會經濟的趨勢，也沒有專人研究提案人或中間人提供的許多點子。相反的，我們希望一切順其自然，反正時候到了，我們就會採取行動。」[123]

然而，這種方法如果用得正確，似乎比付高薪請投資銀行幫你分析更好。就像巴菲特 1999 年《致股東信》中所說的：

「1985 年，有一家很大的投資銀行受託出售史考特費澤，但多方推銷後無功而返。不幸的是，該公司和投資銀行簽訂的委任書中明訂，一旦公司順利找到買主，就要支付 250 萬美元給銀行，即使最後的買家不是銀行找到的也要付錢。我猜想，也許是銀行認為既然拿了錢就該辦事，所以他們好心地把之前準備的史考特費澤財務資料也交給我們。查理用他一貫的機敏說：『我寧願付 250 萬美元也不要看這些東西。』」[124]

巴菲特說，波克夏的收購策略只是等待電話響起，而電話之所以響起，通常是因為以前把公司賣給波克夏的經理

人，建議朋友也這樣做。

豐厚的回報

史考特費澤是巴菲特和蒙格有史以來最偉大的投資之一。波克夏・海瑟威只花了 3.152 億美元，就收購了一家第一年稅後利潤超過 3,560 萬美元的公司，而且這個數字一直在上升。1990 年超過 5,650 萬美元，2002 年超過 8,300 萬美元（見圖 5.1）。自此之後，我們缺乏公開訊息可以援引，但我們有理由推測，雖然《世界百科全書》的成長已經放緩，但它至今起碼仍表現良好。你可以在本章結尾看到史考特費澤的公司清單。

我在上一段中說「超過」，是因為除了我寫的數字之外，史考特費澤還有一個獲利的信貸公司──史考特費澤金融集團（Scott Fetzer Financial Group），它持有《世界百科全書》和科比公司（Kirby）的應收帳款。波克夏把這個單位的利潤納入獨立的子公司之中。一開始，這個子公司也包括互惠銀行，但隨著波克夏收購了更多公司，其他金融業務也加入其中。

巴菲特曾提到史考特費澤 1990 年的財務數據，寫道稅前收入為 1,220 萬美元。因此，史考特費澤 1990 年的稅後利潤總共是 5,650 萬美元＋810 萬美元＝6,460 萬美元。我們可以從其他數據看出，1980 年代末史考特費澤的金融業務，每年產生的稅後利潤約為 300 萬到 400 萬美元。1990

圖5.1 波克夏持有的史考特費澤股份稅後淨利

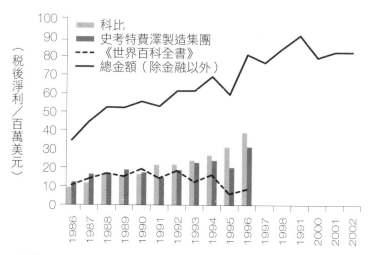

資料來源：BH annual reports（1986–2002）.

年代初為 800 萬到 1,000 萬美元（見表 5.1）。

在圖表中，史考特費澤製造集團（Scott Fetze Manufac-
turing Group）涵蓋了《世界百科全書》、科比和金融業務
以外的業務。那些年度沒有新增或處分子公司。1980 年代
末，波克夏的非保險收入約有 40% 由拉爾夫・舒伊旗下的
公司貢獻。

《世界百科全書》的發展

《世界百科全書》在 1980 年代是一顆真正的寶石。
1982 年到 1986 年間，銷售套數增加了 45%。1986 年，它

為波克夏創造 1,170 萬美元的利潤，到了 1990 年幾乎成長了一倍。接下來是美好的四年，但隨後網路的顛覆技術及免費的資訊，對它造成愈來愈大的影響。起初，公司嘗試用光碟技術來競爭，但很快就被取代了。到了 1990 年代中期，利潤低於 1,000 萬美元。從那時候開始，該公司一直努力在這個資訊免費的時代找到自己的定位。

如今，二十二卷紙本的《世界百科全書》，幾乎專攻學校和圖書館。公司還提供一系列百科全書按月付費的線上訂閱服務。為了和網路上的免費資訊有所區隔，它的賣點是百科全書的內容正確且值得信賴，而且根據讀者年齡和年級量身定做。它還把自己定位成提供一般非小說類圖書給學校和圖書館的供應商，產品從地圖到兒童彩色動物手冊等各種書籍都有。

科比的發展

人們說科比吸塵器是清潔領域的凱迪拉克，性能很好可以用數十年。儘管價格高昂，但在 1982 年到 1986 年間，銷售量增加了三分之一。公司在 1986 年的稅後利潤高達 1,050 萬美元，讓人刮目相看。但是，更好的還在後頭，接下來的十一年銷售量幾乎成長四倍。

科比每年賣出約五十萬台吸塵器，對波克夏的重要性比《世界百科全書》更高。雖然科比吸塵器的售價是 1,300 美元或更高，但仍在五十個國家挨家挨戶展示銷售。這種銷售

通方式一次需要三個小時或更長時間才能完成，但他們有堅持不懈的銷售人員。

史考特費澤的資本報酬率

史考特費澤的利潤已經夠讓人印象深刻，但更重要的是資本回報。例如，1992 年史考特費澤只用了 1.207 億美元的股本，但稅後淨利卻超過 7,050 萬美元（見表 5.1）。此外，除了金融子公司曾適度舉債之外，該公司僅靠「借入少量資金」[125] 就達到這個表現。值得注意的是，它把庫存和固定資產減少到低於波克夏收購時的水準。因此，截至 1992 年底的七年裡，有超過 100% 的收入都交給了奧馬哈。能夠做到這一點而且年利潤還增加，非常了不起。

雖然波克夏支付了 3.152 億美元購買史考特費澤，但根據波克夏吸收的資產負債表顯示，經理人必須動用的淨資產帳面價值只有 1.726 億美元。雖然第一年只賺 4,030 萬美元，史考特費澤仍然能以剩餘現金支付 1.25 億美元的股息。能有這種成績，靠的不是增加債務來美化資產負債表，不是靠出售設備後再把設備租回來，也不是提前出售應收帳款來得到貨款。「在我們擁有所有權的這些年裡，史考特費澤一直是一家融資保守、流動性強的企業。」[126]

巴菲特指出，如果史考特費澤以獨立的公司列入《財星》500 強名單，其股東權益報酬率將排名第四。但這還不是故事的全部。那些排名在它前面的公司，才剛剛躲過破產

表 5.1 **史考特費澤的淨資產、稅後淨利和股東分紅（1986 年到 1994 年）**

年份	帳面價值（年初／百萬美元）	稅後淨利（百萬美元）	稅後淨利率	給波克夏的股息
1986	172.6	40.3	23%	125.0
1987	87.9	48.6	55%	41.0
1988	95.5	58.0	61%	35.0
1989	118.6	58.5	49%	71.5
1990	105.5	61.3	58%	33.5
1991	133.3	61.4	46%	74.0
1992	120.7	70.5	58%	80.0
1993	111.2	77.5	70%	98.0
1994	90.7	79.3	87%	76.0
總金額		555.4		634.0

資料來源：W. Buffett, letters to BH shareholders（1986–1994）. 比較這張表和之前圖表裡的獲利差異，可以看出史考特費澤金融服務的利潤變化。早年，金融部門的稅後收入是 300 萬到 400 萬美元，後來幾年為 800 萬到 1,000 萬美元。

的命運，它們所謂的獲利其實大部分來自債務減免。因此，史考特費澤在五百家同行裡，實際上理當名列第一。

然而，巴菲特並沒有把公司的成功，歸功於週期性的獲利高點、壟斷地位或槓桿效果。他很清楚知道，執行長拉爾夫·舒伊在管理上的專業知識才是關鍵因素：

「拉爾夫成功的原因並不複雜。班傑明·葛拉漢四十五年前告訴我，不需要特別做什麼才能在投資得到好結果。在我往後的人生裡，我很驚訝發現這句話也適用於企業管理。

管理者要做的就是做好基本的事情，不要被轉移注意力，這正是拉爾夫的方法。他設定了正確的目標，而且永遠不會忘記他要做的事情。就我個人而言，和拉爾夫共事很愉快。他對問題直言不諱、充滿自信，又不會自以為是。」[127]

在思考表中的回報時，要注意收購後 1986 年實施的是一般公認會計原則（GAAP），要求波克夏把史考特費澤的一些資產和負債轉換為現值。庫存價值增加了 3,730 萬美元，且庫存被「後進先出」的庫存法扭曲了。此外，固定資產增加了 6,800 萬美元，並去除了 1,300 萬美元的遞延所得稅負債。這些連同其他調整顯示，史考特費澤的管理階層正在處理約 2.8 億美元（以當時的價值來衡量）的有形淨資產。如果用這個數字當分母，而不是用 1.726 億美元當分母，股東權益報酬率會下降，但仍然非常高，足以在波克夏持股的前十五年裡，為波克夏帶來超過 10 億美元的股息。

如何設計薪資方案

資本回報之所以這麼高，其中一個重要原因是用薪資協議激勵舒伊，讓他把重點放在資本回報而不是總利潤。一如既往，巴菲特起草了一份簡單的合約，但精準地把經理人的利益和波克夏股東的利益掛勾起來。

第一個步驟，確保薪資是根據史考特費澤的業績來決定，而不是根據波克夏的業績。他在 1994 年《致股東信》中寫道：

「舒伊負責單一事業體而非整個波克夏的營運，所以這樣的方式再合理不過了。如果把他的現金分紅或股票選擇權，全部和波克夏掛勾在一起，對他來說報酬會顯得反覆無常。比如說，他在史考特費澤擊出全壘打，但我和查理卻在波克夏把事情搞砸，最後讓他的功勞和我們的過錯相抵。相反的，如果波克夏的其他事業體大放異彩，史考特費澤的表現卻差強人意，那麼拉爾夫‧舒伊有什麼理由得到選擇權的利潤或獎金？」[128]

其次，一定要讓優異的表現得到豐厚的獎勵。「在設定薪資報酬時，我們喜歡承諾給予重賞，確保經理人的表現直接和他們的職權掛勾。」[129]

第三，若資本回報低，波克夏將對使用資本收取費用以作為懲罰；若資本回報高，則當經理人把資金交給總部時，波克夏會給他們獎金：

「當我們投入大量資本在一個營運項目時，我們會對經理人額外使用的資金，收取高比例的資金使用費，同時對他們賺取的資金給予他們一樣高比例的獎勵。我們在史考特費澤明確採用這種『錢不是免費的』的方法。如果拉爾夫能以良好的報酬率使用額外的資金，這對他來說很划算。當額外使用的資本創造出的收益，高於資金的使用成本時，經理人的獎金就會增加。但我們計算獎金的方式是對稱的：如果使用額外的投資卻只帶來低於標準的回報，這種報酬上的落差對拉爾夫和波克夏來說，代價都很高昂。如果拉爾夫無法在

他的業務上有效利用資金，他可以把資金送回波克夏，這種雙向安排讓他有收益，而且收益豐厚。」[130]

遵循這些簡單的原則，並以簡單的一頁合約為基礎，巴菲特的經理人取得一流的業績，並以最有利的方式把資本配置在波克夏‧海瑟威旗下。

其他公司的方法比較複雜，但效果比較差。就像巴菲特所說的：

「最近上市公司很流行強調，在規劃薪資時，管理階層的利益要和股東一致。在我們的帳本裡，『一致』的意思是指不管好壞大家都是夥伴，而不只有當業績表現良好時才是夥伴。很多公司所說的一致，就不符合我們的標準，因為表面上看起來一致，但骨子裡玩的卻是『正面我贏，反面你輸』的遊戲。

最常出現不一致的是一般的員工認股權，因為認股權的認購價格沒有定期提高，以補償公司因保留盈餘而成長的財富。的確，有了十年期的認股權、低股息支出和複利效應，足以讓一個只在原地踏步的經理得到豐厚的收益。

在我們正式買下史考特費澤之後，我們只花了五分鐘就和史考特飛茲總裁拉爾夫‧舒伊達成薪資協議，中間沒有律師或人力資源顧問的『協助』……我們面對旗下事業體的其它經理人，當然會依照各自不同的產業特性而有不一樣的薪資協議，但協議也都一樣簡單。」[131]

業主盈餘的計算方式

　　巴菲特以史考特費澤為例，解釋他所說的業主盈餘是什麼意思。業主盈餘是衡量公司為股東賺多少收入的最佳指標，也是估計內在價值的關鍵要素：

　　（a）公告盈餘。

　　（b）折舊、耗損、攤銷的非現金費用。

　　（c）公司為了充分維持長期的競爭力和銷售量，所需投入在廠房和設備等資本支出的年均金額。如果公司需要額外的營運資金來維持其競爭地位和銷售量，則增加的資金也應該包含在（c）。[132]

　　他趕緊補充說，這個算式不會得出精確的數字，「因為（c）一定是個猜測的數字，而且有時很難具體」。儘管如此，業主盈餘仍然是確認股東股份和整個公司估值的關鍵。他引用了經濟學家約翰‧梅納德‧凱因斯（John Maynard Keynes）的話：「我寧可要模糊的正確，也不要精確的錯誤。」[133]

　　談到史考特費澤時，巴菲特和蒙格判斷（c）非常接近830 萬美元。在這種特殊情況下，這和公司在 1986 年正式帳目裡扣除的「廠房和機械折舊」完全相同，即算式中的（b）。換句話說，有形和無形資本的消耗，大致上和新資本所需的支出差不多，以維持公司的銷售量和競爭地位。他們隱隱地認為，在這種情況下，沒有必要逐年增加營運

表 5.2　巴菲特估計的史考特費澤業主盈餘（1986 年）

項目	百萬美元
公告盈餘	40.2
加上（b）折舊、耗損、攤提和某些其他非現金費用	+8.3
減去（c）為充分維持長期競爭地位和單位產量而需花費在廠房和設備上的金額，以及企業需要增加的營運資本	-8.3
業主盈餘	40.2

資金。

　　巴菲特警告說，大多數經理人需要在（c）花更多錢，才能保持競爭地位和銷售量。在這些情況下，財報的盈餘將高估業主盈餘，而且通常會大幅誇大。

時思糖果有不同的投資需求

　　巴菲特在 1986 年致股東信裡，以時思糖果為例，說明需要思考資本支出和增加營運資本的必要性。對這家公司來說，公司光是為了保持競爭力，每年在（c）的支出，比在（b）增加的折舊和攤提多出 50 萬到 100 萬美元。

公告的現金流量不是業主盈餘

　　我們也必須對公司和分析師提供的「現金流」數字存疑。他們通常會（a）加（b），但沒有減掉（c）。

　　「……如果全美國的公司，同時透過大投資銀行來出售，而且如果銷售手冊描述的內容都是真的，那麼政府對全

國的設施和設備支出的預測，將不得不減少90%⋯⋯確實，企業⋯可能在某一年延遲資本支出，但在五年或十年的期間裡，他們必須投資，否則企業將衰退。」[134]

巴菲特對於公司和公司股票的賣家，為什麼大肆宣傳這些現金流的原因持疑，他認為這是「為了幫不合理的事情辯護，藉此賣掉本來賣不掉的東西。」[135] 當財報的盈餘看起來無法支付垃圾債券的債務，或者要為高得離譜的股價護航時，這些數字對公關專家來說就很有用。

「如果公司或投資人認為，企業的償債能力或股權估值可以用（a）加（b）來衡量，而忽略（c），那就一定會有麻煩⋯⋯在投資一門業務和其他業務時，會計數字⋯⋯絕對是我們評估的起點。但經理人和所有人必須切記，會計只不過是輔助我們思考的工具，永遠不能取代我們的獨立思考。」[136]

內在價值

內在價值是指，企業在它存續期間，所能創造的現金的折現值。這個數字肯定非常主觀，因為評估的人必須估計未來的業主盈餘，那是指當公司競爭地位或銷售量不受影響時，股東每年可以得到的金額。我們永遠無法準確預測未來，預測一定只是個大概。但儘管如此，巴菲特還是敦促我們用這種方法，評估投資和公司的相對吸引力，因為這是「唯一合乎邏輯的方式」。[137]

教育

為了幫助我們了解為什麼帳面價值不等於內在價值，巴菲特用大學教育做了一個比喻。教育的成本就是帳面價值。在理想的情況下，教育的成本應該包括上大學的機會成本，例如損失工作帶來的收入。

至於內在價值的估算，如果我們先忽略教育在美學、社會、心理等方面帶來的好處，純粹只從經濟的角度來看教育，就可以估計出畢業生的終身收入，並減掉個人不上大學時可以得到的收入。把因受過教育而讓每年額外增加的收入，以適當的利率折現到現值，就可以算出教育的內在經濟價值。

對某些畢業生來說，教育的帳面價值超過內在價值，但在大多數情況下，教育的內在價值遠遠超過帳面價值，證明讀大學是明智的配置資本。最重要的一點是，當我們計算內在價值時，帳面價值其實根本毫不相干。

史考特費澤的內在價值

如果我們把這個原則應用到史考特費澤身上，這裡關鍵的事實是這家帳面價值為 1.726 億美元的企業，卻以 3.152 億買下。「我們支付了 1.426 億美元的溢價，表示我們認為該公司的內在價值，接近其帳面價值的兩倍。」[138]

巴菲特在 1994 年致股東的信中，說明在 1986 年到 1994 年之間，史考特費澤的帳面價值雖然下降，但盈餘和

股息卻上升，以此說明帳面價值和內在價值的差異（見表5.3）。顯然，如果公司持續保持良好的戰略定位和管理品質，未來的盈餘表現將很好，內在價值也會增加。

波克夏收購史考特費澤時，史考特費澤擁有大量的閒置現金，因此能夠在第一年給母公司 1.25 億美元，比業主盈餘還多了 8,480 萬美元。

「顯然，業務的內在價值一直在成長……史考特費澤的內在價值和它在波克夏帳目上的帳面價值，兩者現在有巨大的差異。」[139]

嘗試用業主盈餘估值

巴菲特沒有提供他在 1985 年對內在價值的估計，也就是估計未來業主盈餘的折現值。實際上，他沒有公布任何公司的數據。我推測最有可能的情況，是他預期下一年的業主盈餘是 4,020 萬美元，據此計算一系列的價值。

也許他一開始就很保守，認為 4,020 萬美元這個數字多年來都不會成長。於是他是否曾問過自己，投資 3.152 億美元是否可以讓他滿意？

史考特費澤每年都可以帶來 12.8%（4,020 萬美元／3.152 億美元）的回報，是一筆不錯的投資，而且 1986 年的通貨膨脹率低於 2%。我們把這個例子當作基數，並創造其他巴菲特可能考慮過的情境。

表 5.3　史考特費澤的帳面價值與盈餘比較（1986 年到 1994 年）

年份	帳面價值 （年初／百萬美元）	稅後淨利 （百萬美元）	給波克夏的股息 （百萬美元）
1986	172.6	40.3	125.0
1987	87.9	48.6	41.0
1988	95.5	58.0	35.0
1989	118.6	58.5	71.5
1990	105.5	61.3	33.5
1991	133.3	61.4	74.0
1992	120.7	70.5	80.0
1993	111.2	77.5	98.0
1994	90.7	79.3	76.0

資料來源：W. Buffett, letter to shareholders of BH（1994）.

適度成長的情境

巴菲特可能想過更樂觀的情境，也就是業主盈餘可以在未來，每年以 1986 年美國經濟的名目國內生產毛額（GDP）成長率——也就是 3.5% 來成長。假設是這種情境，未來的業主盈餘現值將出現很大影響。1986 年十年期公債的平均利率約為 7.7%。如果他以這個利率當作貼現率，並假設業主盈餘成長率是 3.5%，那麼現值估計將近 10 億美元：

內在價值＝明年的業主盈餘／目標報酬率減去成長率

內在價值＝（4,020 萬美元 ×1.035）／（0.077 － 0.035）＝ 9.91 億美元

＊我們沒有把送到波克夏的 8,470 萬美元現金考慮進去，因為我們是在比較波克夏收購史考特費澤的淨成本 3.152 億美元，也就是允許現金釋出後的狀況。

用風險調整貼現率的情境

若我們把更多風險納入考量，由於史考特費澤股票的風險高於十年期國債，所以我們可以在目標報酬率，比方說 7% 再加上**風險溢價**。因此，折現率現在變成 7.7% ＋ 7% ＝ 14.7%

如果巴菲特依照當時的金融教科書寫的來算，風險溢價可能會變得這麼高。雖然這種情況發生的機率不高，但這個可能性確實有存在。在這種情況下：

內在價值＝（4,020 萬美元 ×1.035）／（0.147 － 0.035）＝ 3.71 億美元

快速成長的情境

也許巴菲特還設想過另一種情境。他估計在接下來的九年裡，業主盈餘的成長率將和實際情況一樣，也就是平均年成長率為 8.8%，九年內業主盈餘幾乎翻倍。

內在價值＝（4,020 萬美元 x 1.088）／（0.147 － 0.088）＝ 7.41 億美元

當然，我們可以繼續設想其他情境，來呈現可能發生的

情況，例如用前五年而不是最近五年的平均業主盈餘來估計下一年的業主盈餘，但計算估值的過程在此已經說明清楚了。

分析內在價值時，永遠應該記住一個面向。班傑明・葛拉漢敦促我們，在判斷合理的內在價值和市價之間的差異時，要留有足夠的安全邊際。

巴菲特沒有解釋他計算內在價值的細節，所以我們只能猜測他如何選擇折現率，或如何考慮未來幾年的盈餘成長。連查理・蒙格也不知道這方面的細節。蒙格曾說：「我們在波克夏・海瑟威是用手指和腳指來算數。華倫總是在說那些貼現的現金流〔業主盈餘〕，但我從來沒看過他在算這些東西」。於是巴菲特打趣地說：「有些事情只能私底下做。」[140]

巴菲特的心算速度非常快，可能是因為他可以在腦中直接計算。更合理的解釋是，他其實沒有必要算得很精確，只需要一個大概的數字即可。你可能會因為迷失在細節裡而錯過大局。就像巴菲特說的，「如果〔公司的價值〕沒有讓你高興得大聲尖叫，那就表示安全邊際太小了。」[141]

內在價值和資本配置

雖然內在價值不是那麼精確，但這個概念對投資人和管理者都非常重要，他們必須理解它。正如巴菲特在 1994 年的信中所說的：

「當經理人配置資本時，包括決定回購股票，他們的作法必須能夠提高每股的內在價值，避免降低每股的內在價值。這一點非常重要。這個原則看似再明顯不過，但我們常看到經理人反其道而行。而且，當資本配置不當時，股東也會受到傷害。」

巴菲特認為，在思考企業併購時，許多管理者會本能地關心交易是否會馬上稀釋或反稀釋每股盈餘。他警告說，太過在意這件事會招致很大的危險。他以一名二十五歲的一年級商學院學生為例，說明這件事。這個學生把自己未來的經濟利益，和一名二十五歲打零工的人的經濟利益拿來比較。這位目前沒有收入的商學院學生，發現如果他把他的股份，和打零工的人進行一股換一股的「換股」合併，就可以顯著提高他的近期收益。但這樣做很蠢，因為商學院學生的長期潛在收入，將遠遠超過這位工人。

他說，波克夏拒絕過很多併購機會，那些機會原本可以提高波克夏目前和短期的收益，卻會降低它的每股內在價值。「相反的，我們的方法是遵循冰上曲棍球選手韋恩・葛瑞斯基（Wayne Gretzky）的建議：『你要去冰球即將抵達的地方，而不是它目前所在的地方。』結果，比起用標準方法來做，我們的股東現在多了數十億美元。」

波克夏的經理人想方設法把他們的盈餘，以有利的方式配置到他們的業務裡，剩下的資金他們會送到巴菲特和蒙格那裡，讓他們用這些資金創造每股的內在價值。

表 5.4 史考特費澤旗下的公司

公司	業務	2017 年員工數
Adalet	防爆和防火外殼；針對危險和非危險環境市場設計的配件。	164
Altaquip	為製造商的電力設備提供維修服務，例如空氣壓縮機、發電機、噴漆機、草坪和花園設備，以及鏈鋸等。	166
Campbell Hausfeld（2011 年從史考特費澤公司轉移到波克夏另一家子公司 Marmont）	美國領先的中小型空氣壓縮機製造商	未公布
Carefree of Colorado	舒適便利的休閒車，以及海洋工業產品（例如露營車和房車的遮陽篷）	336
Cleveland Wood Products (CWP)	吸塵器刷捲、商用清潔刷、地板護理用品；以及用於吸塵器、食品服務和軍事用途的縫製袋	39
Douglas/Quikut/Ginsu	用於家庭、美食和專業市場的 Ginsu 刀具；電動和手動釣魚刀	38
France	電氣照明	95
Halex	電氣工業配件，主要是金屬製品，例如外殼	72
科比	吸塵器	344
Stahl	卡車、自卸車、多功能貨車和起重機的車身；工具箱；汽車及起重機配件	134
United Consumer Financial Services	為直銷商的產品提供融資，包括家庭護理系統、火災警報系統、空氣和水淨化系統、廚具和寵物護理產品	197
韋恩供水系統（Wayne Water Systems）	汙水池和公用水泵；提供全套的汙水、水井、草坪、游泳池和池塘泵	101

公司	業務	2017 年員工數
Western Enterprises	提供用於控制、儲存和傳輸高壓氣體到醫療和特殊氣體市場的產品	232
《世界百科全書》	適用於家庭和學校的百科全書、參考資料和數位產品	138
史考特費澤金融公司，於 1986 年第一季併入波克夏的金融產品業務	向科比客戶和其他人提供信貸	未公布
史考特費澤其他子公司	亞伯科技（Arbortech）──用於道路清理和樹木護理的晶片體和實用樹車製造商 梅里亞姆處理科技公司（Meriam Process Technologies）──測量液體或氣體壓力和流量的儀器 動力克斯公司（Powerex Inc.）──用於醫療、實驗室和工業環境的壓縮空氣和真空系統 史考特實驗室（Scot Laboratories）──地毯、地板、汽車和家庭清潔用品 史考特護理公司（ScottCare）──心血管病人遙控監測、診斷與復健系統 史考特費澤電氣集團（Electrical Group）──電力產品 韋恩燃燒系統（Wayne Combustion Systems）──熱水器、鍋爐、爐用燃油燃燒器；用於披薩爐、麵包爐、洗碗機和家用瓦斯爐的燃氣燃燒器	320

資料來源：BH annual report（2017）.

史考特費澤的業務

2000 年，拉爾夫・舒伊在七十六歲退休，讓巴菲特和蒙格覺得很可惜。2011 年舒伊去世時，巴菲特說：「他是一位了不起的商業家，我對史考特費澤的管理沒有可以出力的地方。舒伊讓我印象深刻的地方，是他對史考特費澤旗下的每一家公司都如數家珍。他可以經營任何一家或所有的公司。」[142]

舒伊則這樣評價巴菲特：「他是一個非常特別的人，世界上找不到幾個像他一樣的人。沒有多少人能像他那樣行事自如，也沒有多少人能像他那樣影響別人。他讓你想把事情做得很好，其中一部分是為了自己，另一部分是因為你知道這樣做會讓他很驕傲，而你想要讓他為你驕傲。這是非常罕見的。」[143]

學習重點

1. **並非所有企業集團都是一團糟**。優秀的高階主管能夠把複雜的狀況處理好。

2. **一位正派、可敬、聰明又敏銳的企老闆，他有一個優勢是能夠說服經營團隊／業主把公司賣給你，而且他們之後還願意繼續努力工作。**巴菲特和蒙格的名聲比惡名昭彰的企業禿鷹好太多，後者以高槓桿、冷酷無情、過份干涉和只看短期而臭名遠播。

3. **業主盈餘是最有用的收入指標，而將業主盈餘折現是估計內在價值的最好估值方法。**業主盈餘是傳統說的稅後盈餘，再加上非現金項目，並減去對資本項目和營運資本的必要投資。「必要」的定義是指，為充分維持企業長期的競爭優勢以及銷售量所需投入的資金。

4. **激勵管理者以創造高資本報酬率**。準備一份簡單的一頁合約，合約裡載有容易理解的資本回報目標，並對實現高報酬率的經理人給予高額獎勵，對處罰低報酬率的經理，並讓經理人有誘因把剩餘的資本交給母公司用在其他投資。

5. **把平凡的事情做得非常出色**。在投資裡，不需要特別做什麼才能得到好結果。

第 6 筆

費區海默兄弟（Fechheimer Brothers）

投資概況	時間	1986 年至今
	買入價格	4,620 萬美元
	股份數量	84% 股份
	賣出價格	仍持有
	獲利	非公開訊息，但七年後波克夏累積的利潤超過收購價

1986 年波克夏・海瑟威
股價：2,440 ～ 3,170 美元　市值：20.73 億美元
每股市值：1,808 美元

　　費區海默的故事很不尋常，因為巴菲特和蒙格是從私募股權賣家那裡買下該公司的控股權，這些賣家是五年前以融資收購這些股份。這些聰明的人得到豐厚的利潤。雖然私募股權投資人通常有充分的理由賣股票——例如他們要籌錢投資其他高風險／高回報企業，或履行將資本還給投資人的義務——但任何從他們那裡買股票的人，都會問兩個問題。第一，他們為什麼願意賣掉他們一定會讚不絕口的公司？其次，為了讓公司賣掉前兩年的數字看起來很漂亮，他們是否限制公司基本的研發、行銷、管理培訓等支出，並且不合理地漲價導致客戶怨聲載道，讓公司的經濟特許權蒙受損害？

為了消除這些疑慮，巴菲特和蒙格會找方法確認他們要買的公司業務依然強勁，而且價格相對於其盈利能力來說不會太高。是的，他們用快計數據來確認，但更重要的是，他們知道從 1941 年以來，一直經營費區海默兄弟公司的海德曼（Heldman）家族的性格和奉獻精神。他們具備巴菲特在找的品質，即「有才華、有素質、熱愛自己的工作。」[144] 而且，他們仍持有剩下的 16% 股份，可以確保董事和股東的利益一致。

打廣告很有效

1982 年，巴菲特每年的致股東信已經有數千名讀者，波克夏・海瑟威有很多股東都是有錢的商人。總的來說，他們非常了解美國各地的企業。巴菲特認為，在物色值得購買的新企業時，這些人可能願意充當他的耳目。

因此，他從 1982 年開始在信中刊登一則廣告，請股東協助留意以下類型的公司：

- 買大型公司，稅後至少賺 500 萬美元。
- 能夠持續獲利。我們沒有興趣預測未來，也對「轉虧為盈」沒有興趣。
- 公司在負債很少或沒有負債的情況下，就擁有良好的股本回報。
- 既有團隊願意留任，因為我們無法直接管理。
- 業務簡單，因為如果技術太多，我們就無法理解。

● 請報個價。我們不想在不知道價格的情況下討論交易，就算只是初步討論也是如此，因為這樣可能浪費我們或賣家的時間。

「我們不會惡意交易，並承諾完全保密，也會儘快回覆是否有興趣，通常不超過五分鐘。我們傾向採取現金交易，但若符合前述情況也會考慮發行股份。除非我們得到的內在商業價值，和我們給出的價值一樣多，否則我們不會發行股票。」[145]

1985 年，波克夏需要找到更大的公司來提高集團的利潤，因此巴菲特把 500 萬美元的下限提高到 1,000 萬美元。在接下來的幾十年裡，這個下限不斷提高。現在巴菲特說他要拿著大型獵槍去打獵，因為他需要購買數億甚至數十億美元的股票，才能為一家價值 5,000 億美元的公司帶來很大的改變。

鮑伯回覆了

因此，1986 年 1 月，波克夏·海瑟威的長期股東羅伯特·海德曼德曼（Robert Heldman）寫信給巴菲特，他是費區海默兄弟公司的董事長。他告訴巴菲特，說他家族的公司符合巴菲特的要求，以及他們希望保留 16% 的股份。我不確定巴菲特一開始是否相信這件事，因為羅伯特·海德曼告訴我們，他曾「多次寫信」給巴菲特說明他公司的優點，卻沒有

得到回應。巴菲特則表示他從來不知道這件事。

1986 年春天，他們在奧馬哈會面，海德曼於是有機會解釋自己的生意。自 1842 年以來，這家公司一直為公家單位和軍隊提供制服。受到內戰和兩次世界大戰的強力刺激，費區海默在 1980 年代已經成為美國海軍信賴的制服供應商，並向全國各地的警察部隊、消防部門、郵政和公共交通工作人員提供產品。它甚至專門為棒球裁判製作制服。

費區海默擁有由三十幾家店面組成的銷售網絡，並和數十家不同的獨立經銷商達成協議。商店街讓店家有機會和客戶面對面互動，不僅方便，也可以和客戶建立長期關係，這是競爭對手所欠缺的。

費區海默銷售的商品，只有不到一半是在它們的工廠製造，但這部分非常重要，因為這是重要的差異化：

● 首先，根據法律，軍服和郵政制服必須在美國製造。此外，有一些警察部門規定，只能買國內製造的產品。

● 其次，費區海默在製造上的專業知識，可以幫客戶找到客製化的解決方案。

● 第三，其 Flying Cross 品牌得到許多公家單位的認同和肯定，它的商標確保了該公司一貫的品質和服務。

● 第四，該公司是市場領導者，比競爭對手擁有更好的規模經濟和產品廣度。

任何想進入這個產業大展拳腳的人，都要花很多錢來建

立像費區海默的知名度，並獲得所需的營運效率。這些進入障礙顯示，費區海默的競爭優勢可以持續下去。

的確，有一些供應商的制服比較便宜，但很多人覺得那些產品看起來比較廉價，而且許多州、郡和武裝部隊，通常不會接受看起來二流且可能不耐用的東西。

優秀的經營團隊深得巴菲特的心

巴菲特和蒙格連費區海默在辛辛那提的辦公室和工廠都沒有參觀，就同意和海德曼以及他的團隊，在愛達荷州的一個很小的地方談判。那個地方連公路都沒有。雙方和他們的律師都必須搭飛機去博伊西（Boise），然後再搭另一架小很多的飛機，去斯內克河（Snake River）上的中米德福克（Middle Fork）。

這筆交易在 1986 年 6 月 3 日完成，只用了波克夏・海瑟威淨資產約 2%。波克夏是根據整個公司 5,500 萬美元的估值，買下約 84% 的份。這次收購和買下內布拉斯加家具商城的情況類似：

「……大多數股份由想把資金用在其他地方的人持有，喜歡經營公司的家庭成員，則希望續任公司的所有人和經理人。這些家族有好幾代人都在積極管理公司，盡其所能地營運公司。這些家族希望找到一個無論價格如何，都不會再把股份轉賣的買家，希望接手的買家會像過去一樣，持續在未來經營公司。費區海默和內布拉斯加家具商城都很適合我

們，我們也適合他們。」[146]

費區海默的主要經理人是鮑伯和他的兄弟喬治・海德曼（George Heldman），當時他們已經六十幾歲了。巴菲特說，「就我們的標準來看，他們都還很年輕」。只要經理人對巴菲特旗下的公司有動力和熱忱，他希望盡可能讓有能力、值得信賴的七十多歲人士來營運他的公司。而且，當時巴菲特已經五十六歲，蒙格也六十出頭了。海德曼家族下一代的三名成員蓋瑞（Gary）、羅傑（Roger）和弗雷德（Fred）都支持鮑伯和喬治，確保家族可以持續經營。

巴菲特唯一的抱怨，是該公司相對波克夏來說規模較小：「以收購標準來說，費區海默唯一的缺點是規模不夠大。我們希望下次收購的規模至少要比這次大幾倍，但其他地方保持一模一樣。」[147]

交易後發生什麼事？

巴菲特和蒙格堅信，公司應該待在自己的能力圈裡面，不應該為了擴張而銷售其他產品。他們也應該非常謹慎，不要嘗試投入寶貴的資金，企圖在其他地方複製成功經驗以吸引其客戶。

他們也喜歡簡單好懂且占據某個利基市場的業務，無論技術發生什麼變化或社會發生變化，這些業務也幾乎不會有變化。巴菲特在 1987 年《致股東信》中表達得很好：

「劇烈變化通常不會帶來特別好的績效，當然這一點有

違大部分投資人的想法。大家通常給擅長畫大餅的企業把最高的本益比，那些大餅會在劇烈變化時落空。美好的願景會讓投資人不顧現實經營的情況，一味幻想未來可能會獲利的美夢。對於這種愛做夢的投資人來說，任何路邊的野花，都比鄰家女孩更有吸引力，不管後者有多麼賢慧。」

然而，經驗告訴巴菲特，那些持續在做和五年、十年前幾乎一模一樣事情的公司，通常會帶來最好的回報。但管理階層不能以此自滿。公司總是有改善服務、產品線、製造技術等的空間，應該把握改善的機會。經常遇到大變化的公司，遇到策略錯誤的風險更高。

「此外，一家公司若處在不斷劇烈變化的經濟位置，將很難建立起堅固的商業特許經營權。而想要有高報酬，擁有這種專營權往往是關鍵所在。」

過了三十年後，制服的製造和銷售方式基本上都一樣。當然，布料和工廠的機器可能會改善，網路也影響了行銷和銷售方式，但業務的基本面大致上和過去差不多。

巴菲特以波克夏以外的證據來支持他的觀點。比起在快速變化的市場和技術遊走，不斷改善簡單易懂的業務，業績的表現通常比較好。他表示，《財星》雜誌曾經研究過一千家公司，從 1977 年到 1986 年這十年裡，只有二十五家公司的平均股東權益報酬率超過 20%，而且這些公司沒有任何一年的報酬率低於 15%。在那十年裡，其中的二十四家公司表現超過標普 500 指數。

這些公司有兩個地方相似。第一，以支付利息的能力來說，這些公司大部分使用的槓桿非常少。

巴菲特認為，真正優秀的企業通常不需要借貸。其次，除了一家高科技公司和其他幾家生產處方藥的公司之外，這些公司看起來都非常平凡。這些公司大部分仍在用和十年前差不多的方法，銷售著平凡無奇的產品或服務，只不過銷售量更多或售價更高而已，或兩者兼具。對巴菲特來說，這二十五家公司的記錄，證實了充分利用已經很強大的業務特許權，或專注於單一成功的業務領域，通常會帶來卓越的經濟效益。

「波克夏的經驗也很類似。我們經理人做的事都很普通，但他們做得非常好，因此帶來極好的結果。我們的經理人努力保護他們的特許經營權，並致力於成本控制，在現有優勢上尋找新的產品和市場。他們不會分心。他們在業務的細節上格外努力，這樣做非常有效。」[148]

他讚揚了海德曼家族三代人的專注，並不斷提高銷售量和利潤：

「制服的業務並沒有什麼神奇的地方，這家公司唯一的魔法在於海德曼。鮑伯、喬治、蓋瑞、羅傑和弗瑞德對業務了若指掌，而且他們也很喜歡經營這個業務。我們很幸運能和他們合作。」[149]

表 6.1　費區海默為波克夏帶來的投資回報

年份	波克夏占費區海默兄弟淨利的比例（扣除稅後和少數股東權益，單位：百萬美元）
1986（六個月）	3.8
1987	6.6
1988	7.7
1989	6.8
1990	6.6
1991	6.8
1992	7.3
1993	6.9
1994	7.1
1995	8.8
1996	9.3

資料來源：W. Buffett, letters to shareholders of BH（1986–1996）.

拿回波克夏的錢……以及更多

　　我們取得費區海默兄弟公司隸屬於波克夏的前十年半的收入數據，後來這家相對較小的公司，其表現被納入綜合類別。表 6.1 顯示，波克夏只花了七年，就賺到當時買下費區海默股份的全部資金。這些錢移交給波克夏，供巴菲特用來投資其他公司。

　　但值得注意的是，費區海默的獲利成長率比較低。但是，巴菲特和蒙格並以為意，因為他們知道真正重要的是資本運用報酬率，而不是銷售和利潤快速成長。巴菲特在

1989 年致股東信表示，費區海默的投資報酬率「仍然非常出色」。

資本支出和人事招募看起來受到嚴格控制，因此費區海默只會把錢投資在能夠得到良好回報的地方。例如在 1980 年代，該公司有一千多名員工，但到了 2010 年，員工數量已經不到六百人。巴菲特可以把這些錢用在更好的用途。

七聖徒──優秀業務的一課

1987 年，巴菲特將波克夏最大的七家非金融公司稱為「七聖徒」。它們是：

- 《水牛城新聞》
- 費區海默兄弟
- 科比
- 內布拉斯加家具商城
- 史考特費澤製造集團
- 時思糖果
- 《世界百科全書》

撇開波克夏的保險子公司，以及它在股市持有的股份不談，光是這七家子公司在扣除利息和稅前盈餘，就達到 1.8 億美元。但這還不是讓人最興奮的地方。最讓人驚訝的是，這七家公司只用了 1.75 億美元的股本，就創造出 1.8 億美元的盈餘。由於債務不多，因此要支付的利息總計只有 200 萬

美元，營業利益為 1.78 億美元。

從表 6.2 可知，如果把這些公司視為一家公司，那麼該公司 1987 年的稅後盈餘約為 1 億美元，股東權益報酬率為 57%。

為了說明這個數字有多驚人，巴菲特指出《財星》雜誌彙編了一千家公司的資料，裡面包含五百家最大的工業公司，以及五百最大的服務公司。他發現，在 1987 年之前的十年裡，只有六家公司的平均股本回報率能夠超過 30%，沒有人能達到 57%，最好的是 40.2%。

雖然我們可以合理地認為，在這段時間裡，七聖徒使用的資本規模，和 1987 年的 1.75 億美元的規模相差不遠，因為巴菲特通常堅持這些公司要把盈餘交給波克夏，以便讓他把資金分配到其他地方。但要記得另一件也很重要的事，那就是 1.75 億美元是資產負債表上的有形資產淨值，而不是波克夏收購這些公司所支付的金額。事實上，波克夏為所持股份支付了 2.22 億美元溢價。

但是，就像巴菲特說的，不應該以波克夏為這些公司支付的費用所帶來的回報，來判斷經理人的表現，而應該根據他們能夠動用的資產，即有形淨資產所獲得的回報來判斷他們的表現。他在 1987 年《致股東信》中說：「我們為一家公司支付的費用，不會影響其經理人使用的資本量。」巴菲特盛嘆七聖徒創造財富的能力。經營這些公司所需的資本非常少，因此它們可以一邊發展，另一邊將幾乎所有的收入

表6.2 七聖徒為波克夏帶來的報酬

年份	稅前盈餘 （百萬美元）	稅後盈餘 （百萬美元）	1987 年 1 月 股東權益報酬率
1987	180	100	57%
1988	191	117	67%
1989	195	119	68%
1990	203	123	70%
1991	191	117	67%
1992	218	133	76%
1993	224	136	78%
1994	240	148	85%

資料來源：W. Buffett, letters to shareholders of BH（1987–1994）.

註：此表中稅後盈餘部分已扣除稅項和少數股權，再加上 200 萬美元給費奇海默和內布拉斯加家具商城以取得少數股權；股東權益報酬率計算基準為 1987 年 1 月波克夏投資七聖徒共 1.75 億美元，所取得的報酬，並已扣除稅項和少數股權。

用在新的投資機會上。這種成功很大程度要歸功於他們「傑出的經理人」。布魯姆金家族、海德曼家族、查克‧哈金斯（Chuck Huggins）、史丹佛‧利普西和拉爾夫‧謝伊，都具備「非凡的才華、精力和性格，取得了非凡的財務業績。」

「當初這些明星經理人加入時，我們自然抱著極高的期待。事後證明，我們得到的結果遠高於預期，我們得到遠超過我們應得的傑出人才。當然，我們很樂意接受這種特殊禮遇。我們借用演員傑克‧班尼（Jack Benny）獲得最佳男主角時說的感言：『我不配得到這個獎項，但有關節炎的我，

也不應該得到關節炎。』」[150]

在談到對七聖徒的管理風格時，巴菲特說他和查理的主要工作是「鼓掌」。這種鼓掌不是不分青紅皂白盲目樂觀的鼓掌，而是觀察管理作為和業務績效數十年後，才給予的掌聲。他在 1987 年的《致股東信》中說：

「這些年來，我和查理看過太多表現平庸的公司，所以我們真的很懂得欣賞巨匠級的表現。看著我們旗下子公司在 1987 年的整體表現，我們只能報以熱烈的掌聲，而且是震耳欲聾的掌聲。」

我來舉個很有代表性的例子。在波克夏 1988 年的年度股東大會上，巴菲特開玩笑說，海德曼夫婦對公司業務的細節掌握得如此透徹，以至於當一名囚犯進入聖昆廷監獄（San Quentin）時，鮑伯和喬治可能知道他的襯衫尺寸。以整個美國來說，他們了解並理解他們的客戶，並且知道如何競爭。

換崗

只不過兩年後，六十九歲的喬治就決定退休。雖然巴菲特不希望他離開，但鮑伯、弗瑞德、蓋瑞和羅傑·海德曼持續經營公司讓他覺得安慰。巴菲特說，喬治為我們留下「許多管理人才。」[151] 但後來鮑伯生病了，不得不離開公司，所以巴菲特在很短的時間內，失去了兩位非常能幹的經理人。後來鮑伯的兒子接手了，但就像巴菲特的朋友和知己凱

洛・盧米思在《財星》雜誌裡所寫的，他「無法勝任所以被革職了。」[152] 在接下來的幾年裡，公司的執行長一直不固定。

1997 年，派崔克・伯恩（Patrick Byrne）被任命為費區海默的執行長。他是蓋可知名的執行長傑克・伯恩的兒子，因此當然有保險業的經驗，也有工具和模具領域的經驗。有人問過伯恩，為巴菲特工作是什麼感覺，他說：「就像喝消防水帶裡的水，永遠有喝不完的水……他對我人生最大的幫助是，我可以打電話給他，徵詢他不同的商業問題……物理學家理查德・費曼（Richard Feynman）幾年前去世時，有一位物理學家談到他時，說這個世界有兩種天才。一種是如果我們更聰明的話，我們就能變成那種天才。但還有一種天才，是無論我們多麼聰明，我們永遠也當不了的天才。這種不世的天才就在某個地方。那就是巴菲特。」[153]

但伯恩在 1999 年離職，去擔任一家小型線上公司的執行長。那家公司後來改名為 Overstock.com，他以 700 萬美元買下該公司 60% 的股份。這家以「清倉大拍賣」為訴求的零售商，現在的市值是 4.2 億美元，而伯恩仍然擔任執行長（譯註：Overstock 現已改名為 Bed Bath & Beyond）。

2000 年，巴菲特覺得有必要徵召他最信任的保險大將布萊德・金斯勒（Brad Kinstler），來接任費區海默兄弟執行長一職。金斯勒很快就把公司帶回正軌。布萊德一直在費區海默待到 2006 年。後來，他從查克・希金斯的手中，接

過時思糖果的領導權，至今仍在任上。他這樣評論巴菲特的作法：

「華倫著眼於長期前景。他沒有要求我們不管大環境的經濟狀況如何，都要持續達成營收和利潤成長的目標，讓我們可以把注意力轉移到長期……他知道路途有時候會崎嶇不平。問題出現時，他知道最好的策略是解決問題，然後繼續前進，但他希望問題能夠好好解決，而不是重複出現。波克夏賦予經理人自主權，讓我們有信心和熱情管理公司，就好像公司是我們自己的一樣。我們的經理當然有這種歸屬感。」[154]

鮑伯・吉托（Bob Getto）在 2007 年接任總裁兼執行長，在現年六十多歲的高級副總裁弗瑞德・海德曼大力協助下，公司業務依然強勁。

學習重點

1. **在商業裡,關鍵指標是資本回報,而不是銷售額和盈餘成長。** 投資人總是在找有成長性的公司,卻因此錯過一些價格划算的公司,這些公司的成長不應該超過它們目前的規模太多,甚至也許應該縮小。重要的是公司如何把賺來的錢投資在工廠、智慧財產權和行銷等方面。額外的資本報酬是多少?

2. **人才讓一切變得不同。** 費區海默兄弟的競爭優勢讓擁有良好回報,但關鍵因素還是優秀的管理人才。正如巴菲特在 1987 年致股東信中所說:「制服的業務並沒有什麼神奇的地方,這家公司唯一的魔法在於海德曼。鮑伯、喬治、蓋瑞、羅傑和弗瑞德對業務了若指掌,而且他們也很喜歡經營這個業務。我們很幸運能和他們合作。」談到七聖徒時,他在 1988 年的信中說:「在大多數情況下,這些事業體之所以有出色的績效,有一部分是因為卓越的業務特許經營權。但不管在什麼情況下,傑出的管理都是非常重要的因素。我和查理的貢獻是不干涉這些經理人。」

所羅門兄弟（Salomon Brothers）

投資概況	時間	1987 年：可轉換特別股 除了 1995 年贖回價值 1.4 億美元的特別股之外，其餘特別股仍持有到 1997 年
	買入價格	為特別股支付 7 億美元 為普通股支付 3.23 億
	股份數量	最高擁有所羅門兄弟 20% 表決權
	賣出價格	特別股和普通股以 18 億美元出售 加上價值 1.4 億的特別股贖回 加上超過 5.92 億美元的股息
	獲利	10.508 億美元

1987 年波克夏・海瑟威
股價：2,675～4,250 美元　市值：28.4 億美元
每股市值：2,477 美元

　　所羅門兄弟的案例很有趣，因為它可能是巴菲特職業生涯中最重大的挫敗。這樣說的意思不是指他沒有賺到錢，所以所謂的失敗不是指賺不賺錢，而是指他敗在他對公司文化的一貫分析。

　　巴菲特投資了他長期以來批評為揮霍無度的投資銀行，批評它們對社會毫無幫助，有時候還會棄誠信於不顧。他仰賴他對一個人的性格的評估，把波克夏四分之一的資產投入

所羅門。投資之前，這筆投資對波克夏股東來說看起來風險很低，而且可以提供穩定的收入流。如果投資銀行表現良好，股東就有可能分享獲利。

結果，他差點失去他投入的一切，面臨的風險也不只有金錢損失。巴菲特在 1980 年代聲名鵲起，但到了 1990 年代初，由於所羅門兄弟公司敗壞的行為，他只好挺身而出，四處想方設法拯救他曾用自己名字背書的公司。他讓自己走進和所羅門兄弟密切牽連的陷阱裡，卻發現公司內部道德敗壞。就算在最好的情況下，有一些華爾街交易員的行為也很有問題；但在最糟糕的情況裡，有些人的行為卻是完全違法。當公司高層綱紀廢弛、交易員貪贓枉法等情事被公開後，客戶擔心所羅門兄弟可能無法挺過醜聞風暴，所以乾脆紛紛避走，導致公司的業務不斷惡化。

巴菲特和蒙格的初衷，是只買一點所羅門兄弟的股票，這樣即使市場動盪，他們還是可以高枕無憂。但事實證明他們都嚴重失眠了，總是擔心第二天醒來什麼都不剩。

波克夏有大量現金，該放在哪裡？

1980 年代中期，波克夏的控股子公司和證券投資，為巴菲特和蒙格帶來數億美元可供投資的資金（見表 7.1）。

在這段時間，所有價值投資人都遇到一個問題：股市已經過熱了。道瓊指數在 1980 年代初期只有 800 點，五年內成長了兩倍多，並在 1987 年 8 月達到 2,709 點（見圖 7.1）。

表7.1 1980年中期波克夏公司的稅後淨利

項目（單位：百萬美元）	1985年	1986年	1987年
保險承保	-23.6	-29.9	-20.7
保險投資收入（股息和利息）	79.7	96.4	136.7
已實現證券利得	325.2	150.9	19.8
《水牛城新聞》	14.6	16.9	21.3
費區海默	-	3.8	6.6
科比	-	10.5	12.9
內布拉斯加家具商城	5.2	7.2	7.6
史考特費澤製造集團	0	13.4	17.6
時思糖果	14.6	15.2	17.4
魏斯可金融公司（除保險以外）	9.7	5.6	5.0
《世界百科全書》	-	11.7	15.1
其他	19.9	-4.9	4.3
舉債利息	-7.3	-12.2	-5.9
波克夏股東慈善捐款	-2.2	-2.2	-3.0
總盈餘	435.8	282.4	234.6

資料來源：W. Buffett, letters to shareholders of BH（1986-1987）.

　　投資人在1980年和1981年十分悲觀，市場對美國一般股票的定價，只有前一年盈餘的七到九倍。後來經濟衰退過去了，公司和股東的信心逐漸增強，價格除以盈餘——即本益比——上升到二位數（見圖7.2）。

　　但1986年狀況開始失控，隔年則更嚴重。到了1987年8月，美國股票的平均本益比超過二十倍，許多股市寵兒的

圖 7.1　道瓊工業平均指數（1980 年 1 月到 1987 年 8月）

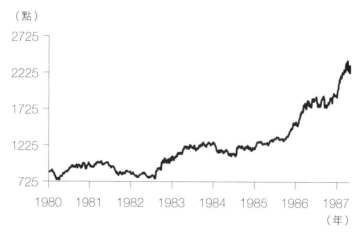

資料來源：www.advfn.com

圖 7.2　標普 500 的本益比（1980 年到 1990 年）

資料來源：www.macrotrends.netfl2577flsp-500-pe-ratio-price-to-earnings-chart

本益甚至遠高於此。

　　當市場先生開心到得意忘形時，巴菲特和蒙格卻很難以合理的價格投資股票。事實上，巴菲特甚至表示，他們在1986年時「對證券領域毫無新的想法。」[155] 他惆悵地懷念往昔時光，因為「我們可以輕鬆地用非常合理的價格，把大筆資金投資在優秀的企業上」。[156]

　　當時，他們主要的資金操作非常無聊又讓人沮喪：「償還債務和存錢。」[157] 1986年，保險公司買了7億美元的免稅債券，到期日為八到十二年。巴菲特悶悶不樂地說：「你可能會以為做這種投資表示我們對債券情有獨鍾，但可惜事實並非如此。債券充其量只是個平庸的投資工具，它只不過是我們在選擇投資標的當下，看起來沒那麼糟糕的替代品，到現在依舊如此。我突然發現我和演員梅・蕙絲（Mae West）的偏好完全不一樣。她曾說『我只愛兩種男人，本國人或是外國人』，但現在的我對股票和債券都沒興趣。」[158]

　　當他在1987年2月寫下這篇文章時，只要人們仍然普遍看好股市，他就覺得前景無法改善。他說：「以目前股市的狀況來說，我們實在很難幫我們的保險公司找到合適的投資標的。」[159]

　　表7.2顯示，巴菲特不願意在讓人躁動的牛市買股票，從表中可以看出他大額投入的股票，從1982年的十一支，下降到1987年的三支。他一直忙著把股票賣到剩下三個「永久」持有的公司——蓋可、首都城市媒體公司以及《華盛頓

表7.2 波克夏持有的有價股票淨值

項目／年份	1982	1983	1984	1985	1986	1987
獨立公司的數量	11	10	10	7	5	3
獨立識別公司的總市值（百萬美元）	912	1,288	1,232	1,170	1,838	2,115
普通股總市值，包括小額投資（百萬美元）	946	1,306	1,269	1,198	1,874	請見註釋*
明確辨認的公司						
聯合出版公司	✔	✔	✔	✔		
美國廣播公司（ABC）			✔	✔		
碧翠絲公司（Beatrice）				✔		
首都城市媒體公司					✔	✔
C&F 保險公司（Crum and Forster）	✔					
埃克森美孚（Exxon）			✔			
通用食品	✔	✔	✔			
蓋可	✔	✔	✔	✔	✔	✔
漢迪哈曼公司	✔	✔	✔	✔	✔	
埃培智集團公司	✔	✔	✔		✔	
利爾・西格勒公司（Lear-Siegler）						
通用媒體公司	✔	✔				
西北公司（Northwest Ind）			✔			
奧美廣告公司	✔	✔				
雷諾菸草公司	✔	✔				
《時代》雜誌	✔	✔	✔	✔		
《華盛頓郵報》	✔	✔	✔	✔	✔	✔

資料來源：W. Buffett, letters to shareholders of BH（1982–1987）.

* 巴菲特在 1987 年致股東信中寫道：「在 1987 年底，除了永久持股和短期套利之外，我們沒有增加任何大的股票投資組合，也就是 5,000 萬美元以上。」

郵報》，還有一些用來套利的小部位。

由於永久持有的三巨頭市值上升，讓外界以為巴菲特在1987年有買股票，但事實上除了首都城市的股份有些微增加之外，波克夏持有的股票數量維持不變。但是，波克夏持有這三巨頭股份的市值，從1986年12月的17.46億美元，躍升至1987年12月的21.15億美元。前一年的價值上升，主要是因為支付了5.175億美元持有首都城市的股份。

在別人恐懼時貪婪

巴菲特自從在十九歲成為葛拉漢（1950年至1951年）的學生以來，就知道有時候他必須接受在很長一段時間裡不應該買股票，也就是當市場先生太過亢奮和非理性的時候。正因為這個原因，他知道激情終究會過去，以合理價格購買股票的機會將再次出現。同時，投資人必須遵守鐵的紀律，不能因為衝動而非要做些什麼（do something）。

詹姆士・麥金塔爵士（Sir James Mackintosh）和溫斯頓・邱吉爾對此有一個術語叫做「極致不作為」（masterly inactivity），但不作為不表示什麼都不用做。蒙格建議投資人要採取四項行動：

1. 準備

2. 紀律

3. 耐心

4. 果決

果決這個要素，也就是實際購買或出售股份和公司的行為，占不到投資人所需能力的四分之一。至於準備，在買賣之前需要數週努力的準備。例如，每年都要研究一家家的公司，才有機會找到一到兩顆寶石。彼得‧林區（Peter Lynch）說這是在石頭下面找幼蟲：「如果你翻動十塊石頭，你可能會找到一隻幼蟲；如果你翻動二十塊石頭，你可能會發現兩隻。」[160]

　　1986 年到 1987 年間，巴菲特和蒙格翻了數百塊石頭，但沒有找到任何幼蟲。儘管如此，工作還是要繼續做下去。尋找投資標的本身就是很有價值的行為：一家好公司若在分析時定價過高，它就不是好投資。可以繼續注意該公司的發展，希望它的股價有一天會跌到合理的水準，讓內在價值高於市價，並且有一定的安全邊際。

　　投資人還要有紀律，要堅守健全的投資理念。當你周圍的人賺錢賺得很輕鬆時，要堅守紀律就更困難了，這時候愛聽小道消息的投機人，正在追趕最新的熱潮。於是你的態度開始動搖，心想你是否該加入他們，追隨當前的流行趨勢？

　　幾個月甚至幾年過去了，遵循明智的投資原則讓你的表現不佳，或者根本無法出手投資。在這些時刻裡，我們需要很大的耐心等待趨勢反轉。

　　蒙格還建議我們「多花時間學習和思考，而不是去交易」，以及「獲勝的唯一方法就是工作、工作、工作、工作，並期盼能產生一些洞見。」你現在看得出來，為什麼巴菲特

認為蒙格能夠幫他走一條筆直的窄路。

有了這些知識基礎，巴菲特在面對這種情況時，相信輪到他一展身手的日子一定會再來。然而，那年春天，巴菲特和蒙格在市場上沒看到太多有價值的東西。巴菲特告訴股東，他們不知道市場什麼時候會發生變化，但市場一定會變化。恐懼和貪婪這兩種疾病，永遠都會在投資圈肆虐。這些流行病發生的時間無從預測，它們造成市場脫序的程度也無法預測。因此，他們不會預測它們什麼時候發生。

「我們的目標比較溫和：我們只是努力在別人貪婪時恐懼，在別人恐懼時貪婪。」[161]

市場缺乏投資目標時，該把錢放在哪？

波克夏大部分的現金流都投資於長天期債券，雖然這些債券每年的利息常常超過 10%，卻令人擔憂，因為巴菲特擔心通貨膨脹可能會飆到兩位數，導致債券價格下跌。

他也有興趣買股票從事短期套利。套利通常發生在公司有大事發生的時候，例如收購／合併之後。「我們只把重點放在已經公開的大型交易，也不去賭最後可能會有什麼結果，因此我們潛在的利潤往往很小。但這樣也有好處，因為我們的失望也比較少。」[162] 從前面提到的表 7.2 可以看到對利爾・西格勒公司（Lear-Siegler）的投資，就是暫時持有股份的一個例子。

「除了政府公債以外，套利是停泊短期資金的替代作

法，但套利的風險和報酬都相對較高。到目前為止，這些套利投資的報酬確實比政府公債好很多。不過即使如此，只要一次慘痛的套利經驗，就會讓績效明顯變差。」[163]

可轉換特別股是一種投資工具，如果公司表現不如預期，它可以帶來類似債券的回報；但如果公司成功了，投資人也可以分一杯羹。當所羅門兄弟的投資機會出現時，由於其業務特性的關係，巴菲特堅持不買普通股，因為這樣做風險太大了，但他會買股息極高又固定的特別股。這筆交易開啟了特別股的投資模式。

1987 年的所羅門兄弟

所羅門（兄弟或公司）是現代華爾街的產物，並一同創造了現代的華爾街。事實上，所羅門兄弟是最典型的華爾街公司。1980 年代，它在市場上呼風喚雨。如果好萊塢想要一個強勢、如硬漢般的交易場合，還有一群囂張狂妄又咄咄逼人的交易員，那麼所羅門兄弟就是最適合的地方。

所羅門兄弟一直都在從事金融交易，但早年以穩定建立長期關係和誠信為主。第一次世界大戰前，它的業務規模不大，主要為華爾街證券經紀人安排貸款，並為金融機構從事債券交易。它的業務在戰爭期間出現重大突破，當時政府在出售大量債券，其中一部分債券委由所羅門兄弟出售。

所羅門兄弟為了確保客戶能夠收到承諾的現金，因此承擔了很大的風險，但公司也因此闖出名號，讓它在 1960 年

代的債券承銷業務迅速擴張。有一個風險極高的例子，是所羅門在 1976 年為一家小型保險公司，承銷了 7,600 萬美元的可轉換特別股。這家公司就是蓋可。當時有八家華爾街機構拒絕了蓋可，認為這筆承銷業務注定會徹底失敗。巴菲特很欣賞當時所羅門的二號人物約翰‧古弗蘭（John Gutfreund），雖然當時其實沒有其他銀行會參與蓋可的交易，但古弗蘭願意拿公司的名譽和金錢冒險，確保蓋可能夠拿到 7,600 萬美元。後來，波克夏表示願意收購蓋可的全部股份。其實波克夏沒有必要這樣做，因為有了巴菲特和所羅門兄弟的支持，其他投資人於是很放心，紛紛認購股份。波克夏最後只買到 25% 的蓋可股份。

所羅門兄弟對業務發展愈來愈有信心，因此在 1970 年代另闢併購部門，並在倫敦和香港開設辦事處。古弗蘭在 1978 年接任執行長時，所羅門兄弟已經是美國第二大承銷商和最大的私人經紀公司。它還朝著新方向發展，例如在 1980 年代槓桿收購的熱潮裡，所羅門兄弟以積極參與聞名。它也是銷售房貸抵押證券的先驅，也就是從儲蓄機構[164] 購買房屋抵押貸款，並把它重新包裝成可以在華爾街交易的債券。

到了 1987 年，所羅門兄弟提供了許多投資銀行的相關服務，從公司債的做市和外匯交易，到併購建議和股權融資。約翰‧古弗蘭站在這個巨人的頂端，《商業周刊》在封面說他已成為「華爾街之王」。[165]

這筆交易

巴菲特和古弗蘭一起處理蓋可的交易時成為朋友，在接下來的幾年裡，他們經常用電話和見面討論緊迫的問題。雖然古弗蘭是投資銀行的負責人，他也需要一個可以信任的人，能夠快速了解他的問題並一起討論想法。巴菲特發現，古弗蘭會建議客戶採取對客戶自己最有利的作法，而不是優先考慮如果所羅門採用其他作法，可能會賺多少錢。古弗蘭在華爾街可能以專橫強硬聞名，但巴菲特認為他身上有一定的誠實、活力和能力，而他喜歡這些特質。或許，要經營一家投資銀行並不容易，裡面到處都是強勢自負的人，業務觸角又延伸到各種業務，因此需要一位既懷柔又高壓的人來領導公司，才能維持公司秩序。

1987 年中，英美資源集團（Anglo American）和南非戴比爾斯集團（De Beers group）的海外投資部門美諾高（Minorco）向古弗蘭明確表示，他們希望賣掉它們價值 7 億美元的 14% 所羅門股份。

他們在華爾街兜售這些股份，強勢的企業禿鷹羅納德·佩雷爾曼（Ron Perelman）表示有興趣購買。佩雷爾曼表示，如果他買下這 14% 的股份，他要求要在所羅門兄弟的董事會得到兩個席位。古弗蘭和他的高階主管因此害怕起來，於是這位華爾街之王徵詢他的老朋友巴菲特，問他是否願意當他的白衣護衛，也就是對公司經理人友善的大股東。他們的計畫是巴菲特向所羅門兄弟注資，接著所羅門兄弟就

可以從美諾高那裡買回自己的股票，讓佩雷爾曼難以取得大量股份。

巴菲特認為，購買所羅門兄弟的普通股對波克夏來說風險太大，不過如果所羅門兄弟在未來幾年表現良好，他也希望至少可以從中得到一些好處。因此，他同意購買特別股，讓他可以在交易三年後，也就是 1990 年 10 月開始，把特別股轉換為相當於 12% 的普通股。在轉換之前，特別股的年殖利率高達 9%。因此，投入 7 億美元表示波克夏的年收入為 6,300 萬美元。

整體而言，他估計波克夏每年可以得到讓人滿意的 15% 回報，前提是所羅門兄弟的普通股，可以在幾年內從 30 美元的低點，漲到 50 到 60 美元。如果普通股的價格沒有漲到 38 美元以上，波克夏可以一直持有特別股並賺取股息。所羅門兄弟同意在 1995 年 10 月 31 日，到 2000 年 10 月 30 日的五年內，贖回價值 7 億美元的特別股（每年 1.4 億美元）。[166]

巴菲特在 1987 年《致股東信》中表示，他無法預測所羅門兄弟未來的利潤，這是他選擇可轉換特別股而不是普通股的原因：

「當然，我們對投資銀行的方向或未來獲利能力沒有特別的看法。就產業特性而言，投資銀行業比起我們投資的其它產業更難預測，這也是為什麼我們選擇以可轉換特別股的方式投資。」[167]

他堅定地堅持他幾個月前在《華盛頓郵報》文章表達的觀點[168]，認為華爾街是一個強調「快速致富」的地方，在那裡工作的聰明畢業生，會鼓勵客戶過度交易：

「華爾街的收入取決於改變藥物處方的頻率，而不是藥物的功效。但在賭場裡，荷官可以從每筆交易獲得一部分的利潤，這對客戶來說是毒藥。從投資人變成投機人，就像本來每年在肯塔基德比（Kentucky Derby）賭一次賽馬，現在變成天天都在賭賽馬，會讓自己的財務狀況遭受打擊。華爾街喜歡把瘋狂又氾濫的金融遊戲，描述成是一種精密、對社會有利的活動，有助於精密調節複雜的經濟……我一直有一個幻想，那就是假設有二十五個經紀人被困在一艘船上，他們無法獲救因此必須奮力游到一個島上。我想知道，當他們要發展出一個，能讓他們擁有最多消費和最大快樂的經濟環境時，他們會讓二十個人去生產食物、衣服、房子等，然後讓五個人無止盡地交易，那二十個人未來的生產力的選擇權嗎？」

古弗蘭極度懼怕華爾街的企業禿鷹，以至於他不只讓可轉換特別股擁有非常慷慨的殖利率，還允許轉換價格只比目前的普通股價格高出幾個百分點。此外，他還提供兩個董事會席位，巴菲特一席，蒙格一席。所羅門兄弟內部和股東有人抱怨巴菲特得到特殊禮遇，但古弗蘭堅信為了得到巴菲特的保護，這樣做很值得，可以讓公司免於受垃圾債券助長的企業禿鷹所侵害。

這筆交易是波克夏至今為止最大的投資。當巴菲特決定拿出波克夏四分之一的淨資產購買所羅門兄弟的特別股時，他非常仰賴自己對約翰·古弗蘭性格的評估：

「查理和我喜歡、欣賞並信任約翰。我們是在 1976 年認識他，當時他在協助蓋可免於破產命運上出了不少力，後來我們看到他好幾次引導客戶免於愚蠢的交易，但客戶顯然就是要一意孤行。他那樣做會讓所羅門兄弟損失許多顧問費的收入，這種以客戶服務至上的表現在華爾街並不多見。」[169]

經歷股市最大崩盤

1987 年 10 月，巴菲特在買進所羅門兄弟特別股一個月後，身歷其境地目睹股市崩盤。股市崩盤前，所羅門兄弟熱衷數學的人告訴他，他們已經搞清楚「投資的科學」。他們分析市場走勢，並擁有大量宏觀和公司股票的交易數據，所以知道該在哪裡下注。他們有會選股票的電腦程式。為了控制下檔風險，他們寫了程式碼，指示電腦在市場下跌超過設定的百分比時，就自動賣出股票和股票期貨合約。因此，他們認為自己不會受到任何跌勢的影響。

但是，巴菲特和蒙格以前就看過這種過度自信的問題。按照班傑明·葛拉漢的定義，這些人根本就不是在投資。所謂的投資是指：

（a）對公司有透徹的了解

圖 7.3　道瓊工業平均指數（1987 年 8 月到 1988 年 1 月）

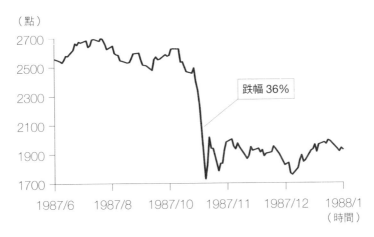

（b）有安全邊際

（c）只期待合理的回報

　　但現實恰好相反，人們在做讓人不寒而慄的活動：投機。我們可以在圖 7.3 看到投機的結果。短短幾天內，市場就從最高點下跌了 36%。

巴菲特怒斥股票代幣化現象

　　巴菲特將這次崩盤歸咎於所謂的「專業投資人」，也就是那些管理數十億美元資產的人。他譴責他們的短期主義。如今，許多知名基金經理人不再關心他們投資的企業的品質，而是把重心放在預期其他基金經理人，將在未來幾天做

些什麼。對他們來說，股票已經成為遊戲裡的代幣。

巴菲特反對投資組合保險（portfolio insurance），這是 1986 年到 1987 年市場喜歡的資金管理策略。根據這種方法，當投資組合的價格下跌時，需逐步擴大拋售組合的部位，類似小型投機人的停損策略。以這種策略來說，唯一的重要因素是價格的變化，當給定的部位下跌時，將觸發賣單。根據《布雷迪報告》（Brady Report），1987 年 10 月中旬，價值 600 億到 900 億美元的股票，處在這種一觸即發的狀態。

因此，一家公司的股票價格愈低，被出售的力道就愈大。巴菲特說，有一個邏輯上正確卻十分瘋狂的推論是，一旦股價大幅反彈，就應該回購這些股票。

當市場的表現很不穩定時，許多評論家的結論是小投資人成功的機會很渺茫。但巴菲特不這樣看，他說：

「這個結論完全錯誤。不管資金大小，這樣的市場肯定對任何投資人都有利，只要他能夠堅持自己的投資理念。事實上，手握重金的基金經理人造成的市場波動，反而能讓真正的投資人，更有機會去貫徹自己明智的投資行動。只要他在面臨股市波動時，不會因為財務或心理因素而被迫在不當的時機出脫手中持股，他就不容易受傷。」[170]

1929 年股市崩盤以及其他的崩盤，後來都發生嚴重的經濟事件。但 1987 年的暴跌卻很特別，甚至很奇怪，因為後來實體經濟照常運作。時思糖果依然大賣，科比吸塵器的

圖 7.4　1987 年波克夏的股價

（美元）

資料來源：www.finance.yah00.com

銷售量也沒有變化。這場崩盤似乎純粹是一場金融泡沫，就
像波克夏的股價走勢那樣。波克夏年初的股價略低於 3,000
美元，到了年底也差不多略高於這個水準。不過，這是股市
在經歷過猛烈上漲後的結果，股價曾一度上漲 40% 以上，
和整個市場的模式非常相似。

忽視巴菲特和蒙格

　　雖然華爾街在 1987 年的這場惡搞對實體經濟影響不大，
但華爾街確實因此產生了贏家和輸家。所羅門兄弟積極參與
許多高風險領域，因此受到的影響比大多數公司嚴重。該公
司 10 月的稅後盈餘虧損 7,500 萬美元。相較於 1985 年創下

5.57 億美元的高峰，那一年的利潤下降了約 80%。1988 年 1 月，古弗蘭宣布他不會領取 1987 年的獎金。不過他也不想一無所有，於是選擇拿三十萬股所羅門兄弟的選擇權，行使價格為當時的市價——每股 18.125 美元，比幾週前超過 30 美元的價格下跌不少。如果股價上漲到 38.125 美元，這些選擇權的內在價值將會上升到 600 萬美元。

雖然公司在他的領導下出現嚴重錯誤，但他仍然在 1988 年繼續掌舵。「古弗蘭是一個讓人印象深刻的人。他極度自信、聰明、很愛競爭，看到他讓人彷彿回到了華爾街時代。當時合夥人占主導地位，一個人的個性就可以主宰一家公司。『有很多人——我說的是資深人士，他們以約翰有沒有對他們微笑，來衡量自己那一天的價值』，一位高級主管說道。」[171]

古弗蘭決心挽救公司利潤，於是解雇了八百人，當時公司總共六千八百人。在這個過程中，他關閉了幫助州／市政府賣債券的部門，以及為企業安排商業票據短期借貸的銷售部門。

令巴菲特痛苦到主動求去

有一件事讓剛上任的董事巴菲特和蒙格覺得驚訝。在利潤和股價同時暴跌的那一年，所羅門兄弟高階管理團隊的處理方式，是降低員工認股權價格的門檻，讓認股權變得有價值。這種作法讓股東在蒙受巨大損失時，員工卻更容易得到

豐厚的獎金。巴菲特和蒙格當然反對這種做法，因為這在道德上是錯誤的。但華爾街文化對他們的抗議不以為意，這兩個圈外人被忽略了。

雖然巴菲特沒有具體說過細節，但他確實說過所羅門兄弟還有很多事情讓他煩惱。他說：「一件又一件瘋狂的事情出現，但他們不希望我說些什麼。」[172] 為此，巴菲特痛苦地辭去董事會職務，因為這件事可能對市場發出負面訊號，並可能壓低股價，進而為波克夏股東增加成本負擔。但即使如此，他還是欣賞並信任古弗蘭。

1980 年代末，古弗蘭雖然看似強大，但所羅門兄弟卻漸漸分裂成一個個領地，由專橫且往往如強盜般的人統治。古弗蘭逐漸控制不了這些一方之霸。他試圖裁撤表現不好的部門，但他這樣做時，他想留下的人才往往會投靠競爭對手。公司內部的軍閥派系會把離職當作要脅，要求從古弗蘭給他們的團隊更多獎金和自主權。漸漸地，古弗蘭於是開始睜一隻眼、閉一隻眼。

各個領主累積了大量不透明的衍生性商品交易。我們很難確定這些部位的實際價值，因為大多數的部位都不是在交易所交易，即場外交易，因此必須根據標的資產變動的標準差等變數。例如前兩年崩盤前的情境，來設計數學模型估計它們的價值。計算這些部位價值的人使用很有彈性的模型，他們正是一開始建立衍生品交易的人。如果模型顯示從一個時期到下一個時期的價值會成長，他們就會預期將得到一大

筆獎金。

蒙格是審計委員會的成員，他雖然為此提出抗議，但幾乎改變不了什麼。隨著獎金飆升，多年來所羅門兄弟普通股股價卻一直沒有上漲。公司裡一些資深經理人的年收入超過2,000萬美元，還有超過一百位交易員的年度獎金超過100萬美元。

總是需要信用

所羅門兄弟的資深員工都把心思都放在獎金上，所以一心一意想增加交易量，卻因此讓公司變得非常脆弱。愈來愈多人出售票據，以此為購買像是債券、股票、利率衍生性商品等金融資產融資。這些票據上寫著「自發行日起七日內，所羅門兄弟將支付10億美元贖回票據」。貸款人一開始給所羅門兄弟的金額，略低於10億美元，因此為商業票據的購買人提供了實質利率。這是個很聰明的作法，原因如下：

1. 如果涉及的金額相對於公司淨值來說很小。但是，所羅門兄弟的淨資產約為30億到40億美元，負債額卻超過1,000億美元。

2. 如果所羅門兄弟確實把籌到的資金，都用來購買流動性相對較低的資產，那麼商業票據市場的信心就可以維持，讓它能夠定期展期它的短期債務。但如果七天內，沒有人想要接手已借出10億美元的商業票據，所羅門兄弟可能會被迫出售長期資產以償還10億美元。若倉促行事，資產可能

會賣到很低的價格。

瀕死的所羅門兄弟

1991 年夏天，普通股的價格幾乎快到 38 美元的水準，此時把特別股轉換為普通股非常合理。巴菲特似乎終於要拿到比 9% 高的報酬率了，他很享受股票轉換帶來的價值上升。

但接下來，災難來了！8 月 8 日星期四，巴菲特在內華達州太浩湖畔收到古弗蘭急著和他通話的消息。他們打算當天晚上通話，當時古弗蘭正從倫敦飛到美國，他人會出現在所羅門兄弟的律師事務所。巴菲特心想，也許這是個好消息，也許所羅門兄弟要賣掉了，波克夏就可以帶著豐厚的利潤出場？

但真正的消息卻讓人震驚，原來是所羅門兄弟公司負責政府公債投標事務的常務董事保羅·莫澤爾（Paul Mozer），多次違反政府規定。成為政府票據／債券的一級交易商是一種莫大的榮幸，這表示所羅門兄弟是少數能為自己和其他投資人，大量購買證券的公司之一。所羅門兄弟抽取佣金後，這些證券可以出售給終端投資人。這是一個受人信賴的地位。

由於一級交易商的數目很少，因此一個或一些交易商，有可能透過購買全部或大部分發行的債券來壟斷市場。它們可以把持公開市場的供給量，藉此推高二級市場的價格。為

了避免這種情況，美國財政部推出一項規定，不允許一級交易商在債券拍賣中，購買超過 35% 的債券，這樣市場上就會有許多的買家和健康的售後市場。

但是，莫澤繞過這項規定，在公開拍賣時代表所羅門兄弟買了到達上限的 35% 債券，然後在沒有徵詢客戶同意下，利用一些客戶的名義買了更多債券。接著，他將這些債券迅速從客戶的帳戶轉移到所羅門兄弟的帳戶，而且客戶並不知道他們的帳戶被用來買債券。結果，莫澤爾因此握擁有很大比例的債券，於是能夠操縱市場。想買債券的買家，由於無法從其他經銷商買到債券，所以要付更高的價格給所羅門兄弟才能買得到。

太晚才被發現的壞消息

站在內華達州公用電話講話的巴菲特，得知莫澤已經被停職，相關新聞稿很快就會發佈。就像在許多背信與醜聞的一樣，殺傷力最大的其實都不是一開始的惡行。所羅門可以把不法行為的責任推給一個惡劣的交易員，然後支付罰款，再丟掉一些生意，但也許還是可以活下來。真正讓這些惡行雪上加霜的，是知情的老闆沒有讓政府和監管機構知道他們知道了什麼，以及是什麼時候知道。

早在 8 月通話前的四個月，莫澤收到財政部寄來一封措辭強硬的信件之後，就告訴他的頂頭上司他在做的事情。他的上司向上級匯報，告訴古弗蘭和其他高階主管這件事。

他們的結論是，為了維持和財政部與金融監管機構的信任關係，他們必須把事情告訴紐約聯邦準備銀行。但開完會後，這件事就沒有下文了。他們拖了四個月。當然，他們否認所羅門董事會的大多數董事，知道這件違規情事。到了五月，莫澤重施故技，買下債券拍賣會上絕大多數的債券。

在 8 月 9 日的新聞稿中，古弗蘭和他的執行團隊，沒有承認他們隱瞞真相長達四個月，而是選擇忽略這一點不提。律師出身的蒙格為此勃然大怒。有人告訴他，如果他們膽敢公開所羅門兄弟之前的糊塗作為，政府當局可能會對公司失去信心，貸款人也會對公司失去信心，尤其是那些短期商業票據的買家。這樣一來，所羅門兄弟可能會在幾天內淨流出數十億美元，因為貸款人擔心監管機構將對所羅門兄弟祭出嚴厲制裁，包括剝奪可以為所羅門兄弟帶來體面形象和利潤的重要權利——國債拍賣競標權。所羅門以為這些事情私底下告訴政府就可以了，告訴政府自己沒有早一點坦白，把事情搞砸了。他們在新聞稿裡略過這件事不提，以免驚動緊張的貸款人和衍生性商品的交易對手。

8 月 14 日，所羅門兄弟董事會召開電話會議，堅持要公司公開承認他們掩蓋的事實。這件事還在進行時，古弗蘭又犯了一個錯。會議前一天，他收到紐約聯邦準備銀行的來信，信中說所羅門兄弟「與聯準會的業務關係現在飽受質疑，因為公司今年稍早未能公開莫澤的行為，以及執行董事對此事的了解狀況」。紐約聯邦準備銀行給所羅門兄弟十天

的時間，要它們寫一份綜合報告，列出它們所知的一切。監管機構合理地認為，古弗蘭會把這封信將轉交給所有董事，以便他們採取行動。其中一個可能的行動，是解雇高階主管。但是，古弗蘭竟然沒有告訴其他董事會成員紐約聯邦準備銀行來信的事。

被蒙在鼓裡的董事，因此沒有按照時任紐約聯邦準備銀行總裁傑拉德・科里恩（Gerald Corrigan）的預期行事，科里恩因此以為所羅門董事會十分傲慢，竟敢蔑視監管機構。巴菲特後來說，「可以理解為什麼紐約聯邦準備銀行會覺得，所羅門的董事和管理高層不把它們放在眼裡。」[173] 現在，憤怒的政府官員就好比數噸磚頭一樣，準備砸向所羅門兄弟。

8 月 14 日所羅門發佈更詳細的新聞稿後，該公司的股價跌到 27 美元以下。但這只是開始。正式公告和謠言嚴重打擊債權人的信心。到了那年夏天，所羅門兄弟的負債約為 1,500 億美元，其中大部分是商業票據和中期票據的短期借款。只要出現一點點問題，這些貸款人就不會理你，改把錢放在其他地方。他們開始擠兌銀行。

許多公司發行的債券也由所羅門兄弟擔任做市商，包括所羅門兄弟自己的債券也是。在一般情況下，人們很少交易所羅門兄弟的票據，但 8 月 15 日那天賣單大量湧現。起初，做市商以降低收購價來因應龐大賣壓，但最後不得不採取讓人非常擔心的手段：拒絕交易。現在，所羅門兄弟債務人都

非常緊張，因為沒有人願意購買他們所謂「可交易」的資產，而且其他做市商也都已經停止交易。

巴菲特和蒙格來相助

　　隔天早上 6 點 45 分，古弗蘭打電話給人在奧馬哈家中的巴菲特，告訴他自己要辭職。大概一個小時後，巴菲特抵達他在基威特廣場（Kiewit Plaza）的辦公室，他們又通話一次，雙方同意由巴菲特出手解決問題。

　　巴菲特的密友凱洛・盧米思（Carol J. Loomis）是《財星》雜誌的作家，也是巴菲特《致股東信》的無償編輯，為巴菲特撰寫了四十年的信件。據她表示，巴菲特接受拯救所羅門兄弟這項艱鉅的任務，是因為以下的原因：第一，他想要挽救波克夏投資的 7 億美元，但同時也認為，身為所羅門兄弟董事會的成員，公司蒙難讓他有責任盡可能幫助公司的股東。他環顧四周想找其他人選，但很明顯他才是最合適的人選。巴菲特當年在信中半開玩笑地告訴波克夏股東說，他在波克夏的工作不那麼繁重，所以他可以溜到紐約工作。他說：

　　「波克夏旗下事業的經理人如此優秀，所以我知道我可以大幅減少在公司的工作時間，同時相信公司的經濟發展不會停滯不前……我的工作只是要思考如何更公平合理地對待經理人，同時有效運用他們賺來的資金，而這兩方面都不會因為我去所羅門兄弟工作而受到影響。不過，大家必須知

道，我在所羅門兄弟的頭銜『臨時』主席，波克夏才是我的最愛，而且是至死不渝的愛。去年我在哈佛商學院，有學生問我何時退休，我的回答是：『人概要等到我去世後的五到十年吧。』」[174]

如何選擇經理人

在 8 月那個決定命運的星期五，巴菲特的關鍵任務是重新挽回監管機構的信任。首先，這表示他應該在奧馬哈等著和紐約聯邦準備銀行總裁傑拉德・科里恩的電話。當電話撥通後，科里恩仍然以為巴菲特和其他董事，都知道紐約聯邦準備銀行寫信給所羅門兄弟的事，所以他要求巴菲特誠實說明到底發生什麼事。巴菲特聽了一臉茫然，不知道紐約聯邦準備銀行提出過什麼要求。當晚他們在紐約會面時，科里恩表現得有些冷淡，並警告巴菲特要為「可能發生的所有情況」做好準備。以監管機構來說，話說到這個份上表示事態嚴重，因為它們可能撤銷公司的業務許可。

到了星期六，巴菲特的任務是尋找新的執行長。為此，他制定了一個簡單但聰明的計畫。巴菲特邀請公司十二名高階主管和他單獨談話，每人談十到十五分鐘。巴菲特問的重要問題是，他們認為誰應該當他們的老闆。他們以壓倒性多數選擇英國籍的德瑞克・莫漢（Deryck Maughan），他曾擔任所羅門兄弟東京辦事處的負責人，遠離了華爾街的這混亂。大家認為他是一個正直能幹的人。他的優勢在於他並非

來自所羅門骯髒的交易部門，而是一位向來以誠信發展長期業務關係的企業金融家。

巴菲特後來和哥倫比亞大學商學院學生演講時，說明他的想法：「和我一起進戰場的人，都可以拿槍指著我的頭。他們可以和我說，高盛或其他公司請他們去上班，薪水是這裡的兩倍，或者他因為公司有訴訟而想要得到特殊的個人賠償。有些人就是可以生出很多事端。」[175]

他問在場學生一個問題：假設他們中了一張彩券，獎品是他們要選一位同學，那位同學一生中 10% 的收入都會交給他們，那麼他們會選誰？他大膽地說，他們最後會選可以信賴的人。這個人的自我不會大到妨礙自己的職涯前景，而且樂意把好點子歸功於別人。此外，這個人的表現始終良好，而不是起伏不定的聰明才智。接著他說，在場每個學生都可以選擇性格，其中最重要的是習慣。他繼續說：

「德瑞克・莫漢的表現就是好……他沒有放棄他自主或獨立思考能力的特質……德瑞克在接受這份工作兩、三個月後，從來沒有問過我他的薪水是多少，更不用說還有律師在旁邊幫他談判……他腦袋裡只有一個想法，就是讓這家公司先穩定下來，然後建立起一家符合他理想形象的企業……他每天工作十八個小時，本來可以在其他地方賺到更多錢……你要選擇和你願意把兒女託付終生的人一起工作，這樣做就不會出錯了。」[176]

到了週六，《紐約時報》報導巴菲特被任命為所羅門兄

弟董事長的新聞，稱巴菲特以「卓越的投資和嚴厲對付華爾街弊病」而聞名……所羅門兄弟把希望寄託在巴菲特身上，他擁有多年的投資經驗，在華爾街贏得『清廉先生』的美名，此舉顯示該公司的醜聞非常嚴重，並和對聲譽產生威脅。」

巴菲特告訴董事，他會保持非常開放的態度，因為他正在努力整頓公司的地位，以及保護公司合規營運的名聲。如果大眾認為市場上的巨頭公司不誠實，可能會損害美國市場在全球的信譽。「『我們的業務之所以能夠運作，是因為每個人都很誠實』，一位有國債市場背景的華爾街高階主管如此表示。『就憑你我的一句話，你打一通電話就可以轉帳數十億美元，但這些人卻撒謊。』」[177]

週日也不能休息

週日上午十點，財政部打電話給所羅門兄弟說，幾分鐘後將宣布無論所羅門兄弟為自己的帳戶競標或為客戶競標，該公司都不可以再參與國債拍賣的競標。果真如此，所羅門兄弟就完蛋了。其實，此舉對所羅門兄弟的直接影響很小，因為除了政府債券交易以外，當時公司在其他許多金融領域還在賺錢。但真正重要的是金融界人士的看法，他們會認為現在財政部把所羅門兄弟看成不受歡迎的對象。如果財政部不和所羅門兄弟打交道，其他人為什麼要和所羅門兄弟來往？如此一來，週一紐約傍晚當日本股市開盤時，所羅門兄

弟的證券會因為貸款人／投資者紛紛撤離而慘遭血洗。

現在是週日早上，時間不多了。董事會必須決定是否要清算資產，接著宣布破產，好讓在普通股和特別股股東失去一切後，把破產的衝擊分散到所有債權人身上。

但在徹底放棄並走向清算之前，還有一線生機存在，那就是試圖說服財政部，遊說它們取消或修改禁止所羅門兄弟從事公債業務的決定。當公司在籌備破產計畫時，巴菲特打電話給財政部和聯準會主席艾倫・葛林斯潘（Alan Greenspan）。最後，財政部長在賽馬時打電話回覆巴菲特。巴菲特很幸運，他和財政部長彼此認識。時任財政部長的尼可拉斯・布雷迪（Nicholas Brady）是麥爾坎・蔡斯（Malcolm Chace）的姪子，蔡斯是把波克夏精密紡紗公司（Berkshire Fine Spinning）賣給海瑟威製造公司（Hathaway Manufacturing）的家族成員。布雷迪在 1954 年在哈佛商學院寫論文時，得到一個負面結論，因此決定把自己的股份賣掉。巴菲特和布雷迪相識多年，並建立起友誼。

這時，巴菲特開始緊張起來，聲音沙啞地拜託布雷迪撤銷禁令。他補充說，所羅門兄弟已經在為破產做準備。由於所羅門兄弟的規模龐大，而且和華爾街金融擔保關係交織，所羅門兄弟一旦失敗，將拖垮許多其他金融機構。這不僅會對華爾街造成巨大損害，也會對整個金融界帶來禍害，因為所羅門兄弟在所有主要金融中心都有擔保。

布雷迪於是奔走遊說，和巴菲特多次通話，並和其他政

府與監管機構官員往返磋商。最後在下午 2 點 30 分，財政部助理部長傑羅姆‧鮑爾（Jerome Powell）——他也是現任聯準會主席——打電話給巴菲特，說他們將發表一份聲明，允許所羅門兄弟以自己的名義參加公債拍賣，但不能以客戶的名義參加拍賣。這個決定向市場傳達一個訊息：財政部認為所羅門兄弟雖然有些地方表現不佳，但公司本身是健全的。監管機構非常重視巴菲特的性格，以及他致力於撥亂反正的態度。

董事會很快就投票，正式任命巴菲特為董事長，並任命莫漢為董事兼營運主管。幾分鐘後，兩人參加一場人山人海的新聞發表會，並在兩個多小時裡回答大家的問題。「你要怎麼處理在這裡和在奧馬哈的工作？」一位記者這樣問。他回：「我媽媽已經把我的名字縫在內褲裡，所以不成問題的。」當被問到所羅門兄弟的文化時，他說有些人可能認為，投資銀行的文化充滿了男子氣概或騎士精神，「但我認為修道院裡不會發生這樣的事。」

緊急處理奏效了。週一開盤後，所羅門證券的交易井然有序。接下來幾個月日子很難過，但在莫漢的領導下，所羅門金融工具的曝險數量大幅減少，因此需要藉貸的金額也大幅減少。

緩慢的重建

最後，監管機構對所羅門祭出相對較輕的罰款 1.9 億美

元，外加 1 億美元的賠償基金。重要的是，沒有任何刑事指控。由於巴菲特高度配合，以及他保證未來所羅門兄弟將行事檢點，因此罰款降低了。

巴菲特每年支薪 1 美元，每週待在紐約工作幾天。起初，他擔心接下來又會突然出什麼事，威脅到銀行的生存，例如記者發現更多的不法行為，政府又來調查，客戶又流失了，或者媒體又在攻擊所羅門？他在這段期間犧牲了大量睡眠，普通股跌也跌到 20 美元出頭。他必須改變員工對股東獲利分配的態度。在股東權益報酬率不佳的時候，銀行人士仍然認為他們可以拿走四分之三的獎金利潤，剩下的錢才留給股東。

除了每天嘗試重建公司文化之外，他還在《金融時報》、《紐約時報》、《華爾街日報》和《華盛頓郵報》刊登兩頁廣告，向大眾示警，闡述良好的薪資機制應該如何運作，並附上所羅門兄弟第三季的財報。這裡的關鍵是他的信。請注意，他願意失去不認同他價值觀的員工，後來他確實失去了幾十個銀行家，因為他們的獎金被刪減數十萬美元，競爭對手也打電話挖角他們。他說，「你們大多數人都看過文章報導，說所羅門兄弟的薪資很高，也有一些人也讀過我在波克夏·海瑟威年度報告討論的薪資獎勵。我在這些文章說過，我相信合理的薪資獎勵計畫是獎勵管理者的好方法，我也支持應該讓出色的管理績效得到極高的薪資。我依然贊成這些觀點。

但所羅門兄弟的問題在於，它的薪資計畫在某些重要的地方並不合理。有一個不合理的地方是，相對於績效而言，它的薪資往往太高。去年，證券部門的股東權益報酬率約為10%，但該部門有一百零六名員工的收入達到或超過100萬美元。其中有許多人表現非常出色，顯然值得拿到那些薪水，但整體薪資卻完全不合理。雖然1990年不計薪資的營業利潤和1989年持平，但薪資卻增加了1.2億多美元。當然，這表示股東的盈餘也下降了一樣的金額。實際上，有些表現出色的人，幫其他人賺到了豐厚的回報……所羅門是一家上市公司，我們仰賴股東的大量資本。在這樣的運作之下，表現傑出的人得到合理的待遇後，剩下的超額收入應該歸股東所有……至於為股東帶來平庸回報的員工，他們拿到的薪資要能反映他們較差的業績。過去，所羅門兄弟既沒有這樣想，也沒有這樣做。所羅門兄弟的董事決定，所羅門兄弟1991年的總薪資將略低於1990年的水準。然而，到了1991年6月30日為止，應計薪資成長速度大大超過1990年。因此，第三季的應計薪資下調了1.1億美元。

　　在1991年和未來，所羅門兄弟的高薪人員，將以股票的形式獲得大部分報酬……這樣做可以鼓勵管理者像業主一樣思考，因為他們必須持有他們買的股票至少五年，可以讓他們一起面對業務的風險和機會。

　　我們把這種安排和股票選擇權計畫拿來比較一下。在股票選擇權計畫裡，只有當遊戲已經贏了，經理人才會投入自

己的錢，然後他們通常會迅速賣出手中的持股。

我們希望看到各部門的管理人是靠所有權致富，而不是單純搭別人的便車，靠別人的所有權來賺錢。事實上我認為，所有權能及時為我們最好的管理人帶來可觀的財富，甚至可能遠遠超過他們現在認為可能拿到的金額……在相對較短的幾年內，所羅門兄弟的主要員工可以擁有公司 25% 或更多的股份，這些股份是他們用自己的薪水買的。

每個員工為公司做得愈好，他們擁有的股票就愈多。我們按績效支薪的理念，肯定會讓一些管理者離開。

但很重要的是，這個理念可能會讓表現最好的人留下來，因為這些人認為自己是打擊率 0.350% 的高手，他們會得到合理的報酬，而不是看到本該屬於他們獎勵，卻分給表現較差的人。

如果離開公司的人非常多，也不一定是壞事。其他和我們有共同想法和價值觀的人，將被賦予更多責任和機會。人們最後必須符合我們的原則，而不是我們符合他們的作法。」

幾週後，他的主要管理人各就其職，其中最有名的是由查理·蒙格律師事務所的羅伯特·丹漢（Robert Denham）擔任董事長。當所羅門兄弟逐漸穩定下來，市場的信心也逐漸恢復時，巴菲特在紐約的時間就減少了，他一週只有一到兩天不在他心愛的奧馬哈。

1992 年春天，所羅門兄弟獲准可以重新在公債拍賣

裡，為客戶購買票據和債券。不久後，巴菲特回到家鄉奧馬哈。幾年後，他挖苦道：「莫澤付了 3 萬美元，並被判處四個月監禁。所羅門兄弟的股東包括我在內，付了 2.9 億美元，我則被判處擔任執行長十個月。」[178]

華倫・巴菲特最棒的演講

1991 年 9 月 4 日，巴菲特在調查所羅門兄弟違規行為的國會小組委員會發表開場談話，他直言不諱地談到所羅門兄弟裡的一團混亂。更重要的是，他談到他重視的商業精神，那是他試圖向銀行灌輸的理念。每年 5 月，波克夏都會在年度股東大會上，播放這段兩分鐘演講的影片剪輯，提醒波克夏的經理人和股東們，公司、子公司和關係企業的每一位員工，都應具備正直和基本禮儀。如果所有公司裡懷抱雄心壯志的高階主管都遵守這些規定，世界會變得更美好。

「首先，我想為我們今天之所以聚在這裡的原因道歉。國家理當要求大家遵守法規，但所羅門兄弟卻違反了一些法規。

幾乎所羅門兄弟上下共八千名員工都和我一樣，對此深感遺憾，我代表他們和我自己道歉。

我的工作是面對過去和未來。所羅門兄弟過去的所作所為，讓我們八千名員工以及他們的家人蒙羞。事實上，這些員工全都是勤奮、能幹、誠實的人。

我想查清楚過去到底發生什麼事，讓少數有罪的人承擔

這個污點，為無辜的人抹除這個污名。

為了做到這一點，主席先生，我向你和美國人民保證，所羅門兄弟將全心全意地和所有政府當局合作。當局有權發出傳票的，有權豁免證人，也有權起訴做偽證的人。

我們公司內部的調查沒有這些手段可以用，我們歡迎當局動用權力來查。

至於未來，我們交給本小組委員會的報告，會詳細說明我認為哪些作法可以讓所羅門兄弟在控制和合規程序上，成為金融服務業的領導者。

但是到頭來，合規的精神和合規的言辭一樣重要，甚至更重要。我想要正確的用辭，也想要全面內控。

但我還要求每一位所羅門兄弟員工，都要要求自己合規。當他們遵守所有規定後，我希望所有員工都問問自己，他們是否願意讓他們打算要做的事，出現在第二天當地報紙的頭版頭條，讓他們的配偶、孩子和朋友看到，並讓一位消息靈通又擅長評論的記者大肆報導。

如果他們能夠通過這個心理實驗，就不用擔心我要傳達給他們的另一個訊息：為公司賠錢我可以諒解，但如果讓公司名譽受損，我會毫不留情。」

每年在奧馬哈，當這個演講的影片結束時，四萬名波克夏股東都會報以熱烈的掌聲，熱烈表達他們對於公司經營的共識。

昔日燙手山芋帶來的巨大報酬

　　隨著所羅門兄弟在 1990 年代中期實力不斷增強，波克夏又花了 3.24 億美元購買其普通股。這 660 萬股的股份，加上特別股附帶的權利，讓巴菲特有效控制 20% 的表決權。1995 年，所羅門兄弟贖回五分之一的特別股，波克夏因此收到一張 1.4 億美元的支票，巴菲特的持股也減少到 18%。1996 年 10 月，又有五分之一的特別股轉換為 370 萬股普通股。

　　旅行家集團（Travelers Group）是一家保險和經紀公司，想透過收購來成長，並在 1997 年提議收購所羅門兄弟，以此建立起在美國、歐洲和日本少數的大型金融公司。波克夏獲得旅行家集團的普通股和特別股，價值約 18 億美元。

　　因此，在十年期間，波克夏投入了 7 億美元到所羅門兄弟的特別股，又投入 3.24 億美元到普通股，並收到 5.92 億美元的特別股股息、1.4 億美元的贖回款、18 億美元的旅行家股票，以及數百萬美元的普通股股息。

　　波克夏總共投入 10.24 億美元，拿回略多於 25.32 億美元，年報酬率是 14.5%（考慮到現金進出的時機），和巴菲特最初的目標相差不遠。

　　「回顧過去，我覺得投資所羅門兄弟的經驗刺激有趣，同時又有教育意義。我在 1991 到 1992 年間的感覺，就好像一個影評人曾說：『要不是我坐在一個不好的位子，也許我就能好好地欣賞表演，因為那個位子正對著舞台。』」[179]

我將用巴菲特要求所有經理人應有的態度，來結束這一章的內容。這是他在 2010 年 7 月 26 日，寫給他出色的經理人團隊的信，他希望他們採取以下的態度：

　　「這是我兩年一次寫的信，目的是再次強調波克夏的首要任務，並請你讓你的繼任計畫更加順利。我們的優先事項是，所有人都要繼續積極維護波克夏的名聲。我們不可能臻至完美，但我們可以努力做到完美。就像我在這些備忘錄裡說了二十五年以上的話：我們可以承受損失，甚至是很多錢的損失，但我們不能失去名聲，哪怕只是一點點名聲。」

　　他要求管理人不僅要思考每個行為是否合法，還要思考是否合乎道德。如果他們看到波克夏出現在全國性報紙的頭版，他們會覺得舒服嗎？不可以用「別人都這樣做」來當理由，而且對法官或記者來說這種態度也站不住腳。

　　巴菲特告訴他們，如果有什麼事情讓他們猶豫不決，他們應該和他討論。不過，猶豫不決本身，可能足以顯示應該放棄那件事。

　　「因此，如果有任何重大的壞消息，請馬上告訴我。我可以處理壞消息，但我不喜歡在它爛了一段時間後才處理。所羅門就是因為不願意馬上處理壞消息，才讓一個本來可以輕易解決的問題，差點變成讓擁有八千名員工的公司破產的問題。」

　　他繼續說道，在一家有超過二十五萬名員工的企業裡，有人可能會做一些他和其他人都不滿意的事，這是不可避免

的。但是，如果迅速果斷地採取行動，他們可以盡可能地減少這種事情。

「你透過行為和言語，把你對這些事情的態度表達出來，這是影響公司文化發展的最重要因素。文化比規則手冊更能決定一個組織的行為。」[180]

學習重點

1. **投資公司的普通股、特別股或債券，並不能保證你會賺錢。要讓你持有的資產多元化。**

2. **管理人必備的三種特質：正直、聰明和活力。**「如果少了第一個，另外兩個就會毀掉你。」

3. **要有合理的薪資系統，讓高階主管的利益和股東利益保持一致。**

4. **名聲可以拯救公司。**所羅門之所以能夠獲救，多虧了因為華倫‧巴菲特在正直和商業能力上的名聲，因為監管機構和市場都願意相信他。查理‧蒙格曾說：「名聲和誠信是你最寶貴的資產，但你可能在一瞬間失去它們。」

可口可樂（Coca-Cola）

投資概況	時間	1988 年至今
	買入價格	12.99 億美元（1988 年到 1994 年）
	股份數量	7.8% 股本（後來由於股份回購，增加到 9.4%）
	賣出價格	仍然是波克夏‧海瑟威的一部分
	獲利	至今二十倍

1988 年波克夏‧海瑟威
股價：3,025 ～ 4,900 美元　市值：34.12 億美元
每股市值：2,975 美元

　　華倫‧巴菲特從六歲開始就很喜歡可口可樂公司，他曾經用 5 美分買了六瓶可口可樂，然後以一瓶 5 美分的價格，再把可樂轉賣給奧馬哈周圍的鄰居，以及他在愛荷華州奧科博吉湖畔度假時的旁人。他說：「我充分觀察到這個產品，對消費者有很大的吸引力，也有很大的商業潛力。」[182]

　　但在接下來的五十二年裡，雖然他完全知道這家公司幾十年來的品牌力和銷售量不斷成長，但仍選擇不買進任何股份。優秀的經濟特徵和業主盈餘成長的潛力，都是我們之所以關注一家公司的重要理由，但這些理由不足以讓你決定購買它的股票。你要永遠記住，你還要問價格是多少。如果價

格沒有很大的安全邊際，那麼紀律嚴明的價值投資人，根據紀律就不應購買那檔股票。只要遠遠地欣賞，繼續靜觀其變就好。如果價格持續上漲遠離安全水平，請選擇按兵不動。

1980 年代出現一些變化，讓巴菲特和蒙格認為公司的內在價值總算在突飛猛進，但股價的反應速度卻非常慢，慢到足以讓安全邊際增加。

最大的變化是可口可樂的兩位關鍵人物，唐納德・基奧（Don Keough）和羅伯特・古茲維塔（Roberto Goizueta）。他們在報告的數據和公司的策略定位中顯示，他們已經孕育出非常強大的經濟特許經營權，並正在深化和拓寬保護該特許經營權的護城河。事實上，可口可樂的特許經營權是如此強大，以至於巴菲特認為可口可樂非常罕見，是一種「長青持股」（Inevitable）。

持有長青公司的股票

擁有長青的公司是最好的。這些公司憑藉其強大的競爭優勢，將在投資期間主導所屬領域。它們所在的產業不太可能發生重大變化，而快速變化的產業，無法讓一家公司在長達三十年的時間裡占據主領先地位。

為了正確了解長青公司，想像一下你即將展開一項為期十年的火星任務。在你離開地球期間，你無法改變投資組合的成分。如果你現在只能從事一項投資，你在意的會是什麼？答案是確定性。你選擇的公司必須在一個簡單易懂的產

業裡營運，走一條穩定成長的道路，並且會成為領導公司。此外，領導這間公司的人，至少會為公司努力十年。

巴菲特認為，可口可樂和吉列是長青公司。分析師對每家公司十年後的表現可能有不同預測，但明智的觀察家不會質疑可口可樂和吉列這兩家公司，將在投資期間內在全球占據領導地位。過去十年裡，兩家公司本來已經很大的市占又提高了，所有跡象都顯示它們將在未來十年裡，持續這種出色的表現。

「比起一些具爆發性的高科技或新創事業來說，這些長青公司的成長力顯然較差。但與其兩鳥在林，我寧可一鳥在手……想到要成為長青公司有多難，我和查理很早就有心理準備，其數量絕對不可能像漂亮五十（Nifty Fifty）那樣，或者連二十家都不到。所以就我們的投資組合裡的長青公司來說，還有另外幾家屬於很有可能變成長青公司的潛在候選人。」[183]

在市場擁有領導地位，並不等於擁有長青地位。寶麗萊（Polaroid）、通用電氣（General Electric）和柯達（Kodak）曾經勢不可擋，但其他產業，例如數位技術有更靈活的競爭對手引進新技術，又或者這些公司只是無法真正吸引到客戶，也就是「心占率」，指買家可以在一系列替代方案之間選擇，所以公司擁有的定價權可能是暫時的。因此，對於每一個長青公司來說，市場上都會有數十個冒牌貨要和它競爭，那些公司即使現在勢頭正旺，但很容易受到競爭的

衝擊。

「當然，你也可能以過高的價格，買下一家好公司的股票。有時候的確會出現這種溢價風險，我認為現在買任何股票，就有可能必須承擔這樣的風險，當然也包括買進長青股在內。在股市過熱時進場買股票的投資人，必須先做好心理準備，當他們付出高價買進優良企業時，必須等待更長的時間，才有辦法讓公司的價值趕上股價。」[184]

我們將在本章後面，更詳細討論可口可樂的特性，這些特性顯示它是一家長青公司。

可口可樂適合價值投資人嗎？

對於單純的價值投資人來說，以高於市場平均十五倍的本益比來買股票並不合理，畢竟價值投資人不會用太高的本益比買股票，不是嗎？不過，1988 年波克夏就是以十五倍的本益比，買下可口可樂的股票。

但是，可口可樂是價值投資的一個出色案例。雖然這筆買賣在當時看起來很貴，但如果你不是用去年財報的業主盈餘來計算，而是以未來的業主盈餘的折現值來算，這筆交易就顯得非常合理。

巴菲特和蒙格知道，可口可樂對消費者有強大的定價能力。隨著可口可樂在國際間的影響力不斷擴大，其業主盈餘將大幅成長，而該公司在美國和其他地方的配銷通路，仍將保有控制權。當交易量成長一倍、三倍、四倍時，它至少會

維持 20% 到 30% 的股東權益報酬率。

表 8.1 和圖 8.1 證明他們的樂觀其來有自。雖然表格沒有直接顯示業主盈餘，但多年來長久持有這些股票的股息，已經說明業主盈餘有多少。

波克夏‧海瑟威在 1994 年完成收購可口可樂時，已經累積了價值 13 億美元的可口可樂股份。波克夏取得幾百萬股股份後，在 1995 年收到 8,800 萬美元。在很長一段時間內，波克夏不斷收到持續增加的股息。1995 年到 2018 年，股息的年平均成長率為 8.9%。到了 2018 年，股息已經達 6.24 億美元。

這筆現金流的折現值是 28 億美元，起始金額為 8,800 萬美元，未來幾年將以 8.9% 的速度成長。[185] 支付 13 億美元購買預期現值為 28 億美元的股份，是一筆安全邊際夠大的價值投資。

當然，巴菲特和蒙格沒有水晶球，無法事先精準預測未來，但考量到管理人的能力和特許經營權的品質後，他們會估算可能出現的結果，因此可以輕易預見類似後來發生的結果。

圖 8.1 顯示，巴菲特在 1988 年下半年和 1989 年上半年開始購入可口可樂股票後，投資人對可口可樂股票又產生興趣。1988 年中期到 1989 年底，可口可樂的股價幾乎翻了一倍。

這十八個月的股價表現十分出色，但後來的表現更亮

麗。當成千上萬的投資人意識到，可口可樂可能會創造出良好的獲利成長率時，買盤紛紛湧入。因此，雖然巴菲特在 1988 年，以平均每股 41.81 美元（不考慮後來的股票分割）購買可口可樂的股票，並在 1989 年以每股 47.01 美元的更高價格持續買進，但這樣做仍然非常值得，因為該公司的價值依然被低估。未來十年帶來的十倍漲幅，也證實了這一點。

但後來事情開始有點失控了。可口可樂和 1990 年代末市場裡大多數的股票一樣，當時的本益比來到六十。後來泡沫破裂，再加上二十一世紀初的一些麻煩，導致股價跌了十年。在整個經濟低迷的時期，源源不斷的股息讓波克夏很滿意。到了 2019 年，股價反彈到波克夏購買價的十五倍。

巴菲特和可口可樂的緣分

巴菲特六歲時第一次買賣的標的是可口可樂，但等到他十歲時，他認為最暢銷的是百事可樂，因為消費者可以用一樣的價錢買到十二盎司的百事可樂，卻只能買到六盎司的可口可樂。在接下來的四十五年裡，巴菲特喝的其實一直是百事可樂。我知道，這件事讓人非常意外！

那麼，巴菲特為什麼改變了他近半個世紀喝可樂的習慣？這個故事要追溯到 1958 年，當時他和妻子蘇西剛在奧馬哈一個安靜的社區，以 3.1 萬美元買下一棟有五個房間的房子。如今他仍然住在那裡，你可以在 YouTube 影片看到

表 8.1　波克夏投資可口可樂的持股變化與資本回報

年份	十二月持有的股份數	累計股份成本（百萬美元）	波克夏持股占比	當年收到的股息（百萬美元）
1988	14,172,500	592.5	4.2%	9（估計值）
1989	23,350,000（1989年買進9,177,500股）	1,023.9	7.0%	26（估計值）
1990	46,700,000（1990年一股分割成兩股）	1,023.9	7.0%	37
1991	46,700,000	1,023.9	7.0%	45
1992	93,400,000（1992年一股分割成兩股）	1,023.9	7.1%	52
1993	93,400,000	1,023.9	7.1%	64
1994	（1994年買進100,000,000股）	1,299	7.8%	75（估計值）
1995	100,000,000	1,299	7.8%	88
1996	200,000,000（1996年一股分割成兩股）	1,299	8.1%	100
1997	200,000,000	1,299	8.1%	112
1998	200,000,000	1,299	8.1%	120
1999	200,000,000	1,299	8.1%	128
2000	200,000,000	1,299	8.1%	136
2001	200,000,000	1,299	8.1%	144
2002	200,000,000	1,299	8.1%	160
2003	200,000,000	1,299	8.1%	176
2004	200,000,000	1,299	8.1%	200
2005	200,000,000	1,299	8.1%	224
2006	200,000,000	1,299	8.8%	248
2007	200,000,000	1,299	8.8%	272

（接下頁）

2008	200,000,000	1,299	8.8%	304
2009	200,000,000	1,299	8.8%	328
2010	200,000,000	1,299	8.8%	352
2011	200,000,000	1,299	8.8%	376
2012	400,000,000（2012年一股分割成兩股）	1,299	8.9%	408
2013	400,000,000	1,299	9.1%	448
2014	400,000,000	1,299	9.2%	488
2015	400,000,000	1,299	9.3%	528
2016	400,000,000	1,299	9.3%	560
2017	400,000,000	1,299	9.4%	592
2018	400,000,000	1,299	9.4%	624

資料來源：W. Buffett, letters to shareholders of BH（1997–2018）.

圖 8.1　波克夏持有的可口可樂股份市值（1988 年到 2018 年）

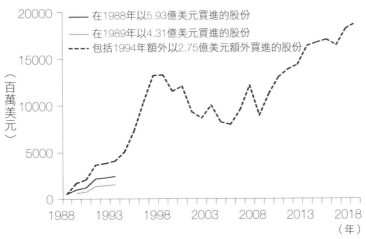

資料來源：Berkshire Hathaway annual reports.

房子。對於一個擁有千億美元的富翁來說，那間房子非常簡樸。

基奧住在他的對面，當時他是一位奶油堅果咖啡的推銷員，撫養四個孩子。基奧在迪士尼前執行長艾斯納主持的電視採訪中，難過地回憶他曾拒絕巴菲特這位住在附近的朋友的邀約，這個邀約足以改變他的一生。他說：「當時我住在一個沒沒無聞的人的對面，他在電話裡說了一些有趣的事，他的名字叫華倫・巴菲特。1960 年他來看我，和我說『唐納德，我剛好想到你……你要為孩子將來上大學好好考量。』」

當年三十多歲的基奧聽到嚇了一跳，回答說：「華倫，我現在正在讀碩士班，之後還要去上大學。」巴菲特不死心，於是說：「我正在建立一個微型的夥伴關係。我們幾個人已經投入了 1 萬美元，也許我可以把它打造成什麼。」

基奧打從心底不懂，為什麼一個從來沒有上班賺過薪水的人，會向別人募資。「你要記得，他沒有去上班，而我在上班。當我工作一整天回到家時，我的孩子會說：『我們今天和巴菲特先生度過美好的時光，他帶我們去公園』，或是『他在他家三樓弄了一套火車』。然後巴菲特和我說：『如果你給我 1 萬美元，我也許可以用它做點什麼。』好吧，我沒有這麼多錢，但我可以和我父親借。但你能想像把 1 萬美元，交給一個早上不用起床上班的人嗎？」[186]

你可以理解基奧在 1960 年，是怎麼看待這筆錢。在

1960 年，1 萬美元是奧馬哈郊區一棟不錯的房子的三分之一價格。然而，以每年 25% 的複利把這筆錢連本帶利滾十年，再扣除巴菲特的佣金之後，巴菲特合夥事業有限公司每年的平均報酬率是 20%。再用更直接的例子說明，波克夏·海瑟威從 1970 年到 2018 年，平均報酬率達到 9,300 萬美元。這樣的回報足夠把整區的房子都買下來了。

在很長一段時間裡，基奧一直把巴菲特看成一個很普通，但有點古怪的鄰居和朋友，因此他對巴菲特性格的評論引起很大的共鳴：「當時的他和現在一模一樣……你看到什麼，就真的是什麼。他的價值觀依舊，他的故事說和錢無關，而是和價值觀有關。人們應該去了解他的價值觀。」[187]

憤怒的基奧

基奧是一位出色的經理人，當他的公司被奧馬哈的史旺森家族（Swanson family）接管，後來又被鄧肯食品公司（Duncan Foods Company）接管時，他的職位不斷晉升。可口可樂在 1964 年收購了鄧肯食品公司，基奧則在 1981 年升任總裁兼營運長，和可口可樂董事長兼執行長羅伯特·古茲維塔相輔相成。

1985 年，基奧在《紐約》雜誌讀到一篇讓他訝異的文章，文章直接說巴菲特鍾愛的是櫻桃口味的百事可樂。

基奧不願就此罷休，於是他寫信給巴菲特，說要寄給他可口可樂正在開發的「瓊漿玉液」（nectar of the Gods）樣

品，那是即將推出的櫻桃口味可樂。這招奏效了。1986 年 2
月，巴菲特寫信給波克夏股東，表示大事要發生了：

「我很期待各位 5 月 20 日都能到奧瑪哈來參加今年的
股東會。今年只有一個變化。你們的董事長忠心耿耿地喝了
一款軟性飲料四十八年後，將以前所未有的靈活擁抱新的櫻
桃口味可樂。今後，它將成為波克夏·海瑟威年度大會指定
的官方飲料。」[188]

他現在的習慣是每天至少喝五瓶或五罐櫻桃可樂。他的
辦公室放滿了飲料，參加波克夏年度股東大會的人，會看到
巴菲特和蒙格在滔滔不絕暢談的六個小時裡，一瓶接著一瓶
地喝可樂。這些飲料顯然對大腦有益，如果再搭配時思糖果
一起食用的更棒。

不過，可口可樂在 1985 年的飲料轉型雖引人矚目，但
巴菲特還是無法說服自己購買可口可樂的股票。買股票還需
要再等兩年多。

可口可樂的經濟特許經營權 [189]

1886 年，第一杯可口可樂問世了。藥劑師約翰·潘伯
頓（John Pemberton）調製出一種焦糖色的液體，然後沿著
亞特蘭大街道走到傑柯藥局（Jacob's Pharmacy），在那裡把
液體和碳酸水混合，供顧客品嚐。在藥局顧客的好評下，
這種飲料以每杯五美分的價格問世。第一年，每天平均賣
出九杯。潘伯頓的合夥人兼會計法蘭克·羅賓森（Frank

Robinson）把飲料取名為可口可樂（Coca-Cola），並把它寫在他的草稿本裡，也就是你今天看到的商標。

在接下來的一個世紀裡，該公司創造出經濟特許經營權。它們生產出人們喜歡的產品，其次是敏銳地意識到，可以利用心理學來鼓勵人們重複消費。

它們也決定要控制配銷通路，確保其他競爭對手的產品居於劣勢。可口可樂也利用規模經濟，先是在美國，然後是在其他兩百多個國家。

在許多國家裡，可口可樂的經營規模之大，其銷售量占該國碳酸軟飲料銷量的 50% 或更多。然而，監控競爭的監管機構很少干預這類市場，顯示可口可樂很懂得不要惹惱反壟斷的監管機構，這是該公司擁有的另一項出色資源。以下是可口可樂的一些市占率統計：美國 43%、墨西哥 48%、印度 69%、德國 79%（包括所有碳酸品牌，包括印度的大拇指汽水）。

選飲料的心理學

可口可樂之所以成功的關鍵之一，在於創造和維持「制約」。多年來，它們投入大量金錢以確保商品名稱和商業包裝，能夠刺激人們購買和消費可口可樂。制約由兩種類型的習慣輔助而成。

▍操作性制約

這是指透過頻繁地獎勵「好事」或懲罰「壞事」，來促進人類學習。可口可樂在人們做完一些事情之後，強化人們的正面體驗，也就是喝可樂可以帶來水份、卡路里、愉悅的味道、快感、咖啡因和糖的刺激，藉此強化它們預期人們會有的反應，那就是再買一罐。

可口可樂如果想充分利用操作性制約，它需要：

（a）盡可能提高喝可樂的滿足感，例如味道、卡路里等。

（b）盡量降低制約減弱的風險。這種威脅來自於競爭對手企圖吸引消費者青睞的行為，對手會引進新的操作性制約，讓顧客品嚐並喜歡競爭對手的飲料，導致消費者購買更多競爭對手的產品以得到滿足感。

這表示可口可樂要確保消費者能夠在合理的範圍內，唾手可得自家的飲料，這樣競爭對手就很難說服消費者嘗試它們的飲料。這樣一來，對手就很難在消費者身上，建立起和喝可口可樂相衝突的習慣。

於是，可口可樂創造出重要的規模經濟，因為比起競爭對手的產品，消費者更了解可口可樂的產品，因為他們以前嘗試或喝過你的產品，而且到處都有你的產品。這樣做帶來具資訊優勢的規模經濟。蒙格在寫到箭牌公司（Wrigley's）時說過以下的話，但我們也可以把口香糖公司換成可口可樂：

「如果我到某個偏遠的地方，我可能會同時看到箭牌口香糖和格羅茲（Glotz's）口香糖。這個……我知道箭牌是很好的產品，但我對格羅茲一無所知。因此，如果其中一個是40美分，另一個30美分，你認為我會為了區區10美分，就把我不了解的東西放進嘴巴裡嗎？畢竟嘴巴可是非常私密的地方。」[190]

因此，可口可樂讓人們願意多付一點錢來喝「正宗」的飲料，就算知名度比較低的類似飲料便宜很多。

操作行為是自願的行為，和另一種類型的制約行為不一樣：巴夫洛夫制約。

▍巴夫洛夫制約

此類行為通常被稱為古典制約，只靠關聯產生。它來自伊凡・巴夫洛夫（Ivan Pavlov）對狗的實驗。重複進行某個動作後，就算沒有給狗食物或根本沒有食物，狗還是會因為像鈴聲這樣的刺激而分泌唾液。這是非自願的行為。

雖然人類對鈴聲通常沒什麼反應，但他們確實會下意識地把某些食物或飲料，和事物或事件聯結起來。例如，可口可樂的商標以及它的口味，和解渴能力有很強的關聯。如果是事件，例如棒球比賽要開打了，這件事可能會在個人的潛意識中和某個飲料有長期的關聯。同樣的，家庭聚會也可能刺激人們對可口可樂的需求。可口可樂常在廣告裡傳達一個訊息：工作休息時正好可以喝它們的可樂，於是人們會把休

息這件讓人愉快的事，和像健怡可樂這樣的飲料聯結起來。尤其，如果廣告裡出現一個上半身赤裸的男人走出健身房時，則似乎更有這種效果。

商標和促銷必須不斷地在消費者心中，和他們喜歡或崇拜的事物有所聯繫，例如有魅力的人、運動、身體健康、慶祝活動等等。創造這種條件所需的廣告費用非常昂貴，但卻是值得的。2018 年可口可樂的收入是 319 億美元。該公司表示：「我們給產品裝瓶商、經銷商或其他客戶的費用是 43 億美元，主要用在促銷和行銷計畫上。」[191]

如果可口可樂是許多市場的最大軟性飲料廣告商，它就可以把競爭對手遠遠拋在腦後，因為競爭對手花的廣告費無法讓它們賣出那麼多可樂。

社會認同帶動銷售

社會認同是一種心理現象，意思是我們會受到他人行為和他人認同的影響。這可能是有意識的，也可能是無意識的。因此，如果其他人都買可口可樂，我們往往會認為可口可樂是比較好的飲料。人類天生就有想和別人一樣的傾向。

我們在意識層面常出現選擇困難，例如「我對這個領域的產品了解不多，但別人好像知道自己在做什麼，那我就跟著他們做。」

無所不在的可口可樂，肯定會為該產品帶來社會認同的好處。潛在消費者在咖啡廳、走在路上、在球場裡、在廣告

看板和電視廣告裡，顯然都會看到別人很享受喝可口可樂的樣子。

規模較小或較新的競爭對手，即使手握數十億資金可以用來打廣告，又該怎麼和這股力量匹敵？想要把一個擁有大量資訊優勢和社會認同的玩家從市場裡趕出去，是一件非常困難的事。

象徵

在某些國家，象徵是人們願意多付一點錢買可口可樂的重要動機，因為對這些人來說，美國文化尤其等同於年輕人。

其他規模經濟

如果一家公司堅持自己的本業，把自己打造成規模最大的企業，它就可以受益於工作專門化（specialisation of task）。可口可樂能夠指派大量專業人才攻占新市場，例如冷戰後的蘇聯集團國家，或者可以透過臉書廣告投放專家，不斷改善產品在美國的行銷效果。此外，銷售量不斷增加還可以改善通路、財務、製造和採購上的發展。

可口可樂公司可以把大部分的裝瓶和通路外包給其他公司，以此增加自己的業主盈餘和股東權益報酬率。這些外包公司需要花很多錢蓋建築物、廠房和機器，讓可口可樂公司需要投入的資本比較少，只要生產飲料的濃縮物並運送給裝

瓶商即可。所以，可口可樂的股東權益報酬率很高，通常超過 25%。

可口可樂不會把裝瓶商當成客戶，否則會讓他們擁有太多權力。裝瓶商必須遵守可口可樂公司的要求來服務零售商，無論零售商是店面、售貨亭、餐廳或體育場館。這表示零售商可以得到有可口可樂包裝的東西，包括促銷用品、招牌，以及有可口可樂商標的冰箱等等。這樣做可以讓可口可樂的商標出現在各地，有助於強化巴夫洛夫制約行為。為了讓競爭對手居於劣勢，可口可樂讓零售商較無誘因向其他軟飲料製造商居採購產品。可口可樂會提供「免費」的冰箱給零售商，條件是零售商要把可口可樂的產品陳列在醒目或獨家的空間，並且／或者冰箱必須放在顯眼的地方，並且／或在建築物的一側張貼可口可樂的廣告。

可口可樂的魯拉帕路薩效應

魯拉帕路薩效應（lollapalooza effect）是查理・蒙格使用的術語，意指當許多要素加乘在一起時，會產生放大的效果。這不只是把幾個好處加起來而已。一旦要素的量夠多，它就會帶來巨大的加乘效果。

這很像在物理學中，多種要素的組合會產生平凡的效應，但當它達到臨界質量那一點時，就會發生核爆。又或者在醫學領域裡，治療癌症需要同時結合免疫療法、傳統藥物和放射治療。

可口可樂具有這種自我強化的特性，因為它：（a）擁有人們喜歡且經常品嚐到的味道，再加上有糖、咖啡因和清涼的效果，也就是操作性制約；（b）具有巴夫洛夫制約，以及（c）具有強大的社會認同效應。

波特五力

我們可以用麥可‧波特（Michael Porter）的五力（Five Forces）[192]，來思考可口可樂所在產業的競爭地位：

1. **供應商的議價能力？**可口可樂和其他軟性飲料生產商，一起在有許多替代供應商的高度競爭市場裡購買大宗商品，例如糖。因此，供應商對於大宗商品的價格沒有太多議價權。

2. **客戶的議價能力？**可口可樂是市場裡的龍頭製造商，但還有很多公司也向零售商供貨。然而，消費者因上述心理因素而對可口可樂的飲料有強烈需求，表示零售商對可口可樂的議價能力有限，即使是大型速食店和超市等大型零售商也是如此。

3. **替代產品的威脅？**含糖碳酸飲料有許多替代品，這些替代品有它的影響。可口可樂的因應方式是收購了許多提供替代品的公司，以擴大其產品範圍，從咖啡、果汁到水和能量飲料都有。範疇經濟（economies of scope）是指透過相同的通路配銷不同的產品，協助可口可樂在競爭中保持領先。但即使有許多替代飲料，很多人在很多場合也只願意喝可

樂、芬達或雪碧等。

4. **產業裡的競爭者？**產業裡有很多供應商，但可口可樂通常是市場上的龍頭企業，並在某種程度上對消費者具備心理優勢，而能免受競爭對手的侵害。

5. **產業的潛在新進者？**華倫・巴菲特曾評論說，想要進入可口可樂的領域並不明智。他說：「如果你給我 1,000 億美元，要我奪走可口可樂在軟性飲料領域的全球領導地位，我會把錢還給你，並告訴你這是不可能的任務。」[193]

這種產業結構，也就是權力關係，在未來可能會持續穩定下去。技術變化可能對可口可樂及其競爭對手的生產過程有幫助，但不會大幅改變飲料的消費或產業內的競爭關係。

但是，這個社會對糖和咖啡因的接受程度，則有可能改變。但後來，可口可樂改變其定位，讓它也能受益於其他類型飲料的成長，以及健康口味的可樂，例如零卡可樂。

另外，可口可樂有可能和百事可樂打價格戰，以前就發生過這種事。但結果對兩家公司都不利，所以再發生的可能性不高。

此外，可口可樂在市場占有主導地位，因此政府／監管機構可能會對它施壓。

一座宏偉的城堡，有一條又深又險的護城河

在了解所有可口可樂的所有優勢後，巴菲特和蒙格認為這家公司還有很多議價能力，可以在不失去太多客戶的情況

下大幅提高價格。

「實際上，有些人沒有把產品的價格都定到市場能夠接受的那麼高。一旦你發現這一點，那就像在路上撿到錢，前提是你要有勇氣相信自己的判斷。」[194]

可口可樂占全球軟性飲料銷售額的 44%，如果以刮鬍刀刀片市場的價值來計算，吉列則擁有超過 60% 的市占。此外，近年來可口可樂和吉列在全球市場的市占都增加了。巴菲特在 1993 年致波克夏股東的信裡，說明他如何看待可口可樂以及長青公司吉列的策略優勢：

「除了稱霸口香糖市場的箭牌公司之外，我看不出還有哪一家公司，可以像它們一樣長期以來享有傲視全球的競爭力……品牌的力量、產品的特性與配銷通路的優勢，讓它們擁有超強的競爭力，就像是樹立起高聳的護城河來保衛它的經濟城堡。」

他說，相較之下，一般公司每天都在沒有任何這類的保護措施下作戰。

「就像彼得·林區說的，銷售商品類產品的公司，它們的股票應該寫上警語：『競爭可能對財富有害』。」

為什麼是 1988 年？

多年來，巴菲特和蒙格一直很清楚可口可樂的優點，但他們卻選擇不買該公司的股票。本節簡要說明 1980 年代發生的變化。

打造巨人

如今世界聞名的可口可樂，它的發明人在去世前只看到這款飲料問世兩年，而且銷售額很低。他去世前把股份賣給一些人，其中大部分股份被艾薩・坎德勒（Asa G. Candler）買下。可口可樂最有價值的東西是它的糖漿配方，以及在美國專利局註冊的「可口可樂糖漿和萃取物」標籤的版權。1891 年，坎德勒用 2,300 美元獲得可口可樂完整的所有權。他把汽水飲料機的業務擴展到亞特蘭大以外的地區，但直到 1894 年一位客戶自己安裝了裝瓶機，人們才有方便攜帶的瓶裝飲料可以喝。大約在同一時間，可口可樂商標草稿才在美國專利局註冊，但此時公司的規模仍然很小，每年的廣告預算只有 1.1 萬美元。

華倫・巴菲特在 1996 年的信中，分析該公司在 19 世紀制定的好策略——強大的品牌讓優質飲料如虎添翼：

「我最近在看可口可樂 1896 年的年報，所以大家現在看我們的年報應該還不算太晚！當時可口可樂……問世只有十年，但公司卻已經規劃好未來的百年大計……公司總裁艾薩・坎德勒表示：『我們不遺餘力地告訴全世界，在提升人類健康與快樂上，可口可樂是最卓越超凡的產品。』雖然我認為可口可樂在『健康』這件事上還有待努力，但我很高興它在一百年後的今天，依舊遵循坎德勒當初立下的願景。」

坎德勒接著說道，就像羅伯托現在也可以這樣說：「沒有任何一篇性質類似的文章，能如此深深贏得大眾的青

睞。」

在接下來的二十年，可口可樂的飲料銷往美國各州，以及加拿大、古巴、巴拿馬和菲律賓等國，裝瓶商的數量成長到一千多家。但讓人惱火的是，由於瓶子的設計沒有統一，所以競爭對手能夠用名稱略有不同但看起來類似的文字，輕易仿冒可口可樂的產品。因此，1916 年裝瓶商同意使用輪廓獨特的瓶子，這種瓶子很容易辨認，有助於強化品牌力。

像上市公司一樣成長

1919 年，歐內斯特・伍德拉夫（Ernest Woodruff）及其投資集團以 2,500 萬美元收購可口可樂公司。同年稍晚，該公司以每股 40 美元的價格在紐約證券交易所上市，並賣出 50 萬股的股份。

接下來幾年是動盪期，該公司因高糖價而身陷泥沼，並花很多時間訴訟以保護商標以及裝瓶協議。到了 1920 年底，可口可樂的股價跌到 19.50 美元。

1923 年，歐內斯特說服兒子羅伯特放棄他在汽車公司擔任主管的成功職涯，轉來領導可口可樂公司，而且年薪還少了 5 萬美元。就這樣，羅伯特開啟了他在可口可樂六十年的時光。他曾擔任公司總裁、董事長，後來在半退休狀態時還擔任高級董事。

羅伯特・伍德拉夫（Robert Woodruff）堅信，這款飲料的品質必須永遠卓越，而且必須是人們「唾手可得的渴望」

（arm's reach of desire）。他雇了一批素質很好的員工，鼓勵和協助飲料機零售商供應完美的可口可樂，並積極銷售這種飲料。他還改善瓶裝飲料品質的穩定性，並投入資金打廣告宣傳。到了 1929 年，瓶裝飲料的銷量超過了飲料機賣出的飲料量。

接著，伍德拉夫讓公司邁向國際化。可口可樂在 1923 年一開始只拓展到五個國家，到了 1930 年已經賣到三十個國家。他精心打造品牌形象，花錢參加奧運等重大活動。第一次在奧運曝光是 1928 年。

1938 年，《財星》雜誌承認該公司的業務品質，但同時也擔心投資人以過高的價格投資其股票，卻可能要承擔回報不足的風險。1993 年，巴菲特也因為支付過高的價格而飽受批評，因此他在 1993 年致波克夏股東信中，反思可口可樂的股票在過去七十四年裡發生什麼事。

可口可樂在 1919 年以每股 40 美元的價格上市。到了 1920 年底，負面的市場情緒導致股價暴跌 50% 以上，跌到 19.50 美元。然而，到了 1993 年底，若把股息再投資也算進去的話，每一股的價值超過 210 萬美元。巴菲特引用班傑明・葛拉漢的話說：「短期而言，市場就像一台投票機，它只需要錢就可以上漲，但不需要智力或情緒穩定的股民。但長期而言，市場更像一台體重計。」

1938 年，《財星》雜誌報導說，嚴謹的投資人雖十分欽佩這家公司，但只能說自己錯過了買該公司股票的良機。

市場飽和或過度競爭，一定會侷限一家公司的發展。

「是的，1938 年和 1993 年也有競爭，但值得注意的是，可口可樂在 1938 年賣出兩億七百萬箱軟性飲料⋯⋯1993 年則賣出一百零七億箱。這家公司在 1938 年已經在它所屬產業享有龍頭地位，但產品銷售量依然成長了五十倍。對投資者來說，1938 年的好日子其實尚未結束。雖然在 1919 年花 40 美元投資一股，連同再投資的股息，到了 1938 年底已經成長為 3,277 美元，但是到了 1993 年底，以前投資在可口可樂股票的 40 美元，已經增值到 2.5 萬美元。」

從 1993 年以來，可口可樂的股份已經增加了五倍。1919 年持有一股 40 美元的股票，如今價值超過 1,000 萬美元。從 1938 年那篇文章發表以來，股價成長了三千多倍。

1943 年，可口可樂的國際化出現重大突破，當時美國政府要讓全世界都能買到可口可樂。該公司的作法是，無論公司製造和運送這些產品的成本是多少，可口可樂都只用 5 美分的低價，賣飲料給世界各地的美軍。美國士兵、飛行員和水手所到之處，都有可口可樂的存在，這樣確實有助於可口可樂在戰後打開德國和日本的新市場，因為可口可樂的產品和形象吸引了當地人。到了 1959 年，可口可樂已經銷往一百多個國家。

動盪的 1970 年代

1970 年代那十年，可口可樂股東每年的平均報酬率不

到 1%。「可口可樂就像是一個鬆散的帝國,將許多稀奇古怪的領地串在一起。公司位於亞特蘭大的總部,實際上無法控制裝瓶商,無法要求它們好好經營可口可樂的業務。」[195] 當時董事長其實罹患了阿茲海默症和帕金森氏症,但公司對此並不知情。這家公司還要面臨許多和裝瓶商的糾紛。「公司迷失了方向感……用『不專業』來形容可口可樂還算客氣,我們當時還要幫裝瓶商提公事包。」[196]

此外,受反美主義影響,有些國家的政府也在找可口可樂麻煩,消費者的口味也開始在變,愈來愈傾向喝水、果汁和茶等飲料。可口可樂的產品也出現一些失誤,多元化的觸角伸到完全不相干的領域。然後,它遇到百事可樂的猛烈挑戰。百事可樂用少量的可樂讓消費者盲測,由於百事可樂比較甜,在少量啜飲時比比較不甜的可口可樂有優勢,使成功的盲測廣告讓可口可樂失去一些市占。

該改變了

1970 年代決策錯誤的人在 1981 年離職了,但當時九十多歲的伍德拉夫卻無法接受公司選出來的繼任人選。於是,他邀請古茲維塔擔任可口可樂的董事長兼執行長。古茲維塔畢業於耶魯大學,他在母國古巴曾為可口可樂工作,但在 1960 年被迫逃亡。他緊緊抓住他的可口可樂股票和在公司的職位,並在接下來的二十年裡不斷晉升。

當公司邀請古茲維塔領導公司時,他問是否可以讓唐納

圖 8.2　可口可樂因股票分割而調整的股價（1971 年
　　　　到 1980 年）

資料來源：www.advfn.com

德・基奧當他的副手。當時很多人認為唐納德・基奧才是董
事長一職的熱門人選。後來基奧被任命為總裁兼營運長，並
擁有極大的自由。兩人的合作比較像夥伴，而不是老闆和部
屬的關係。大致上來說，古茲維塔是公司的戰略家，他要決
定是否歇業等重大問題。基奧則是一位有魅力又充滿活力的
人，在全球建立團隊並激發員工的熱情。

　　基奧曾這樣描述古茲維塔的態度：「我們的目標不是成
為一家好公司，而是成為一家會成長的公司。我們要讓公司
的財務狀況健全。我們會用力獎勵表現出色的人，但不會再
發全勤獎金。」[197]

公司透過獎金、股票選擇權和退休時贈與大量股票，激勵員工為股東創造高回報。這些措施讓幾十位經理人成為百萬富翁，但重要的是，只有股東賺錢，他們才會賺錢。巴菲特在 1993 年《致股東信》中評論說：「唐納德是我認識最優秀的人之一，他不但擁有絕佳的商業頭腦，更重要的是，他讓每一個幸運和他共事的人都能發揮自己的潛能。可口可樂希望它的產品能陪伴大家一生中最快樂的時光。唐納德‧基奧這個人讓周圍的人的人生更幸福。每次想到他，一定都會覺得很美好。」

　　巴菲特說基奧讓他印象深刻，當時他住在巴菲特在奧馬哈家的馬路對面，是一個「家裡人很多、收入微薄的咖啡推銷員」。

　　「我對唐納德的觀感，是讓我決定在 1988 到 1989 年間，花 10 億美元為波克夏買下可口可樂股票的原因之一。羅伯特‧古茲維塔在 1981 年當上可口可樂總裁時，唐納德是他的副手，兩人聯手接掌這家業務已停滯十年的公司。他們在短短的十三年裡，就把公司的市值從原本的 44 億，增加到 580 億美元。雖然公司販賣的產品已經問世一百年，但這兩個人卻還能讓這家公司產生如此巨大的變化。」

古茲維塔和基奧的勝利

　　市場當然很清楚他們兩人的成就，這一點對於在 1988 年夏天開始買入該公司股票的巴菲特來說，當然也是如此。

▍掌握裝瓶、通路和行銷流程

他們為可口可樂帶來漂亮業績時仍和裝瓶商合作，但現在裝瓶商比較是分包商的角色而非客戶，因為可口可樂持有裝瓶商很多股份。古茲維塔在 1993 年說：「今天的我們有什麼不一樣？我們曾經要討好或糾正裝瓶商，但現在我們才是老闆。」[198]

▍健怡可樂

可口可樂在 1982 年推出的健怡可樂，是一款非常成功的飲料，櫻桃可樂則在 1985 年推出。

▍滿心期待地進入許多新市場

可口可樂把握住很多機會，其中一個是柏林圍牆倒塌。可口可樂在東歐投資了 10 億美元。「當一個國家的文化和美國文化差距愈大，尤其是在前共產主義國家，可口可樂似乎就愈能夠象徵美國文化和市場經濟。」[199]

這些國家的舊市場還有許多尚未開發的潛力，這些市場的消費量遠低於美國人一年平均消費兩百七十四瓶（1987年的數字）八盎司裝的飲料。澳洲的消費量排名全球第一百七十七，德國排名第一百五十五，日本排名第八十九，英國也只排名第六十三，泰國則排名第二十六。「可口可樂高層一想到如果泰國人喝的汽水和德州人一樣多，他們就要心花怒放了。談到印尼時，基奧先生興奮得不得了。該國擁有 1.8

億的人口，但在炎熱潮濕的氣候裡，每人每年只喝 3.2 瓶可口可樂的產品。」[200] 他們為日本設定了銷售目標，而到了 1988 年，可口可樂在中國的收入已經超過美國。

▍放棄奇怪的業務

可口可樂收購過一些非常不合適的業務，從水產養殖到工業水處理廠和釀酒廠都有。

「這個好處理，」古茲維塔說。「你做一個圖表，把業務都列在最上面。我們有濃縮物、裝瓶、葡萄酒、食品等等業務。 然後你把財務特性放在另一個軸上，包括利潤、回報、現金流可靠度、資本需求。有些業務一看就知道比較賺錢，例如濃縮物，而其他業務比如酒，看起來就很差。」他很快就把糟糕的業務賣掉。公司裡的人也很快學會如何製作財務圖表，包括計算他們的資本成本。」[201]

可口可樂（和吉列公司）在 1970 年代買來的大雜燴公司，讓巴菲特非常訝異。可口可樂試過養蝦，而吉列則涉足石油探勘。

「我和查理在思考，是否投資一家整體上表現出色的公司時，最擔心的是公司不夠聚焦。公司經理人由於傲慢或不甘寂寞，整天胡思亂想，導致公司的價值停滯不前，這種情形屢見不鮮。不過還好，以目前的主管和儲備的管理人來說，可口可樂和吉列應該不會再出現這種情況。」[202]

改變公司文化，強調經濟利潤

可口可樂開始根據經濟利潤來決定公司所有的營運，要求稅後營業利益要超過資本支出。

「古茲維塔說：『如果真的要說，我的工作其實是分配資本和人力資源。我發現，當你開始就資金收費時，就會發生各種事情。庫存突然受到控制了，濃縮物也不會再出現只剩三個月庫存的緊急情況了。又或者，你會發現用紙板和塑膠當作糖漿的容器，會比用不銹鋼省下很多錢。』」[203]

更多奇怪的收購，但後來顯示很成功

1982 年，可口可樂以 7.5 億美元收購哥倫比亞電影公司。哥倫比亞電影公司從來就不屬於飲料業，但最後可口可樂把它賣掉時，至少賺了 5 億美元（1989 年）。此外，可口可樂在持有哥倫比亞電影公司那七年裡，在電影裡安插很多廣告。看看電影《魔鬼剋星》（*Ghostbusters*）和《小子難纏》（*Karate Kid*）就知道了。

可口可樂配方在 1985 年出現變化

這引發人們出現普遍的「剝奪超級反應綜合症」（Deprival Super-reaction Syndrome），意指比起小幅上升造成的影響，小幅下降對人們的心理影響更大。也就是說，如果你拿走他們既有的東西，即使是一件小事，人也會過度反應。

「新可樂」在全美引發抗議，於是七十九天後「可口可樂經典」又重返市場。結果，這個錯誤卻反而變成公司的優勢，因為人們意識到他們熱愛原版的可口可樂，許多媒體不斷報導消費者激動地要求可口可樂恢復原本的口味。結果，可口可樂的市占比 1984 年還高。

巴菲特持續「偷偷」買進可口可樂的理由

　　古茲維塔和基奧在 1981 年後改革了可口可樂，股價對此反應良好。截至 1987 年九月為止，股價在六年內上漲了四倍。接著，1987 年十月股市崩盤讓股價跌了四分之一（見圖 8.3）。然而，1987 年的年度報告顯示，可口可樂的業績很好。公司的營收成長 9.81%，達到 77 億美元；1986 年和 1987 年的稅後淨利均超過 9 億美元，幾乎是 1981 年的兩倍；股東權益報酬率為 27%；軟性飲料銷售量成長 6%。而且，如今產品銷往超過 155 個國家，占全球軟性飲料銷量超過 44%，相當於每天消費五億兩千四百萬瓶。

　　公司對未來的成長充滿信心，在報告中指出：「可口可樂似乎無所不在。然而，有鑑於我們最近的成長和全球機遇，我們的系統規模和範圍、產品和商標的普及度只會提高。」[205]

　　巴菲特同意這個看法，並在 1988 年秋天開始大量增持可口可樂股票。在亞特蘭大的高階主管，自然對股票登記冊上的這些活動感到好奇，又或許是擔心。經過調查，他們發

圖 8.3　可口可樂因股票分割而調整的股價（1980 年到 1990 年）

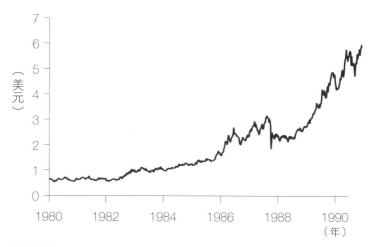

資料來源：www.advfn.com

現大部分股票是由美國中西部一家經紀商所購買。沒多久，基奧認為買家可能是他的老朋友，於是打電話給巴菲特。「華倫，交易顯示有人正在大買可口可樂的股票。那個人有可能是你嗎？」巴菲特的回答讓基奧很高興。他說：「這個……不要讓你和羅伯特以外的人知道。但是沒錯，是我買的。」[206]

　　巴菲特繼續買進股票。因此，這不是一筆就完成的交易，只是巴菲特在 1988 年買了大量的股票，占可口可樂股份的 4.2%。後來，他在 1989 年上半年增持更多股票，將波克夏的持股比例提高到 7%。不久之後，巴菲特受邀加入可

口可樂董事會。

巴菲特在 1989 年致股東信中，自嘲沒有更早意識到可口可樂股票的價值：「可口可樂這筆投資又是一個例子，說明你們的董事長對投資機會的反應速度太慢了……我學到教訓了。我對下一個超讚想法的反應時間，將大大縮短到五十年以下。」[207]

1990 年至 1993 年之間，巴菲特暫停購買可口可樂股票，期間股價上漲了三倍（見圖 8.4）。可口可樂在 1990 年代初取得優異的業績，利潤在 1990 年至 1994 年間幾乎翻了一倍，但巴菲特和蒙格仍然認為股價很便宜。因此，當他們在 1993 年和 1994 年初，發現股價幾個月都毫無動靜後，波克夏·海瑟威又買了一些股票，持股比例達到可口可樂總股本的十二分之一，成為第一大股東。

即使 1994 年買的價格是 1988 年到 1989 年買的數倍，也非常值得。圖 8.5 顯示，可口可樂的股價在整個 1990 年代再次成長了三倍。

但股價和 1990 年代末許多公司一樣，似乎領先業績表現（1998 年本益比上升到六十）。後來價格下跌了，直到 2014 年才重回 1998 年的水準（圖 8.6）。市場對可口可樂有所疑慮，不只是因為 1990 年代末的股價太高了，還有一些實際的問題，尤其是它們失去了古茲維塔。他在 1997 年短暫患病後去世，隨後幾位執行長都無法坐穩他的位子。基奧在 1993 年退休，直到 2000 年受邀回來擔任董事會顧問。

圖 8.4 可口可樂因股票分割而調整的股價（1987 年到 1994 年）

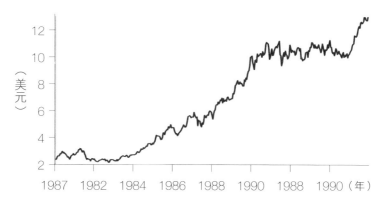

資料來源：www.advfn.com

圖 8.5 可口可樂因股票分割而調整的股價（1994 年到 1999 年）

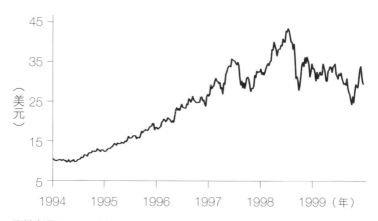

資料來源：www.advfn.com

2004 年，七七歲的古茲維塔不想退休，再次擔任董事達十三年之久。他說：「我認為地獄就是去一家酒吧，買兩條粉紅色的褲子，然後等著開雞尾酒派對。」[208]

巴菲特為什麼不在市場最高點賣出股票？

巴菲特不只一次對外說明過，他玩不了利用市場短中期走勢進出股市的遊戲。其次，他向可口可樂承諾，該公司的股票是波克夏少數的永久持股之一。如果他的話對數百位喊他一聲老闆的高階主管，甚至尚未上任的高階主管來說很重要，那麼他就必須信守他的諾言。第三，可口可樂以股息的形式發出的錢愈來愈多，巴菲特可以把資金投資在其他地方。1998 年波克夏收到的股息為 1.2 億美元，到了 2014 年則翻了四倍，達到 4.88 億美元。即使市場壓低可口可樂的股價，但該公司的業務依然表現良好。第四，我們有充分的理由預期，市場將再次看到該公司的業務優勢。2018 年，可口可樂的稅後淨利為 64.5 億美元，波克夏・海瑟威收到 6.24 億美元的股息。

今天，巴菲特喜歡看人們消費可口可樂或可口可樂其他五百個品牌的任何產品，因為他可以沉浸在思考當天另外賣出了 19 億個產品的喜悅裡。消費者每天購買 1.79 億瓶的可口可樂飲料，讓擁有該公司 9.4% 股票的波克夏・海瑟威受益匪淺。可口可樂在全球仍有很大的成長空間，因為大多數國家的人均消費量不如美國人。波克夏・海瑟威的股東，可

圖8.6　可口可樂因股票分割而調整的股價（2000 年到
2019 年）

資料來源：www.advfn.com

以期待可口可樂的股息會繼續增加。過不了多久，每年的股
息就會超過 10 億美元，接近波克夏為股票支付的總金額。

學習重點

1. **找到能夠承受多年管理不善的強大特許經營公司。**可口可樂雖然犯了很多錯,但消費者還是喜歡它們的產品,因此公司能夠從疏漏和錯誤中復原過來。

2. **一定要投資好公司,但前提是股價要有很大的安全邊際。**巴菲特和蒙格等了半個世紀,直到條件成熟才買進。

3. **當一家公司在過去幾十年一直在做相同的事情,而且未來幾十年很可能也在做一樣的事,分析起來會比較容易,也更能保證成功。**很多產業都太過複雜且多變,我們很難判斷公司內部的價值。

4. **在了解經濟特許公司時,心理學這門學科比數學更重要很多。**人們決定購買可口可樂是出於多重的心理和生理原因,包括從巴夫洛夫式的反應到訊號和操作制約。了解心理想法對投資者來說非常有用。

5. **管理者的能力和人品非常重要。**

寶霞珠寶（Borsheims）

	時間	1989 年至今
投資概況	買入價格	未公開
	股份數量	一開始買進 80% 股份，之後買進更多股份
	賣出價格	仍然是波克夏·海瑟威的一部分
	獲利	未公開

1989 年波克夏·海瑟威
股價：4,800 到 8,810 美元　市值：49.27 億美元
每股市值：4,296 美元

　　身為波克夏·海瑟威的股東，最大的樂趣之一是在每年五月初的某個週末，倘佯在波克夏年度股東大會一系列活動。兩萬多名股東一定會參加的行程，是週五晚上前往寶霞珠寶（Borcheims）參加雞尾酒會，那天人真的很多。來自世界各地的人一起交流，驚嘆波克夏的成績，並觀賞展出的珠寶和手錶。

　　光是那一晚，寶霞珠寶就賺了數十萬甚至數百萬美元，人們的期待和派對的氣氛，讓他們慷慨解囊。但是，那又怎麼樣？在寶霞珠寶買東西，讓人們覺得自己是波克夏家族的一員，這一點和人們思考波克夏最新收購的公司，或者一邊

聽巴菲特與蒙格長達六小時的問答，一邊吃著時思糖果和可口可樂，是一樣的感覺。

三十多年來，寶霞珠寶一直受益於和波克夏的關係。雖然它只經營一家店面，但產品卻賣給全世界，無論買家是不是股東。巴菲特和蒙格都是出色的推銷員，從不放過任何機會向願意了解寶霞產品的人，宣傳它們的產品有多豐富、價格有多低，以消費者多麼信賴這家公司。

1989 年春天，當波克夏收購寶霞五分之四的股份時，寶霞珠寶的店面只有兩萬平方英尺，但已經是奧馬哈的地標，擁有很高的市占和讓人稱羨的聲譽。買下股份後，巴菲特的行銷機器就馬上開始運作。他為股東安排遊覽車，讓他們參加年度股東大會後的當晚，搭一英里左右的車程參觀寶霞珠寶。週六晚上的活動照舊，但由於股東需要，1990 年他們在星期天特別為股東開放。但這樣還不夠，所以他們兩人在 2000 年某個星期五的晚上聚會，以便能夠分散四萬名股東在週末於奧馬哈聚餐的人潮。

巴菲特和蒙格非常喜歡和股東聊天，並向他們推銷產品，因此他們自己和波克夏的許多經理，也會出席星期日下午的活動。蒙格開始在寶霞的收據上簽名，讓這一天成為寶霞一年內銷售額最高的一天。「『查理可以幫你簽名，』他微笑著說，『不過，他只在寶霞的收據上簽名。』」[209]巴菲特已經在店內擔任銷售助理：「所以好好利用我吧，來和我要『華倫的超殺優惠價。』」[210]

還有，股東也很享受和乒乓球冠軍邢延華（Ariel Hsing）較勁的樂趣。多年來，當其他股東要挑戰邢延華之前，巴菲特會先讓比爾・蓋茲「消耗她的戰力」。西洋棋冠軍和拼字遊戲專家較量，就更有趣了。還有巴菲特的最愛──橋牌冠軍和蒙格、波克夏的保險主管阿吉特・賈恩（Ajit Jain）以及巴菲特本人捉對廝殺。「不要為了錢玩這些遊戲，」[211]他警告說。

　　寶霞對波克夏・海瑟威的股東大會來說非常重要，以至於 2004 年的大會延到 2005 年 4 月的週末舉辦。「我們把會議安排在 4 月的最後一個星期六（30 日），而不是一般 5 月的第一個星期六。今年的母親節是 5 月 8 日，要求寶霞和高瑞特（Gorat，巴菲特最喜歡的牛排館）的員工在這個特殊節日招待我們並不公平， 所以我們把股東會提前一週。明年我們將恢復在正常時間舉辦股東會，也就是 2006 年 5 月 6 日舉行。」[212]

　　毫無疑問，寶霞珠寶對波克夏來說是一次漂亮的收購，但我們無法具體算出有多成功，因為出售該公司的弗里曼家族要求不公開價格。波克夏現在是一間超大的公司，因此寶霞後來流入波克夏的利潤太小，無法單獨討論。然而我們確實知道，寶霞的成本下降是因為卓越的管理，並遵循以下的策略：只經營一家店，大量採購，並把大部分因此產生的效率回饋給客戶。

　　該公司從 1986 年搬到現址，到後來波克夏收購它，三

年內銷售額成長了一倍。事實上，寶霞珠寶是繼紐約蒂芬妮分店之後，另一個成為全美單一珠寶店銷量最高的品牌。從那時候開始，這家店的面積從大約兩萬平方英尺，擴大到超過六萬平方英尺，多年來銷售量一直維持在兩位數。該公司也透過網路銷售產品，並將價值數千美元的珠寶寄到世界各地客戶家中供他們觀賞。客戶只需要「退回你不想買的東西」，以此銷售產品。讓人訝異的是，這個方法很少遇到詐欺情事，因為寶霞非常了解自己的核心客戶。

身為波克夏的一員，為寶霞帶來源源不絕的支持和良好的人脈。例如，巴菲特和蒙格的朋友比爾·蓋茲，他也是波克夏·海瑟威的董事。他在 1993 年 4 月，前往奧馬哈挑選訂婚戒指送給梅琳達·法蘭奇（Melinda French）。巴菲特在奧馬哈機場為這對夫妻會面，並送他們到店裡。巴菲特推銷的說法是，他在 1951 年花了 61% 的淨資產買了一枚訂婚戒指，所以身家數百億的世界首富比爾·蓋茲也應該這樣做。但這招沒有奏效，「那個星期天我們的營業額不如想像的那麼好，」[213] 巴菲特打趣地說。

1989 年的波克夏

在討論更多寶霞案例的細節之前，最好先了解波克夏在 1989 年春天的發展。1987 年到 1989 年期間，波克夏收到源源不斷的資金。保險業務在 1988 年和 1989 年都帶來超過 2 億美元，旗下其他公司每年則帶來超過 1 億美元，供巴菲特

表 9.1 波克夏 · 海瑟威旗下業務的稅後淨利（1987 年到 1989 年）

項目 （單位：百萬美元）	1987年	1988年	1989年
保險承保	-20.7	-1.0	-12.3
保險投資收益（股息及利息）	136.7	197.8	213.6
已實現的證券收益	19.8	85.8	147.6
《水牛城新聞》	21.3	25.5	27.8
費區海默	6.6	7.7	6.8
科比	12.9	17.8	16.8
內布拉斯加家具商城	7.6	9.1	8.4
史考特費澤製造集團	17.6	17.6	20.0
時思糖果	17.4	19.7	20.6
魏斯可金融公司——非保險業務	5.0	10.7	9.8
《世界百科全書》	15.1	18.0	16.4
其他	4.3	17.0	2.8
債務利息	-5.9	-23.2	-27.1
波克夏股東慈善捐款	-3.0	-3.2	-3.8
總盈餘	234.6	399.3	447.5

資料來源：W. Buffett, letters to shareholders of BH（1988–1989）.

和蒙格投資於其他地方。總而言之，在這二十四個月裡，波克夏擁有超過 8 億美元可以投資在新的事業上，寶霞珠寶就是其中之一。

波克夏的平均月收入為 3,700 萬美元，因此 1989 年波克夏的股價從每股不到 5,000 美元上漲到超過 8,500 美元，

也就不足為奇了（見圖 9.1）。

巴菲特這樣評價他們取得的進展：「至今為止，我們的業績得益於兩個方面：一、我們的投資的公司的內在價值大幅成長；二、由於市場適當地『修正』這些公司的價格，提高了它們相對於一般企業的估值，讓我們得到額外的紅利。我們有信心旗下的公司，其業務價值可以持續為我們帶來良好獲利。但是，由於股價補漲的利益大多已經實現，這表示將來我們只能靠第一個方面受惠。」[214]

華倫·巴菲特擔憂主流的市場效率觀念

有一段時間，學術界以及他們在華爾街的追隨者，漸漸相信透過成千上萬「知情投資人」（informed investor）在市場裡的買賣行為，可以「正確地」為股價定價。這種觀點讓巴菲特覺得憂心，因為這表示投資人無法有系統地選擇被低估的股票，從而打敗市場。投資人有時候也許可以靠運氣得到優異的回報，但如果把風險算進去，最後都會回到平均的表現水準。

這種觀點認為，投資人不可能有系統性地創造超高績效，等於直接和葛拉漢的看法唱反調。葛拉漢認為，市場經常會大驚小怪，市場先生既會悲觀得很不合理，也會樂觀得很誇張，而且人們是根據情緒和和眾人的意見在買賣，至少在某些時期裡是這樣。

葛拉漢在哥倫比亞大學的課堂上，包括巴菲特的班級，

圖 9.1　1989 年波克夏的股價走勢

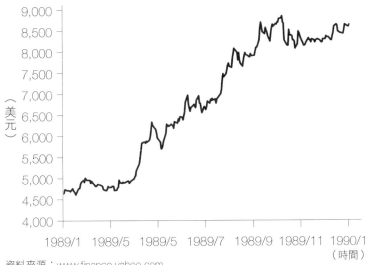

資料來源：www.finance.yahoo.com

說過：「短期而言，市場就像一台投票機；但長期而言，它更像一台體重計。」市場終究會趕上公司的價值，但可能會在很長一段時間內，給你機會用遠低於內在價值的價格買入股票。

那些學者把他們的觀點稱為效率市場理論（efficient markets theory）。這種看法完全不符合巴菲特過去五十年的投資經驗，也無法解釋在他之前的一些價值投資人的成功表現。他決定在 1988 年《致股東信》中反對效率市場裡論，他的重點是讓讀者理解他從葛拉漢那裡學到的教誨，以及他用錢冒險學來的知識。

巴菲特批評效率市場理論的擁護者。他認為，效率市場理論正確地觀察到市場經常有效，但卻錯誤地認為市場永遠有效。這兩種前提有如天壤地別。

　　「我的看法是，就我個人過去在葛拉漢－紐曼公司（Graham-Newman Corp.）、巴菲特合夥事業有限公司，以及波克夏連續六十三年的套利經驗來說──當然，還有很多其他的證據──效率市場理論太荒謬了。當初我在葛拉漢－紐曼公司上班時，我研究過該公司從 1926 年到 1956 年的套利成績，每年平均有 20% 的投資報酬率。後來，我從 1956 年開始在巴菲特合夥事業和波克夏運用葛拉漢的套利原則，雖然我沒有仔細去算，但從 1956 年到 1988 年間，我們的投資報酬率應該也有超過 20%。當然，後來的投資環境比葛拉漢當年好很多，因為他遇過 1929 年到 1932 年的大蕭條。」

　　在同一時期的六十三年間，整體市場含股息的年報酬率卻略低於 10%。這表示如果我們把所有收入都再投資，1,000 美元將增加到 40.5 萬美元。然而，如果以 20% 的報酬率來算的話，將帶來 9,700 萬美元。「如此巨大的統計差異，讓我們不禁好奇起來。」他接著說：

　　「當然，他們對學生和輕信效率市場理論的投資人所造成的傷害，對我們和支持葛拉漢的人來說，卻帶來很大的好處。在任何比賽裡，無論是商業上、精神上還是身體上的比賽，當你的對手不斷告訴別人『你怎麼嘗試都沒有用』時，

對我們來說有很大的優勢。從自私的角度來看,葛拉漢學派的人也許應該捐課桌椅給他們,確保他們繼續教授效率市場理論。」

巴菲特在哥倫比亞大學演講,紀念班傑明‧葛拉漢和大衛‧陶德(David Dodd)的著作《證券分析》(*Security Analysis*)出版五十週年。在《葛拉罕和陶德村的超級投資者們》(*The Superinvestors of Graham-and-Doddsville*)一書中,他們說有一個地方是知識分子的家園,叫做「葛拉漢和陶德村」,藉此優雅地駁斥股市永遠有效率的觀點,反對投資人無法在長期裡戰勝市場的想法。住在那裡的人,骰子丟得比猩猩好。你可以用谷歌搜尋輕鬆找到這次演講的文字內容,以及後續的同名文章。

巴菲特談避免客戶流失的優勢

1980 年代末,巴菲特火力全開教育投資人,協助投資人避免犯下常見的錯誤。他在波克夏的年度股東大會說一些警世的故事,和商學院學生談話,在電視露面,以及每年寫信給股東。1989 年,快速改變投資組合是另一個讓他憂心的問題。許多所謂的專業基金經理人,每年持股組合的變動率可能超過 100%。

如果你一開始就打算長期持有投資組合裡的股票,你可以得到更高的回報。好的回報不只是因為投資人的心態比較好——也就是專注於根本業務的長期前景,而不是市場的短

期痴迷；更棒的是，也因為省下了交易成本和資本利得的稅金。然後，還有一個好處是，這樣做可以和經理人建立長期的友誼和互信關係。

為了說明這一點，巴菲特在 1989 年的信中，要大家考慮一種極端的情況：用 1 美元開始買股票，然後持有一年，並在一年裡得到 100% 的回報。

如果在接下來的十九年裡，把稅後利潤重複投資購買股票，而且假設每次都能得到 100% 的回報，那麼 34% 的資本利得稅將為政府帶來 1.3 萬美元，為投資人帶來約 2 萬 5,250 美元。這個利潤不錯。

然而，如果把這筆投資放大二十倍，那麼二十年後我們的錢就會成長到 104 萬 8,576 美元。扣除約 35 萬 6,500 美元的稅之後，套現的我們將拿到 69 萬 2,000 美元的利潤。

只有一個原因會造成這種驚人的差異，那就是繳稅的時間點。其實政府也會從第二種情況裡獲益匪淺，雖然政府必須等很久才能拿到稅。

然而，巴菲特很清楚，這些用數學算出來的結果，並不是他們採取長期投資策略的原因。他說，如果頻繁地從一項投資轉到另一項投資，他們有可能得到更大的稅後報酬。多年前，他和蒙格就是這樣做的。

「但現在我們寧願按兵不動，即使這樣的報酬率會比較低一點。我們的理由很簡單，我們發現擁有良好的業務關係十分難能可貴，因此我們希望保留我們打造出來的一切。要

我們做這個決定並不難，因為我們認為這些關係會帶來良好
──雖然可能不是最好──的財務結果。」

對巴菲特來說，放棄和「我們認為有趣、讓人欽佩的人
合作，轉而投向我們不認識且素質一般般的人」，似乎沒有
多大意義。這就像「不管是什麼情況，為了錢結婚肯定是錯
誤的。如果一個人已經很有錢卻還這樣做，那他一定是瘋
了」。

寶霞珠寶的來歷

1870 年，路易斯・寶霞（Louis Borsheim）在奧馬哈
開了第一家店，這座誕生出聯合太平洋鐵路公司（Union
Pacific）的小鎮，當時還處在拓荒時期。這家小珠寶店一直
由寶霞一家人持有，直到 1947 年路易斯・弗里曼（Louis
Friedman）和利百加・弗里曼（Rebecca Friedman）夫妻以及
他們的兒子艾克（Ike），買下了這家珠寶店。

利百加有和本書的另一個故事有關。她是內布拉斯加家
具商城知名的蘿絲・布魯姆金夫人（第三筆投資裡談到的案
例，在 1983 年被波克夏收購）的一個妹妹。多年來 B 女士
努力工作，存夠錢後一次幫一個兄弟姐妹，逃離受蘇聯壓迫
的白俄羅斯。1922 年，利百加和路易斯用 B 女士從奧馬哈
寄來的錢，經拉脫維亞逃往美國，這是一段充滿危險的旅
程。他們抵達美國時幾乎身無分文，但靠著十二分的努力、
智慧和正直，他們用超過二十五年積累足夠的資本買下寶霞

集團。

弗里曼的商店和內布拉斯加家具商城有相同的經營理念，他們都在單一地點為顧客提供豐富的產品。他們把產品賣得很便宜，而且只說實話。他們因大量進貨而從供應商那裡拿到低價，並把低價的好處回饋給客戶，產品因此賣的很快。此外，這個家族致力於做好每一個細節。

巴菲特表示，他在 1983 年收購內布拉斯加家具商城後，竟然沒有發現寶霞也是個潛在適合收購的對象，這是他的失職。「你們的董事長犯了大錯……我忘了問 B 女士每一個小男生都會想到的問題：『你家還有像你這樣的人嗎？』」[215]

1986 年，寶霞從占地七千平方英尺（共三十五名員工）的市中心店面，遷址到目前位於攝政公園大道（Regency Pkwy）一二〇號的位置，緊鄰奧馬哈的道奇街（Dodge Street），距離市中心八英里遠。這讓公司有更大、更便宜的空間，也有夠多的停車位。在搬遷過程中，樓層面積增加了三倍，後來又增加了一倍。

那時，利百加和路易斯已經八十多歲，他們幾乎已經退居幕後，但大多數時間仍在店裡幫忙。艾克得到家族新生代成員的大力協助。他的兒子艾倫（Alan）在五歲時開始在店裡擔任清潔工，十歲時服務客戶。1986 年已經三十一歲的他，成為一名專業熱忱的寶石學家，非常喜歡彩色寶石。和女兒珍妮絲‧弗里曼（Janis Friedman）結婚的女婿

唐納德‧耶魯（Donald Yale），以及和蘇西‧弗里曼（Susie Friedman）結婚的女婿馬文‧科恩（Marvin Kohn），都在公司裡全職工作。艾克‧弗里曼和羅茲‧弗里曼（Roz Friedman）的女兒業務在繁忙的時候，也會伸出援手。

艾克深受員工和顧客的愛戴，因為他是一位和藹可親、學識淵博的老闆，也是一位完美的零售商。曾有人評論說：「艾克‧弗里曼是一位了不起的人。他擁有電腦般的頭腦，他看你戴什麼珠寶以及之前買過什麼珠寶，就可以解你這個人……他很擅長談判，出色的採購人員，也是優秀的銷售員。」[216]

這筆交易

傳聞說是唐納德‧耶魯讓巴菲特考慮收購寶霞。多年來巴菲特一直在寶霞購物。1988 年的聖誕節即將到來時，他一直在找一枚合適的戒指。工作人員都知道，和他開一點玩笑沒關係。當他在看戒指時，耶魯大喊「不要賣華倫戒指，把整間店都賣給他！」[217]假期結束後，巴菲特打電話問寶霞是否願意賣公司。隔年二月份，他們在弗里曼家，和艾克‧弗里曼與唐納德‧耶魯安排了一次簡短的會面。

他們只花十分鐘就達成交易，期間巴菲特問了五個問題。[218]巴菲特當時已經知道該公司沒有債務，而且他知道公司的名聲很好。他問：

1. 營業額多少？

2. 毛利多少？

3. 費用多少？

4. 庫存多少？

5. 你願意留下來繼續經營公司嗎？

前面四個問題寶霞這邊沒有看任何資料就回答出來，證實公司的狀況良好。第五個問題的答案則是「願意」，讓巴菲特得到關鍵人物來推動公司的業務發展，尤其是艾克。

購買寶霞的費用 80% 以現金支付，附帶的法律文件只有一頁左右，律師費為 1,100 美元。他們都同意不對外透露價格。有傳言說價格在 6,000 萬美元左右，但我沒有證據證明這一點。艾克因此變得非常富有，剩下的 20% 股份由艾倫・弗里曼（Alan Friedman）、唐納德・耶魯和妻子珍妮絲以及馬文・科恩和妻子蘇西一起分配。

巴菲特在 1989 年春天寫道：

「這次收購……就是我們在找的公司，由我們喜歡、欣賞和信任的人經營的傑出企業。這是開啟新的一年的好方法……大部分的人不管多擅長其他領域，買珠寶首飾時就像迷失在森林裡的孩子，不會判斷珠寶品質的好壞和價格高低。對這些人來說，他們只需要記住一條道理：不懂珠寶沒關係，只要認識珠寶商就好……寶霞沒有會計師查核報告，也沒有盤點存貨、核實應收帳款或是有任何查核。他們只是簡單地告訴我們什麼是什麼，接著我們雙方就草擬一頁簡單

的合約，並由我們開出一大筆金額的支票給他們。」[219]

寶霞大放異彩

交易完成後，巴菲特立即指示說：「把寶霞賣給我的事情忘了，繼續去做你在做的事情。」[220] 就這樣，根據耶魯的說法，巴菲特沒有指示他要怎麼做。他們沒有討論過公司的成長計畫、管理階層、決策或如何提高利潤等重要問題，巴菲特只要他繼續做他在做的事情，善用他的創意，波克夏就會長期並全程支持他。

「弗里曼所有家族成員，都將繼續照常營運這家公司，我和查理會站在一旁默默支持他們。實際上，他們所有的家族成員，包括高齡八十八歲與八十七歲的老先生和老太太，每天還是到店裡工作。艾克、馬文和唐納德的太太也在店裡忙碌時一同協助，他們家族第四代已經準備開始學習接班。」[221]

有了波克夏的支持，對公司來說是莫大的福氣。除了有額外的宣傳效果之外，有了波克夏‧海瑟威這家少數 AAA 級公司在現金和信譽上的奧援，讓寶霞受益良多並擁有很大的議價能力。它如果預付貨款（珠寶商很少預付貨款），就可以拿到最低的批發價。

巴菲特把寶霞和七聖徒齊名，七聖徒是指波克夏控股的七家公司，其經濟特性從優秀到卓越，經理人則清一色都很傑出：

「過去，我們把旗下主要的製造商、出版商和零售商暱稱為『七聖徒』。1989 年寶霞加入波克夏後，我們馬上遇到一個問題，那就是要想一個貼切又好聽的名字來稱呼這八家公司，但到目前為止我們還沒想到。現在姑且稱它們為『七聖徒加一』吧……這些經理人大部分已經不需要為了錢工作，但他們之所以願意繼續站在球場上，是因為他們喜歡打出全壘打。這正是他們在做的。」[222]

買下寶霞不久後，艾克受邀參加巴菲特投資圈朋友的特別聚會，這些朋友根據葛拉漢的原則管理一個以價值投資取向的基金：

「艾克為了讓大家大開眼界，特地從奧馬哈帶了總價值超過 2,000 萬美元的各式珠寶。當時我有點擔心，因為畢曉普住所（Bishop's Lodge）不如諾克斯堡（Fort Knox）那麼堅固。所以當晚艾克要發表談話時，我特地告訴他我的疑慮，但艾克把我拉到一旁說：『你看到那個保險箱了嗎？我們下午已經換掉密碼，現在連旅館的人都不知道密碼是多少。』聽到這番話，我放心多了。艾克接著又說：『你看到旁邊那兩個腰上配槍的彪形大漢了嗎？他們整晚都會守著這個保險箱。』聽完這些話，正當我鬆了一口氣準備繼續參加宴會時，艾克靠得我更近，偷偷地說：『珠寶並沒有真的在保險箱裡』。你說，我們怎能錯過這種人才。」[223]

隨著寶霞持續成長，它把營運成本控制在銷售額的 18% 左右，低於一般競爭對手的一半。

遺憾的是，波克夏收購寶霞後僅僅兩年，艾克就在1991 年因肺癌突然過世。當時公司沒有任何接班計畫。艾倫・弗里曼當時已經離開公司，在比佛利山莊開了自己的珠寶店，並把他在寶霞的股份賣給波克夏・海瑟威。於是，耶魯成為寶霞的總裁兼執行長，馬文・科恩則擔任執行副總裁。後來的三年一切都很順利，但 1994 年，珍妮絲・耶魯卻罹患癌症。唐納德曾經想蠟燭兩頭燒，兼顧主管職和家務，但後來認為家庭最重要，因此辭去了高階主管的職務，只保留董事會裡的非執行職位。

巴菲特和蘇珊・賈克絲（Susan Jacques）短暫面談後，三十四歲的她被任命為總裁兼執行長。她十四年前從辛巴威（當時叫羅德西亞）來到美國。1983 年，她在佛羅裡達州參加寶石課程時遇到艾倫・弗里曼。寶霞給她一份低階店員的工作，每小時的薪水是 4 美元。她開玩笑說，在這個由中年猶太男性主導的珠寶業裡，有三件事會妨礙她成為主管：年輕、女性、非猶太裔。但巴菲特找的是有能力、精力和正派的人，而她非常符合這些要求。

「雖然她沒有管理背景，但 1994 年我毫不猶豫地讓她擔任執行長，因為她很聰明，不僅熱愛這門事業，也熱愛她的員工。無論何時何地，這些條件都足以勝過商學院的學位。插播一下：我和查理不太重視履歷表，相反的我們在意的是頭腦、熱情和正直。」[224]

2014 年，蘇珊・賈克絲離開寶霞去追求自己的熱情，

成為美國寶石學院（Gemological Institute of America）的院長兼執行長。1980 年，她曾在該學院開啟自己的學生生涯。巴菲特說：「我為蘇珊感到無比的高興和驕傲。她在寶霞工作很久而且表現出色，雖然我很難過她要離職，但我知道她要去接美國寶石學院的位子。她對新工作充滿熱忱，新工作也可以讓她回饋珠寶業。我相信，她會在珠寶業的新工作，為大家帶來一樣的專業和合作，這是她在寶霞服務多年磨練出來的能力。」[225]

寶霞目前擁有三百五十名員工，以及面積六萬兩千平方英尺的店面，現由能幹的執行長凱倫‧葛瑞克（Karen Goracke）和執行副總裁馬文‧科恩管理公司，並帶領公司不斷成長。

學習重點

1. **聯盟的好處**。身為波克夏家族的一員，寶霞得到人們更多矚目，尤其是股東的忠誠度。此外，波克夏的信譽和雄厚的財力，也強化了寶霞的購買力。

2. **深厚的文化極有價值**。如果整個組織已經發展出深厚的文化，那麼即使失去創辦人或關鍵人物，也不會對公司造成太大的影響。當巴菲特失去艾克·弗里曼時，寶霞珠寶富有凝聚力的文化，讓它們很快就找到學識淵博、經驗豐富的唐納德·耶魯來接替他的職位。同樣的，當耶魯必須離開寶霞時，蘇珊·賈克絲能夠晉升繼續執行公司的戰略、政策和文化，後來的凱倫·葛瑞克則幹練地蕭規曹隨。

3. **不要過度榨取良性循環**。寶霞低廉的價格和成本、購買力和豐富的產品，吸引了很多客戶，因此提高了公司的營業額，於是更進一步降低價格和成本，提高購買力和產品品項。這種良性循環帶來的大部分好處，必須分享給客戶。如果寶霞珠寶只是貪婪地提高營業利潤，競爭對手就會搶走它的客戶。

4. **股市不是一台完美的秤重機**。大多數時候，股市對大多數人來說都能為股票有效地定價，但很多時候它的效率依舊不彰，投資人於是可以利用這種機會打敗市場。如果你致力於了解企業、評估經營者的素質、建立股票價

格的安全邊際、不追求不切實際的回報，並懂得利用市場先生非理性的情緒，就更有機會勝過市場。

5. **不要短期買賣**。短期持有股票讓人產生錯誤觀念、要繳更多稅，以及付更高的交易成本，會帶來較低的回報。

吉列－寶僑－金頂

（Gillette–Procter & Gamble–Duracell）

<table>
<tr>
<td rowspan="5">投資概況</td>
<td>時間</td>
<td>1989 年至今</td>
</tr>
<tr>
<td>買入價格</td>
<td>6億美元（加上 2006 年到2008 年持有 4.3 億寶僑股份）</td>
</tr>
<tr>
<td>股份數量</td>
<td>6 億美元的特別股，後來換成吉列普通股（占吉列 11% 股份），吉列股份又換成寶僑股份（占寶僑 3% 股份），最後換成金頂 100% 股份。</td>
</tr>
<tr>
<td>賣出價格</td>
<td>仍然是波克夏·海瑟威的一部分</td>
</tr>
<tr>
<td>獲利</td>
<td>至少九倍</td>
</tr>
</table>

1989 年波克夏·海瑟威
股價：4,800 到 8,810 美元　市值：49.27 億美元
每股市值：4,296 美元

　　這個案例顯示，企業如何長期在消費者心中留下深刻印象，打造出人們公認的經濟特許經營權。人們對他們長期熟悉且信賴的產品產生感情，一旦品牌擁有了這種「心占率」，潛在競爭對手就很難挑戰既有品牌。特許經營權這座城堡的護城河既深又寬，強大的品牌力可以為企業帶來更強的定價權，讓股東權益報酬率達到很高的水準。

　　但即使是強大的消費性商品企業也可能變得脆弱，1980年代末，吉列就在經歷這個過程。它變弱的不是產品的吸引

力，而是財務結構。公司受到華爾街禿鷹攻擊，並靠大量借貸和回購自家股票，來安撫咄咄逼人的股東。但事情惡化得太嚴重，公司的資金逐漸耗盡，但激進人士和私募股權投資人依然不放過它。吉列需要大量現金馬上挹注給公司，需要不會把公司賣給禿鷹、不會解雇經理人的友善大股東，因為這些作法會嚴重衝擊公司的長期營運。波克夏、巴菲特以及蒙格都符合這些條件，而且他們可以輕鬆地拿出 6 億美元。他們會讓董事根據公司的長期利益來經營，並讓華爾街的巨獸抱頭鼠竄。

一開始，波克夏買下吉列的特別股，是為了得到豐厚的股息，但沒多久特別股就轉換成普通股，然後股價就漲到比投資的 6 億美元還多數倍。

幾年後，和吉列一樣優異的寶僑公司（Procter & Gamble）出現合併的機會。寶僑在全球擁有一系列強勢的品牌。巴菲特和蒙格抓住這個機會，讓波克夏成為兩家公司合併後的最大股東。他們看見這兩家特許經營公司的品質，明白兩家公司業務合併後將帶來的綜效，尤其對超市的議價能力會提高。

後來，當寶僑的股價走高時，寶僑董事願意出售旗下的金頂（Duracell）業務。對巴菲特和蒙來說，當時的股價仍然很便宜，於是波克夏把它持有的寶潔股份，100% 換成金頂的股份。金頂這塊瑰寶還帶了 18 億美元現金的嫁妝。這筆交易在 2015 年完成，如今人們認為，金頂是波克夏為了

從碳能源，轉型成電動能源所做的準備之一。金頂和波克夏能源公司、比亞迪電動車以及電池公司，有良好的合作關係。即使沒有和波克夏能源公司和比亞迪合作的潛力，金頂也擁有全球四分之一的電池市場和強大的品牌。

打造吉列經濟特許經營權

1890 年代有一位不時在申請專利，且經常旅行的中年銷售員，他叫金・吉列（King Gillette）。他認為，他可以做出比當時市場上更好的安全刮鬍刀。當年的刮鬍刀，形狀和今天的刮鬍刀相似，但只有一面是鋒利的。使用這些刮鬍刀很麻煩，你要在皮革上磨刀，或請專業的人幫你磨。磨沒多久，刀片就不能再磨了。這些麻煩事對這位推銷員來說尤其不方便，因為他經常要在行進中的火車裡刮鬍子。

吉列研究了一些想法，並在 1895 年發明一種薄薄的長方形金屬片，金屬片的兩邊都鋒利，而且便宜到用過後可以直接丟掉，替換新刀片也很容易。但是他花了六年，和麻省理工學院畢業的工程師威廉・尼克森（William Emery Nickerson）合作，才知道該如何大量生產這種刀片。要把廉價的薄鋼磨利並不容易，尼克森必須自己製作打磨的機器。

吉列和尼克森在 1901 年成立他們的公司，但直到 1903 年，刀柄和刀片才開始在生產線生產。到了隔年年底，他們已經賣出九萬一千多把刮鬍刀。對當時的顧客來說，先買一把刮鬍刀再買整排的刀片，的確是很新鮮的事。1904 年，

這種刀片兩邊都有鋒利的邊緣、刀片變鈍後可以丟掉的刮鬍刀，申請到專利許可。一個安全的刮鬍刀，加上一包共有二十個刀片的刀片組，零售價是 5 美元。這個價格不便宜，相當於半週的工資，但花錢買方便顯然很值得。一包二十個刀片的售價則是 1 美元。

吉列公司花很多時間尋找大規模生產的方法，一旦他們找到之後，就可以很快提高產量，並向海外擴張。到了 1908 年底，吉列的製造工廠已經遍佈英國、加拿大、法國、德國和美國。

競爭對手目睹吉列在市場上的優勢，不久後也推出雙刃刀片。這些對手不可避免地要打專利戰，最後的結果通常是吉列收購競爭對手。

當時，吉列的主要投資人兼董事約翰‧喬依斯（John Joyce），正和金‧吉列爭奪公司的控制權。最後，吉列在 1910 年將他大部分的股份賣給喬依斯。後來他處於半退休狀態，但被任命為公司總裁，經常造訪公司在海外的分部。他的照片出現在吉列包裝上，因此變得很出名。

吉列花更多時間旅行、交易房地產和在股市買賣股票，而喬依斯則負責管理日常業務。1916 年喬依斯去世後，他的投資銀行家朋友愛德華‧奧爾德雷（Edward Aldred）買下喬依斯遺產中的吉列股份。

在第一次世界大戰期間，吉列得到為美軍供應刮鬍刀的合約，這是公司的重大突破。吉列成為美軍野戰裝備的供應

商之一，要提供三百五十萬把刮鬍刀和三千兩百萬片刀片。戰爭結束後，返美的美軍自然會保留他們的刮鬍刀，更重要的是，他們會繼續維持使用吉列刀片的習慣。

人們通常認為吉列發明了一種商業策略：以低價且往往虧本的方式賣產品，藉此提高用戶量，接著再以高價銷售補充品。商學院稱這種策略為「刮鬍刀和刀片策略」（razors-and-blades strategy）。這種策略目前已經廣泛應用到許多產業，從遊戲機到音樂串流媒體的免費加值模式都有。

但吉列並不是偶然間想到這個方法。實際上，這個產品在 1921 年前仍受專利保護時，吉列已經針對刀柄索取高價。吉列把自己定位成高端市場裡的優質產品，因此一開始的價格是其他品牌的五倍之多。但是一旦專利到期，吉列就沒有販售特殊形狀手柄的獨家權利。為此，吉列降低了舊型號的價格，企圖和競爭對手抗衡或比對手更便宜。同時，吉列又推出有新專利且售價更高的手柄。這種作法把對手擠壓或排除到低價市場，才有所謂的刮鬍刀和刀片策略，但也因此為消費者提供了特殊的升級版刮鬍刀。

吉列的專利在 1921 年到期後，產品可能被競爭對手模仿，照理說它應該會面臨競爭壓力，必須降低刀片的價格。但到了那時候，世界各地數以百萬的男士已經習慣購買吉列的優質刀片，而且該公司強大的行銷強化了一個訊息：為「最好的男性刀片」多付一點錢很值得。吉列在品牌上的投資確實得到回報，引發消費者強烈的忠誠度。事實上，在

1950 年代，吉列在美國的市占率為 70% 到 75%，在其他許多國家的市占也很高。

從刮鬍刀到鋼筆，品牌多元化發展

1950 年代和 1960 年代，公司的現金不斷累積，董事看到投資相近和相異市場的機會。它們首先在 1953 年推出泡沫刮鬍膏。兩年後，公司涉足男性美容領域以外的市場，收購了原子筆製造商比百美（Paper Mate）。1960 年，公司把焦點放回主業，推出萊卡（Right Guard）止汗劑，並在 1967 年收購了以電動刮鬍刀聞名的德國公司百靈（Braun）公司，百靈也提供其他電動產品。然後，鋼筆再次吸引它們的目光，吉列於是買下派克鋼筆公司（Parker and Waterman）。這些只是收購清單裡幾個重點項目，清單太長無法在此完全列出。你可以說，這家公司變得非常多元化。

在不斷累積品牌的同時，吉列刮鬍刀和其他產品的銷售，迅速擴大到兩百多個國家。不久後，吉列有超過 60% 的銷售都來自美國境外。

柯曼・馬可勒（Colman Mockler）在 1957 年加入吉列，一輩子都是吉列的員工，並在 1975 年被任命為執行長。馬可勒的專長是財務領域，他認為公司的業務因過於多元化而失去焦點，而且一直在經營一些股東權益報酬率很低的業務。

這位新上任的執行長，接手了一家從打火機到除臭劑等

各種商品都賣的公司，而且吉列這家公司在全球的營業額達 15 億美元，並賺到 7,800 萬美元的可觀利潤。他提高股東回報的方法，是特別注意消費者會頻繁購買且銷售量大的市場。他賣掉了皮革製品、工廠和其他一些部門，並把資金投入公司顯然比較有競爭優勢的領域。他還增加廣告預算，加強以品牌形象為根基的經濟特許經營。

嚴重的競爭威脅

後來，法國比克公司（BIC）以一系列的一次性產品，打入多個市場。1958 年，該公司第一次以拋棄式原子筆打進美國市場，嚴重影響吉列的比百美產品。1973 年，比克公司推出拋棄式的打火機，導致吉列的「Cricket」打火機銷售量下降。

對吉列來說，原子筆和打火機市場都很重要，但不是極度重要。此時，致命打擊尚未來臨。刮鬍刀刀片為吉列帶來 70% 以上的利潤，因此當比克公司在 1975 年推出一體成型的拋棄式刮鬍刀時，這家公司才真正感受到威脅。公司的反應是降低價格，並強調它們的產品品質更好。這種作法奏效，吉列的利潤上升了。1976 年，吉列推出第一款雙刀片拋棄式刮鬍刀，隨後又在 1977 年推出第一款樞軸刮鬍刀。1984 年，一部分多出來的現金用來買歐樂 B（Oral-B）牙刷。

遭受華爾街禿鷹攻擊

吉列在 1980 年代初期和中葉累積的利潤，讓許多華爾街人士來說非常有吸引力，因為他們可以輕鬆取得大量的借貸資金。這是垃圾債券盛行的年代。羅納德‧佩雷爾曼在前一年以 18 億美元收購露華濃（Revlon），並在 1986 年提議以 41 億美元收購吉列。此時，露華濃已經收購了吉列 13.9% 的股份。兩家公司都經營個人護理產品，有人認為若收購完成，可以為兩家公司在銷售和通路上帶來綜效。

馬可勒極力反對這筆交易，但結果是吉列同意以 5.58 億美元，也就是每股 59.50 美元的價格，回購露華濃持有的吉列股份。這個價格高於市場的 56.625 美元。華爾街分析師認為這筆交易是「溢價回購」（greenmail）[226]，露華濃因此得到 4,300 萬美元的利潤，並讓吉列支付了 900 萬美元的法律費用。與此同時，股東還眼睜睜看到股價跌到 45.875 美元。

雪上加霜的是，露華濃第二年又提出兩個惡劣的提議。吉列感受到必須盡快改善業績的壓力，因此整頓了高層，賣掉表現不好的部門，把工廠進行現代化改造，還把製造工作轉移到低成本地區，並降低員工人數。

但儘管如此，1988 年它再次成為被狙擊的對象。這一次，擁有 6% 股份的紐約投資集團科尼斯頓合夥公司（Coniston Partners），想要用自己提名的人，換掉吉列董事會十二名成員裡的四名。他們希望把吉列賣掉或拆分。雙方

鬥得很激烈，最後吉列股東投票反對科尼斯頓的提議，但投票結果非常接近，有 48% 股東投票支持科尼斯頓。面臨最大股東科尼斯頓的施壓，以及擔心會有人提出更多類似的要求，吉列董事會於是提出回購七分之一股份的計畫，而且這次回購開放所有股東參與。它們總共花費 7.2 億美元購買1,600 萬股。

大部分資金都是舉債而來，大大增加吉列的利息負擔，年利率高達 10%。為此投資人非常擔心，導致 1988 年 8 月公司宣布回購股票後，吉列的股價下跌 5%。公司試圖安撫股東，表示在高現金流入的支援下，預估公司的總債務到了1992 年將降到「只有」10 億美元。但是，投資人看到資產負債表上出現負淨資產（1988 年一度有 8,500 萬美元的負資產），而且吉列還有一項昂貴的資本支出計畫和強化品牌的支出。不過，最起碼公司還在獲利。1988 年吉列的利潤為2.69 億美元，1989 年上升到 3.85 美元，營業額分別為 36 億美元和 38 億美元。吉列的董事被迫承認兩件事：

● 首先，它們很難維持獨立運作。也許，公司被華爾街的巨獸接管，只是遲早的問題。

● 其次，它們的負債過高，公司很容易陷入財務困境。

他們需要加強防禦，需要一位能夠投入大量非債務資本，且能阻止外來侵略的白衣護衛。但是，該去哪裡找到一個手上有數億美元的人？

成為吉列的白衣護衛

人在奧馬哈的巴菲特一天要讀六份報紙，遠遠地看著吉列正在經歷磨難。它的財務狀況陷入窘境，提心吊膽有人要展開另一場腥風血雨的競購戰。在某個春天的晚上，當巴菲特讀到吉列 1988 年的財報時，有了一個想法：「我的想法是，它們可能想大舉投資自家的股票，因為它們在回購股票上已經花光所有的錢⋯⋯我會毛遂自薦幫他們出資。」[227]

在吉列總部，約瑟夫・西斯科（Joseph J. Sisco）也有類似的想法。他是知名的國務院外交官，也是巴菲特在蓋可董事會的同事。巴菲特打電話給西斯科，問他是否願意聯繫柯曼・馬可勒，看看吉列是否願意討論波克夏的投資。「我告訴約瑟夫，如果它們有興趣很好；如果他們沒興趣，那也沒關係。」[228]

西斯科非常支持這個想法，他相信這兩個來自中西部的人見了面之後，會一拍即合。果然，幾天後，當馬可勒和巴菲特在奧馬哈見面時，他們處得很好，都很喜歡奧馬哈媒體俱樂部（Omaha Press Club）簡單的食物——漢堡和可口可樂。巴菲特說：「我很喜歡他，我們互動良好。我就像在認識女孩子一樣，只花不到五分鐘，就看出他非常有能力。」[229]

巴菲特提議購買 3 億到 7.5 億美元的特別股，馬可勒可以在這個範圍內決定具體數字。午餐後，巴菲特開他那輛老爺車送客人回機場，一路上沒有討論任何交易條款。

最近，吉列董事從公司幾乎快用罄的現金儲備，撥出 1.2 億美元，用來生產他們即將推出的革命性傳感刮鬍刀，並將投入更多資金開拓國際市場。因此，在 1989 年 6 月 15 號的董事會上，他們表示願意在適當條件下，接受波克夏的資金。馬可勒報告說，他很欽佩巴菲特，這筆投資「將幫助吉列執行其戰略計畫，同時不必過分擔心會出現像過去幾年的動盪和干擾。」[230]

吉列之所以歡迎巴菲特，是因為他公開表示不會惡意收購吉列，再加上他過去的紀錄都在在顯示，他是一個能堅守原則的人。巴菲特在購買大量且會影響公司的股份時，還嚴守一條吉列也很欣賞的作法，那就是「留任既有團隊，因為我們無法直接管理公司。」[231]

巴菲特的第一個提議，是讓波克夏買下 6 億美元新發行的特別股，並有權轉換為普通股。公司每年支付 9% 的特別股股息，而且波克夏可以每股 45 美元的價格，把特別股轉換成普通股。巴菲特還提出另一個替代方案：吉列可以提供更豐厚的股息——高達 9.5%，但轉換成普通股的價格則提高為每股 50 美元。當時普通股在市場上的價格約為 40 至到 43 美元。

馬可勒和董事會認為，這些作法對吉列的普通股股東來說太麻煩了，因此拒絕了這種安排，但他們同意在 7 月的一系列會議上，和查理・蒙格討論替代方案。最後，雙方以 8.751% 年息和 50 美元的轉換價達成協議。1989 年 7 月 20

日，波克夏購買了 6 億美元的特別股，巴菲特和蒙格預計可以收到 1,312.5 萬美元的季息，他們可以把這筆錢用在其他投資。

巴菲特加入吉列董事會，並同意除非吉列的控制權發生變化，或者當吉列陷入財務困境時，波克夏的保險監管單位強制出售吉列股份，否則波克夏不會出售持有的吉列股份。這次購買吉列股份，大部分的錢來自波克夏旗下的保險浮存金。如果波克夏出售特別股，吉列公司將擁有優先購買權。此外，巴菲特加入吉列之後，吉列迅速換掉它們自動販賣機和自助餐廳的商品，因為它們現在這些地方改賣可口可樂，而不是百事可樂。

這筆交易還有一個規定：如果吉列的普通股至少連續二十天高於 62.50 美元，吉列可以要求波克夏把特別股轉換為普通股。交易完成後，波克夏將持有 11% 的吉列普通股。

吉列用這 6 億美元償還高利貸、強化財務狀況，並保有現金流，讓公司可以繼續投入大額的資本支出。

財經媒體認為，吉列對波克夏過於慷慨，因為其他類似公司發行的特別股股息，比波克夏的少幾個百分點。吉列一位董事麗塔・里卡多・坎貝爾（Rita Ricardo-Campbell）後來寫了一本談惡意併購的書，她在書中為這筆交易辯護。

「據我所知，當時吉列根本找不到或有人願意提出其他方案。要找到願意一次投入 6 億美元的對象並不容易……吉列的顧問表示，這筆交易的投資人其報酬率可能在 25% 左

右。從巴菲特的角度來看，任何投資都有風險，可轉換特別股也有風險，他持有的美國航空公司和所羅門兄弟的股票，就是這種情況。」[232]

巴菲特在1989年致波克夏股東的信中，如此評價吉列：「吉列這家公司和我們喜歡的公司類型很像，我和查理都熟悉這個產業的環境，所以我們相信能夠合理預估這家公司的未來。如果你還沒試過吉列新的傳感刮鬍刀，趕快去買一個試試！」在談到關鍵人物時，巴菲特說：「我們只和我們喜歡、欣賞且信任的人打交道……吉列的柯曼·馬可勒……都符合我們的標準。」

當巴菲特找不到有吸引力的普通股投資時，他選擇了更安全的特別股。他說，他認為在幾乎所有情況下，除非出現另一次大蕭條或大規模的詐欺，否則特別股起碼能讓投資人回收投資的資金外加股息。他還補充說，如果波克夏真的只能回收本金和領取股息，他會覺得很失望，因為這樣的交易「讓我們必須犧牲彈性，這樣做可能讓我們錯失更好的投資機會……所以波克夏若想從吉列四次發行的特別股，得到滿意的績效，唯一的方法是被投資的公司的普通股也能有優異的表現。」[233]

巴菲特認為，吉列擁有一個主要、穩定且重要的股東，可能會提高其他股東的利潤。「我和查理會以支持、理性和客觀的態度對待吉列……這些經驗老到的公司執行長……在某些時候……會很高興有機會從和他們背景迥異的人身上，

測試他們自己的想法⋯⋯我和查理認為，和一般的固定收益債券相比，投資這種可轉換特別股，應該可以讓我們得到更好一點的利潤，同時我們也可以在這些被投資公司裡，扮演有建設性的少數關鍵角色。」[234]

吉列的黃金歲月

1989 年 10 月，傳感刮鬍刀問世了。這種刮鬍刀有更薄的雙刀片，各自獨立安裝在彈簧上，可以不斷根據臉部輪廓調整，因此能夠貼近刮除鬍鬚。這個產品馬上就引起市場轟動。由於產品太過成功，因此公司曾暫停播放廣告一段時間，讓生產團隊的產量能夠趕上需求的速度。

因此，吉列雖然在十三年裡花了近 2 億美元的開發成本，隨後又花了 1 億美元的廣告費用，但這樣做還是為吉列帶來了豐厚的回報。工廠每週七天全天候生產產品。兩年內，刀片盒就賣出了十億個。

吉列的稅後利潤從 1989 年的 2.85 億美元，增加到 1990 年的 3.68 億美元，再增加到 1991 年的 4.27 億美元。1992 年的收入則高達 5.13 億美元。

普通股

吉列的普通股股價飆漲，董事會於是堅持要求波克夏·海瑟威要在 1991 年 4 月 1 號，將特別股轉換為 1,200 萬股的普通股。由於這些股票的市值超過 13 億美元，加上巴菲

特和蒙格身為利潤快速成長的公司的一份子，他們非常樂意把特別股轉換成普通股。

但讓人難過的是，1991 年 1 月，柯曼・馬可勒因心臟病去世，享年六十一歲。巴菲特在 1990 年致股東的信中，表達了他對馬可勒的敬意：

「除了『紳士』之外，我沒有其它字眼能更貼切形容柯曼這個人了，這個詞代表了正直、勇氣與謙和。除了這些特質之外，再加上他的幽默感和超強的經營能力，大家應該可以想像，和他共事是一件多麼讓人愉快的事。這也是為什麼我和許多認識柯曼的人，都會對這麼想念他的原因。」

他還引用了《富比士》雜誌的吉列封面故事，那篇文章在科曼去世前的幾天刊出。文章讚揚吉列對品質的追求。雖然吉列目前讀產品已經達到一流的水準，但這種精神讓公司始終致力於推出更好的產品。巴菲特說，《富比士》在如此描述吉列時，也為讀者描繪出科曼的面貌。

巴菲特為何持有吉列的普通股？

1991 年把特別股轉換為 1,200 萬股普通股後，波克夏持股的市價可能超過 13 億美元，是不到兩年前投資時的兩倍之多。那麼，當時巴菲特為什麼不把股票賣掉變現？

據推測，他是考慮到未來十年以及更久之後，吉列可能帶來的業主盈餘。後來，他可能是在腦海中估計未來的業主盈餘現值，藉此粗略算出內在價值的大小。這是定性的算

法，離精確計算還差很遠。他們是根據對某些事情的判斷，例如在不同國家的消費者心目中，品牌的力量可以持續多久、管理團隊的能力，以及董事為股東創造最大利益的可能性有多高。

我們不知道巴菲特在 1991 年算出來的數字是多少，但是我們可以看看在後來的十年裡，吉列實際付給波克夏的股息有多少。我們可以看看波克夏在吉列未分配盈餘中所占的比例（見表 10.1）。也許巴菲特心中算出來的數字也不相上下？果真如此，他在 1991 年的判斷可能認為，過不了幾年，波克夏的股息加上占吉列保留盈餘的比例，每年大概會超過 1 億美元。順帶一提，我們不應自動認為表中的數字可以完美呈現業主盈餘，因為有一些保留盈餘，可能會被大量的資本支出或額外的營運資本投資吃掉，這些支出是為了維持公司的經濟特許經營權。但是，有了這些數字，我們還是可以大致了解業主盈餘的數字。

他可能還認為，公司強大的管理團隊，將不斷利用吉列的市場地位帶來成功的新產品和新的行銷，因此股息加上保留盈餘的金額將逐年成長。若真如此，那麼這 1,200 萬股的股票，其內在價值將大大超過 13 億美元的市場價格。

就特許經營的實力來說，巴菲特把吉列和可口可樂歸為同一類：「可口可樂與吉列可以說是當今世上最好的兩家公司，我們預期在未來幾年內，它們的獲利還會以驚人的速度成長。未來，我們持股的價值也會以等比例地增加。」[235]

表10.1 波克夏在吉列的股息和占未分配盈餘的比例
（1991 年到 2000 年）

年份	股息 （百萬美元）	波克夏占未分 配盈餘的部分* （百萬美元）	波克夏持有的吉列股份** （百萬）
1991 （九個月）	11	20	12（直到 5 月 1 日） 然後是 24
1992	17	33	24
1993	19	38	24
1994	23	44	24
1995	25	未提供	24（直到 6 月 1 日） 然後是 48
1996	33	63	48
1997	40	70	48
1998	41	未提供	48（直到 5 月 15 日） 然後是 96
1999	55	45	96
2000	61	43	96

*　如果支付給波克夏，就不太可能是假設稅（hypothetical tax）。
**　波克夏沒有再買進任何股票，但把一股分割成兩股。
資料來源：W. Buffett, letters to shareholders of BH（1991–2000$; Media
Corporate IR Net, stock split history（1950–1998）, media.corporate-ir.net.

　　對他來說，這樣的結論似乎很合理。從長遠來看，可口
可樂和吉列的商業風險，比任何電腦公司或零售商都小很
多。可口可樂銷量約占全球軟性飲料總量的 44%，而如果
以刀片市場的價值來計算，吉列則擁有超過 60% 的市占。
除了箭牌之外，巴菲特想不出還有其大型企業能在其所屬的
產業裡，於全球享有這麼大的龍頭地位。

「此外近年來，可口可樂和吉列的全球市占率，也確實一點一滴地在增加，其品牌力量、產品特質和配銷通路的優勢，讓它們擁有超強的競爭力，就像樹立起高聳的護城河來保衛它們的經濟城堡。」[236]

新的、新的、新的，以及更多新的

大量現金流入公司，管理者渴望擁有更多世界級的產品。1992 年，歐樂 B 細毛（Oral-B Indicator）牙刷上市，該品牌還開發並推出吉列系列的男士盥洗用品，包括止汗劑、刮鬍後使用的潤膚液。

吉列在 1993 年以 4.84 億美元收購派克鋼筆，公司因此得以派克和比百美兩個品牌，在全球筆類市場領域占據領先地位。同年，吉列推出了「刮鬍系統」的超級感應刀片（SensorExcel），承諾「有五個柔軟的微縮微片」。也是在 1993 年，吉列推出百靈牌 FlavorSelect 咖啡機、歐樂 B 的 Advantage 牙刷、Custom Plus 男士和女士拋棄式附旋轉頭刮鬍刀。

公司隨後進行了幾次補強收購，但真正最大規模的收購是在 1996 年斥資 78 億美元，買下全球鹼性電池龍頭公司金頂。吉列收購的原因是，結合金頂和吉列的行銷管道，藉此觸及兩百多個國家的客戶。以銷售額計算，金頂是該公司排名第二的部門。

那一年的另一個亮點是女性超感應刀片，推動公司整

體銷售額達到近 100 億美元，利潤達到 9,490 億美元。2000年，隨著旗下維納斯（Venus）品牌推出一系列產品，吉列鞏固了女性刮鬍產品的成功。

1998 年到 2000 年期間，銷售額和盈餘成長出現了一些問題。文具和小家電虧損，電池業務遭遇勁量（Energizer）和 Rayovac 的激烈競爭，這兩家公司都提供性能相似且更便宜的產品。另一個想分食吉列利潤的競爭對手是舒適牌（Schick-Wilkinson），該公司推出有四個刀片的 Quattro 刮鬍刀，並多拿下 3% 的市占率。

董事以裁員來因應銷售額下降，卻仍阻止不了吉列的股價下跌。儘管股價下跌，但波克夏所持的吉列股份市值，已經從十年前的 6 億美元，上升到超過 30 億美元（圖10.1）。

「想到世界上有二十五億名男性每天早上都要刮鬍子，我就可以開心入睡。」[237]

基爾茲的時代

2001 年 2 月，吉列連續十四季未達到盈餘目標，而且五年來的銷售額持平，於是決定從卡夫食品挖角詹姆斯・基爾茲（James M. Kilts）來重振公司。

基爾茲是吉列創立七十年來，第一位空降的執行長。和過去一樣，巴菲特見過基爾茲一面之後，就決定聘請他：

「這是很自然的作法……他在談整體業務時，就和我曾

圖 10.1　波克夏所持吉列股份的市值（1989 年到 2005 年）

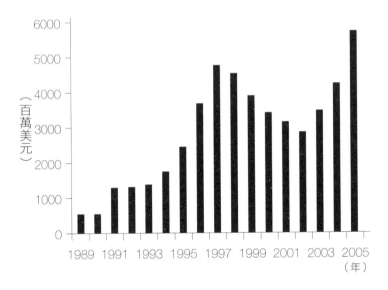

經談過話的人一樣，非常有邏輯。如果你聽吉姆分析商業情勢，你絕對不會聽到他胡說八道。坦白說，要找到這樣的人很難。」[238]

　　基爾茲改進了吉列數百個營運細節，以確保品牌有最佳的表現。

　　「就像基爾茲本人說的，經營公司不像火箭科學那麼精確，但仍然是一個細緻而嚴謹的過程。基爾茲沒有為吉列的未來制定宏偉的願景，而是徹夜未眠地思考，電池應該以一包六個或八個來賣。基爾茲並沒有為了號召大家，而舉辦大型演講高談闊論吉列將如何改變世界，而是用幻燈片說明和

競爭對手相比，吉列的一般銷管費用是多少。他的作法不光鮮亮麗，也不時髦。這種做生意的方法內斂老派，但它很有效。」[239]

從之前的圖 10.1 可以看出，基爾茲的方法得到了回報，波克夏持股的價值躍升到 40 億美元以上，後來達到 50 億美元。

應該獎勵經理人，但只有在有必要的情況下才獎勵

巴菲特在 2005 年《致股東信》中，清楚明白地讚賞基爾茲，這和巴菲特厭惡給經理人不合理的獎勵形成極大落差。

巴菲特在稱讚基爾茲時表示：「公司執行長的重要性，怎麼強調都不為過。」在基爾茲就任之前，吉列在資本配置上犯了一些代價高昂的錯誤，因此陷入困境，收購金頂更讓股東損失了數十億美元，但這種損失從未以傳統的會計方式呈現出來。簡言之，該公司損失的商業價值，多過它得到的商業價值。巴菲特很驚訝，管理階層和投資銀行家在思考收購時，經常忽略這個標準。

「基爾茲入主吉列後，迅速執行財務紀律，全面收緊業務，推動市場行銷，他的一系列措施大幅提升了公司的內在價值。……詹姆斯的薪水很高，但每一分錢都是他努力賺來的（這不是嚴謹的估值：身為股東的詹姆斯持有吉列股 9.7% 的股份，波克夏實際上支付了他那部分的薪水）。事實上，

在大公司裡，付給能力卓越的執行長再高的薪水也不為過，但這種執行長太少見了。」

巴菲特認為，高階主管的薪資，往往和績效不成比例且不相符。平庸的執行長挑選的團隊和顧問，推波助瀾設計出不佳的薪資政策，對投資人來說很不公平。

他用十年期固定價格的選擇權為例子，以說明薪資和績效不不符的獎勵政策。如果「停滯公司（Stagnant Inc.）的執行長徒勞先生（Fred Futile）」得到公司 1% 的選擇權，那麼對他最有利的作法，顯然是讓每一股的價值飆高。因此，他可以決定公司不發放股息，並用公司的盈餘回購股票。

假設在徒勞先生的領導下，停滯公司恰如其名地原地踏步，公司在發行選擇權後的十年裡，每年以 100 億美元的淨資產賺進 10 億美元。一開始，這相當於每股盈餘 10 美元（1 億的流通股）。如果徒勞先生不發股息而回購股票，且股票持續以十倍的本益比出售，那麼等到選擇權到期時，股價將上漲 158%。這是因為股份數量將減少到 3,870 萬股，每股盈餘則增加到 25.80 美元。徒勞先生把盈餘扣住不發給股東，因此變得非常富有——到 1.58 億美元，但公司的業務其實從未改善過。

更糟的是，即使停滯公司的獲利在這期間下降 20%，徒勞先生的收入也可能超過 1 億美元。巴菲特問道，這種作法管理高層和股東的利益何曾一致過？

即使公司有股息政策，例如發放盈餘的三分之一給股

東，績效不佳的管理人依然可以得到豐厚的獎勵。

「事情不是非得變成這樣不可。對董事會來說，把保留盈餘自動產生的價值設計在選擇權裡，簡直是小兒科。但讓我吃驚的是，幾乎沒有哪一家公司發行過這種選擇權。實際上，選擇權的履約價隨保留盈餘調整的概念，對於設計薪資制度的『專家』來說似乎非常陌生，但這些專家對於所有有利於管理高層的薪資設計，卻有如百科全書一樣了若指掌。畢竟，這些專家吃人嘴軟，拿人手短。」

巴菲特也嚴厲批評遣散費政策。「執行長被解雇的那一天，也是他收入特別豐厚的一天。事實上，在他清理辦公桌走人的那一天，他『賺』到的錢，比一個打掃廁所一輩子的美國工人賺的錢還多。」

寶僑公司

在國際市場上，吉列和寶僑公司遭遇英荷巨頭聯合利華（Unilever）的強大挑戰，該公司擁有一系列出色的個人護理產品和食。聯合利華在許多國家的規模比這兩家美國公司都大，對零售商也有更大的影響力。

在獲得巴菲特批准後，基爾茲向寶僑提出合併計畫。兩家公司的產品幾乎沒有重疊，讓反對壟斷的監管機構比較不會阻止這筆交易。尤其是吉列的刮鬍刀業務，巧妙地延伸了寶僑的美容和美容業務。

合併將強化它們對零售商的議價能力。例如，沃爾瑪

就能夠和供應商討價還價，它占寶僑銷售額的 17%，占吉列銷售額的 13%。寶僑和吉列匯集旗下二十一個「必備品牌」，每一個品牌的年銷售額在 10 億到 100 億美元之間，它們聯手之後將可以與超市專業買家施加的壓力抗衡。「零售商不能不進它們的品牌。這次合併是為了強化和大型超市集團之間的權力平衡，」一位分析師在聲明中表示。」[240]

基爾茲告訴媒體，他對此次合併持樂觀態度，因為合併將帶來龐大的規模。「實力加上實力等於成功，」他說。除了提高議價能力外，寶僑還預期合併將在營收和成本上帶來綜效。此外，合併後公司將有超過 30 億美元的行銷預算，這筆錢可以讓它們與媒體公司和廣告商談判時，取得很大的力量。

2005 年 1 月，寶僑以 0.975 股換取吉列的 1 股，價值約 570 億美元，占合併後實體的 29%。新的寶僑市值將達到約 2,000 億美元，銷售額達到 610 億美元，成為全球第一大家庭用品供應商。

巴菲特身為吉列第一大股東，受邀在官方公告中發表評論。他稱此次收購是「完美的交易」，將「創造出世界上最偉大的消費性產品」。

2005 年 10 月 1 日，波克夏‧海瑟威持有的 9,600 萬股吉列股票，交換成 9,360 萬股寶僑股票。2005 年底前，巴菲特又買進 640 萬股寶僑普通股，持股規模達 1 億股，即 3% 的寶僑股份，市值 58 億美元。「我們從沒打算在合併前賣

掉我們的吉列股票，現在我們也不打算賣掉寶僑的股票，」他在 2005 年致波克夏股東的信中如此寫道。

但沒多久，寶僑就按照承諾回購了自己的股票。因此，儘管波克夏持有的 1 億股股份保持不變，但到了 2006 年底，該公司占寶僑股權比例卻上升了 0.2%，達到 3.2%。2007年，波克夏又買了 147.2 萬股的寶僑股票，但在 2008 年賣掉 953 萬股，隨後 2009 年又賣掉更多（圖 10.2）。巴菲特說，他和蒙格預期寶僑的股價將來會走高，但是「為了幫陶氏化學（Dow Chemical）和瑞士再保險公司（Swiss Re）籌資，我們在 2009 年初賣了一些股票。今年年底，我們為了收購伯靈頓北方聖大菲鐵路公司（Burlington Northern Santa Fe, BNSF），也賣掉其他的股份。」2008 年股市崩盤後，是撿便宜的好時機，便宜到比持有寶僑更誘人。

2010 年，為了收購伯靈頓北方聖大菲鐵路，波克夏動用了 220 億美元現金，其中部分資金是靠出售寶僑股票籌得。2012 年，波克夏為了收購亨氏食品公司（H. J. Heinz），使用了 120 億美元的現金。賣掉寶僑股份的另一個原因，是巴菲特看到很多能夠提高子公司特許經營品質的機會。例如，2012 年，公司透過補強收購的方式，收購了二十六家公司，耗資 23 億美元。

金頂

1996 年，當吉列以 78 億美元收購金頂時，金頂是鹼性

圖10.2 寶僑股價（2005 年 10 月到 2016 年 2 月）

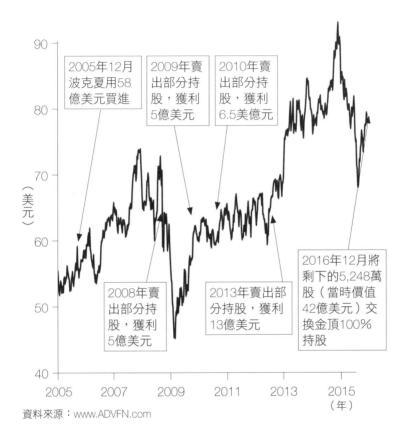

2005年12月波克夏用58億美元買進

2009年賣出部分持股，獲利5億美元

2010年賣出部分持股，獲利6.5美億元

2008年賣出部分持股，獲利5億美元

2013年賣出部分持股，獲利13億美元

2016年12月將剩下的5,248萬股（當時價值42億美元）交換金頂100%持股

（美元）

90

80

70

60

50

40

2005　2007　2009　2011　2013　2015
（年）

資料來源：www.ADVFN.com

電池市場的領導者。金頂兔子出色的行銷，創造出這個風行
全球的品牌。金頂占吉列銷售額的四分之一，但過沒多久，
競爭對手就推出更便宜的電池。價格戰隨之開打，金頂的市
占率連續兩年下降。公司的營運似乎進入了低迷階段，行銷
活動也以失敗告終。公司在美國幫金頂兔註冊商標卻失敗，

勁量公司倒是幫它們的兔子商標註冊成功。金頂的經常開支也有所增加。

　　基爾茲實施了財務規定，並且投資新的行銷活動，但金頂並沒有因此收復失地。公司的年營收成長率放緩到 1%，也失去了一些市占。2014 年，寶僑認為它的最佳策略是專攻利潤最多的六十五個品牌，例如汰漬（Tide）、海倫仙度絲、幫寶適等等，並賣掉成長緩慢的部門。

　　巴菲特看到了機會，因為「身為消費者和長期投資人的我，一直對金頂印象深刻。」畢竟，這家公司仍占全球電池市場的 24%。他同意用波克夏持有的 42 億美元寶僑股票，換取金頂的全部股份，但前提是寶僑要挹注 18 億美元的現金到這家電池公司，所以淨價其實是 24 億美元，不到二十年前吉列收購金頂所支付的三分之一費用（此筆交易在 2016 年 2 月完成）。

為什麼選擇金頂而不是寶僑？

　　金頂和寶僑都是消費性公司，擁有強大的品牌和可預測的現金流。兩家公司的業務都很好理解，有很強的競爭優勢，而且兩家公司都是由能幹且誠實的經理人管理。那麼，為什麼巴菲特選擇把所有雞蛋放進金頂的籃子裡，而不是放進寶僑的籃子裡？

　　我懷疑這個決定和價格有很大的關係。2015 年，寶僑的本益比超過二十倍，顯示市場相信寶僑的盈餘將大幅成

長。寶僑認為，金頂的成長注定要放緩，因為充電電池已經超越它了。

但巴菲特發現金頂的現金流強勁，而且寶僑願意以七倍的稅前息前折舊攤銷前利潤（EBITDA）出售。這個稅前息前折舊攤銷前利潤的作法，讓巴菲特和所有理性的價值投資人戰慄，因為它忽略了還有資本支出和稅額。但即使合理估計這部分的金額，並將它們扣除掉，金頂的售價也只有稅後盈餘偏低的兩位數倍數。

我們可以從表 10.2 看到，金頂對有形資產淨值的使用，完全和波克夏支付給金頂的 42 億美元不一樣。金頂的淨資產為 42 億美元，扣除 24 億美元的商譽和無形資產後，我們得到 18 億美元。但是，我們在資產負債表看到 18 億美元的現金。營運金頂用不到這麼多現金，表示金頂可以用很少的有形淨資產繼續生產電池，因此巴菲特可以把現金投資在其他股票。這也表示隨著公司發展，有形資產淨值的報酬率將會很高。

巴菲特不太擔心金頂銷售額持平的問題。他在 2007 年致股東的信中表示：「我們要找的，是在穩定產業裡具備長期競爭優勢的公司。如果它能快速有機成長的話很好，但就算沒有成長，這樣的公司還是會帶來回報。我們只需要簡單地把這些業務的可觀盈餘，拿去其他地方買類似的公司即可。」

金頂之所以對巴菲特有吸引力，也和巴菲特比較喜歡完

表10.2 波克夏收購金頂時，金頂的資產負債表

資產負債表	
資產	
現金及約當現金	1,807
庫存	319
不動產、廠房及設備	359
商譽及其他無形資產	2,416
其他資產	242
資產收購	5,143
負債	
應付帳款、應計費用及其他負債	410
所得稅，主要是遞延所得稅	494
淨資產	4,239

資料來源：Berkshire Hathaway annual report（2016）.

全擁有一家公司有關。巴菲特對《金融時報》表示，「我喜歡幫波克夏增加良好的業務……過去三十年來，我們一直在年度報告中說，我們現在想用有價證券來換業務營運，這就是我們想走的方向……金頂是全球的領先品牌，擁有優質的產品，它非常適合波克夏。」[243]

透過換股安排，巴菲特巧妙地延後支付資本利得稅的時間，但金頂帶來的 18 億美元，卻為巴菲特提供了另一筆可以用來投資的資金。波克夏釋出了寶僑的持股，而不需要馬上付稅。波克夏·海瑟威持有寶僑 1.9% 的股票，成本是

3.36 億美元，但最後以 42 億美元的價格出售。如果賣掉後收到現金，則需繳納 38% 的資本利得稅。但如果把 5,250 萬股股票換成金頂的股票，就可以延後繳納資本利得稅，而且巴菲特和蒙格還有數十億美元可以投資。

此外，金頂的成長很可能不會像寶僑和華爾街分析師認為的那樣，永遠都很緩慢。它已經涉足可充電電池的領域，並正在投資再生能源。金頂協助成立的聯盟也有很大的潛力，該聯盟正在開發汽車無線充電技術，聯盟裡的其他成員還包括德國的汽車製造商。相同的技術可以用來幫多種裝置的電池充電。這個技術已經應用到智慧型手機的電池、緊急電源和硬幣般大小的電池等領域。

事實證明，由於消費性電子產品和其他電子產品的銷售量不斷增長，各類型電池的市場都在成長，從鹼性電池、鋰電池、鋅碳電池和鎳鎘電池等等都是。不同類型的電池各有所長，能有效細分市場。在部分領域裡，客戶不希望頻繁更換電池，例如電子門鎖、助聽器或煙霧偵測器，所以持久的鹼性電池是理想的選擇，而金頂在這些領域仍是最強的品牌。此外，鹼性電池在冰凍環境下也能正常運作，例如在冷凍庫裡，而其他類型的電池則不然。

全球鹼性電池的市場規模約 70 億美元，金頂占其中約 20 億美元。上百億的新中產階級消費者，將購買更多的電子產品，從電視遙控器到手電筒等不一而足，而且很多人會購買市場上的領先品牌，那就是以品質聞名的金頂電池。

表 10.3 波克夏對吉列、寶僑和金頂的投資

日期	投資	波克夏的報酬
1989 年 7 月 20 日	6 億美元特別股	
1989 年 7 月到 1991 年 4 月		吉列特別股股息 8,900 萬美元（稅後為 4,500 萬美元）
1991 年 4 月到 2005 年 9 月		吉列普通股股息超過 6 億美元（稅前）
2005 年	以 3.4 億美元買入更多寶僑股份	
2007 年	以 9,000 萬美元買入更多寶僑股份	
2005 年 10 月到 2016 年 2 月		寶僑股息 14 億美元
2008 年到 2012 年		賣掉寶僑股份，獲得超過 29.5 億美元
2016 年 2 月		收到金頂配股，價值約 42 億美元
總金額	10.3 億	稅前約 92.39 億

此外，金頂和波克夏旗下的其他公司，也有發揮綜效的潛力。金頂正在和波克夏持有許多股份的中國公司比亞迪合作，銷售家用儲能系統。金頂是波克夏能源公司（原中美能源公司）的姊妹公司，為美國和英國的家庭和企業提供大量電力。它每年投資數十億美元在再生能源領域，和金頂合作有很大的潛力，例如在電池儲存電力。巴菲特和蒙格巧妙地定位波克夏，讓它成為從碳經濟轉型成生態友善發電經濟的受益者。

學習重點

1. **不以威脅的方式向公司注入大筆資金的投資人，可以從公司管理者那裡得到好處**。繼 1989 年收購吉列獲得豐厚回報後，巴菲特和蒙格又幫助了其他公司恢復財務實力，卻沒有對董事提出苛刻的條件。例如，2008 年爆發金融危機後，他們對待高盛和通用電氣的態度就是如此。雖然小投資人沒有這種能耐，但我們可以嘗試理解和支持董事，而不是只會咄咄逼人和批評他們。這樣一來，我們不僅可以開心地加入一家公司，還可以得到更多資訊，也讓董事更願意傾聽我們對公司的想法。

2. **有時候，由於普通股目前的股價不合理，因此比較合理的作法是投資殖利率較高的特別股**。在理想的情況下，特別股可以擁有換股權，因此投資人還是有機會參與表現優異的公司。

3. **人與人之間的關係極為重要，喜歡、信任和欣賞一個人很重要**。巴菲特和蒙格與馬可勒、基爾茲，以及後來在寶僑的艾倫‧雷富禮（Alan G. Lafley），他們的關係都很融洽。投資人應該花時間和公司的董事見面。

4. **企業禿鷹可能會摧毀或傷害公司**。無論是私募股權、對沖基金或其他工具金融玩家，它們可以利用大量的債務資本讓一家公司陷入困境，並往往讓原本完美的業務受到威脅。有時候，他們控制了公司卻過度借貸，而且因

投資不足讓公司無法維持競爭優勢。有時候，他它們會帶來破壞性的反應，例如現任經理人非理性地回購公司股票或溢價回購股票。

5. **即使是優秀的企業也可能變得脆弱。** 經理人可能會因為公司擁有長期的特許經營權感而到自滿，或者保留太多資金在公司裡，導致這些資金的報酬率很低，或者讓經常開支費用暴增。在和吉列、寶僑與金頂合作的三十年裡，巴菲特和蒙格多次被迫介入公司的營運，他們建議更換高層人事，好讓公司重回正軌。

6. **管理者的薪資應該和他們為股東創造的回報呈正比。** 要小心股票選擇權，選擇權會鼓勵管理高層保留資金和提高每股盈餘，卻無法為股東帶來太多價值。

7. **好公司不一定都是好投資。** 2015 年，巴菲特和蒙格仍然認為寶僑旗下的品牌都是很棒的業務，但持有這些業務的成本太高了。另一個出色的業務是金頂，雖然它的銷售成長放緩，但有形資產淨值的報酬率卻很高。這是一門好投資，因為就它未來潛在的業主盈餘而言，它的價格比較低。

旅程仍在繼續

1976 年，你可以只花 40 美元就買到波克夏·海瑟威的股票，當時整個公司的帳面價值約為 5,800 萬美元，市值不到 4,000 萬美元。華倫·巴菲特擁有其中五分之二以上的股票。

但只不過十四年之後，你就要付 8,600 美元才能買到一股波克夏的股票，因為股票上漲 21,400%。如果你在 1975 年投資 1 萬美元買波克夏股票，那麼到 1990 年 1 月，你的股票將價值 215 萬美元。華倫·巴菲特目前仍持有波克夏超過 40% 的股份，所以是億萬富翁。

波克夏·海瑟威在短短十四年的蛻變讓人驚嘆。一開始，它的紡織業務狀況不好，不僅「讓人非常失望」，也「很難期待投資會有高回報」。[244] 不過，它還有一家小型的保險業務，浮動金額達 8,760 萬美元，這些錢主要投資在像是 9.7% 的《華盛頓郵報》股票上。它還可以有從旗下的伊利諾伊國家銀行和信託公司裡，得到很好的收入流。此外，它還擁有少量藍籌印花公司的股份，因此擁有時思糖果和魏斯可金融公司 64% 的股份。

1989 年，波克夏·海瑟威的保險浮存金為 15.4 億美元，因此帶來超過 2 億美元的利息和股息淨收入。它還擁有《水

牛城新聞》、費區海默、科比、內布拉斯加家具商城、史考特費澤製造集團、時思糖果、寶霞珠寶和《世界百科全書》等公司的全部或大部分股份，這些公司的股東權益報酬率都很高。這些優秀的公司，年復一年地把利潤轉交給巴菲特和蒙格，讓他們把錢投資在其他機會上。

波克夏還擁有首都城市／ABC 共 18% 股份（價值 17 億美元）、可口可樂 7% 的股份（價值 18 億美元），以及《華盛頓郵報》超過 14% 股份（價值 50 億美元）。

除此之外，它還持有蓋可 51% 的股份（該公司的市值超過 10 億美元），以及價值 10 億美元的房貸美（Federal Home Loan Mortgage Corporation）股份。然後還有各種特別股，包括所羅門和吉列，總價值近 20 美元。

但這還不是全部

華倫和查理的名聲愈來愈大。早在 1976 年，只有少數股東出席年度股東大會。媒體對股東會沒興趣，因為當時大家認為波克夏・海瑟威是幾個不按牌理出牌甚至是古怪的中西部人士，在奧馬哈經營的小型的大雜燴集團。當華爾街有更讓人興奮的事情時，為什麼還要注意波克夏・海瑟威？

但到了 1989 年，波克夏和華倫與查理的名字，已經全國聞名。數千人去奧馬哈聽他們用清晰、務實的方式所傳達的智慧，還有數千人在讀巴菲特董事長的信。媒體定期報道他們的交易並要求採訪他們。巴菲特和蒙格和美國社會傑出

人士多有往來，這一點尤其受惠於凱瑟琳‧葛拉漢以及他們拯救所羅門的宣傳所致。

打算賣公司的人，通常把波克夏‧海瑟威看成是公司的避風港。有了波克夏，公司可以得到滋養並繼續成長，同時又不會失去正派經營的精神。

如果一家大公司需要資金馬上挹注，也需要一個不會干涉其業務，而且不會把公司賣給殘酷的華爾街禿鷹的投資人，那麼波克夏就是這些公司的避難首選。當然，波克夏會要求這些公司對發行的特別股提供高股息，但公司起碼知道它們不會陷入財務困境以及被不斷攻擊。

簡而言之，波克夏在 1989 年的地位很高。它是美國最大的一家公司，擁有大量來自旗下公司的收入，可以把錢投資在更好的企業。

當華倫‧巴菲特即將過六十歲生日，查理‧蒙格也將過六十六歲生日之際，這兩位年屆耳順之年的人，仍開心跳著踢踏舞上班。他們每天都興奮地走進辦公室，思考有多少現金流到他們身上，以及他們還可以買哪些公司。在接下來的幾年裡，他們發現一些值得投資的好公司，從富國銀行（Wells Fargo）、美國運通，再到全球連鎖快餐店冰雪皇后（Dairy Queen）、利捷航空（NetJets）、通用再保險公司，以及穆迪公司（Moody's）。巴菲特和蒙格正享受著他們人生中最美好的時光。但這些故事連同其他故事，都不得不留待另一本書再談。

註釋

1   W. Buffett, letter to shareholders of BH (2005).

2   H. L. Butler, 'An Hour with Benjamin Graham', Financial Analysts Journal (November/December 1973).Reprinted in J. Lowe, The Rediscovered Benjamin Graham (John Wiley 1 Sons, 1999).

3   Insurance Hall of Fame Biography: www.insurancehalloffame.orgfl laureateprofile.php?laureate=1414. R. P. Miles, The Warren Buffett CEO, p.29 (John Wiley 1 Sons, 2002).

4   R. P. Miles, !e Warren Bu"ett CEO, p.29 (John Wiley & Sons, 2002).

5   同上。

6   W. Buffett, letter to shareholders of BH (1983).

7   W. Buffett, letter to shareholders of BH (1986).

8   同上。

9   W. Buffett, letter to shareholders of BH (1984).

10   W. Buffett, letter to shareholders of BH (1995).

11   W. Buffett, letter to shareholders of BH (1986).

12   W. Buffett, letter to shareholders of BH (2001).

13   W. Buffett, letter to shareholders of BH (2004).

14   W. Buffett, letter to shareholders of BH (1995).

15   W. Buffett, letter to shareholders of BH (2010).

16   L. Simpson, Q1A, Kellogg School of Management (2017).

17   同上。

18   L. Simpson, The Washington Post (11 May 1987).

19   Miles, The Warren Buffett CEO, p.58.

20   Simpson in Miles, The Warren Buffett CEO, p.61.

21   Simpson, Q1A.

22   Simpson, The Washington Post (11 May 1987).

23   Simpson, Q1A.

24   Simpson, The Washington Post (11 May 1987).

25   W. Buffett, letter to shareholders of BH (1995).

26   T. Nicely in A. B. Crenshaw, 'Premium Partners', The Washington Post (18

September 1995).

27   W. Buffett, letter to shareholders of BH (2006).

28   W. Buffett, letter to shareholders of BH (2015).

29   W. Buffett, letter to shareholders of BH (2016).

30   T. Nicely in Miles, The Warren Buffett CEO, p.37.

31   同上‧p.38。

32   Miles, The Warren Buffett CEO, p.40.

33   同上‧p.39。

34   W. Buffett, letter to shareholders of BH (1996).

35   W. Buffett, letter to shareholders of BH (2009).

36   同上。

37   J. R. Laing, 'The Collector: Investor who piled up $100m in the 1960s piles up firms today', Me Wall Street Journal (31 March 1977).

38   W. Buffett, letter to shareholders of BH (2006).

39   JK. Graham, Personal History, p.581 (Vintage BooksflRandom House,1997).

40   同上。

41   M. B. Light, From Butler to Buffett: Me Story Behind the Buffalo News (Prometheus Books, 2004).

42   同上。

43   BCS annual report (1981).

44   Light, From Butler to Buffett.

45   同上。

46   S. Lipsey, 'New Addition to Blue Chip Ranks', The Buffalo News centennial publication (12 October 1980).

47   Light, From Butler to Buffett.

48   S. Lipsey, quoted in Miles, The Warren Buffett CEO, p.237.

49   C. J L00mis, 'The Inside Story of Warren Buffett', Fortune (11 April 1988).

50   S. Lipsey, quoted in Miles, The Warren Buffett CEO, p.247.

51   同上。

52   W. Buffett, letter to shareholders of BH (2012).

53   W. Buffett, letter to shareholders of BH (2006).

54   同上。

55   Video, 'Rose Blumkin: Omaha's Nebraska Furniture Mart', YouTube.

56   D. Burrow, 'From Mrs B to Mr K: Do not underestimate the best country in the world', Omaha World Herald (28 October 1962).

57   W. Buffett, letter to shareholders of BH (2003).

58   www.berkshirehathaway.comfl2013arfllinksannual13.html

59 Documentary, 'The History of NFM: 75th Anniversary', YouTube.

60 G. Collins, 'Rose Blumkin, "Exemplar of the American Dream", remembers the tough road from Minsk to Omaha', UPI (9 June 1984).

61 同上。

62 A. Smith, Supermoney, p.190 (John Wiley 1 Sons, 1972, reprinted 2006).

63 Collins, 'Rose Blumkin, "Exemplar of the American Dream".

64 Buffett, speaking at BH shareholders meeting (2014).

65 BH annual report (2013).

66 K. Linder, Me Women of Berkshire Hathaway, (John Wiley 1 Sons, 2012).

67 Buffett, speaking at BH shareholders meeting (2014).

68 同上。

69 同上。

70 W. Buffett, letter to shareholders of BH (1983).

71 C. Munger, 'Academic Economics: Strengths and Faults after Considering Interdisciplinary Needs', from the Herb Kay Undergraduate Lecture, University of California, Santa Barbara Economics Department (3 October 2003). Reproduced in P. D. Kaufman (editor), Poor Charlie's Almanack: Me Wit and Wisdom of Charles T. Munger (The Donning Company Publishers, Virginia, 2005).

72 W. Buffett, letter to shareholders of BH (1990).

73 W. Buffett, letter to shareholders of BH (1983).

74 同上。

75 W. Buffett, letter to shareholders of BH (1984).

76 W. Buffett, letter to shareholders of BH (1987).

77 I. Blumkin, quoted in 'The Blumkin Legacy: One Influential Family, Three New Inductees into the Omaha Business Hall of Fame', YouTube.

78 R. Blumkin, quoted in Joyce Wadler, 'Blumkin: Sofa, So Good', The Washington Post (24 May 1984).

79 W. Buffett, quoted in S. P. Sherman and D. Kirkpatrick, 'Capital Cities' Capital Coup', Fortune (15 April 1985).

80 T. S. Murphy, quoted in an interview with A. Blitz, Harvard Business School Director of Media Development for Entrepreneurial Management, ABC (December 2000).

81 同上。

82 同上。

83 W. Buffett, letter to shareholders of BH (1985).

84 W. Buffett, letter to shareholders of BH (2015).

85   Buffett, quoted in Sherman and Kirkpatrick, 'Capital Cities' Capital Coup3.

86   Murphy, interview with A. Blitz, Harvard Business School Director of Media Development for Entrepreneurial Management.

87   同上。

88   同上。

89   W. Buffett, letter to shareholders of BH (1985).

90   同上。

91   同上。

92   同上。

93   Murphy, interview with A. Blitz, Harvard Business School Director of Media Development for Entrepreneurial Management.

94   同上。

95   同上。

96   同上。

97   同上。

98   Sherman and Kirkpatrick, 'Capital Cities' Capital Coup.

99   Murphy, interview with A. Blitz, Harvard Business School Director of Media Development for Entrepreneurial Management.

100   W. Buffett, letter to shareholders of BH (1985).

101   Murphy, interview with A. Blitz, Harvard Business School Director of Media Development for Entrepreneurial Management.

102   同上。

103   W. Buffett, letter to shareholders of BH (1991).

104   W. Buffett, letter to shareholders of BH (1985).

105   W. Buffett, letter to shareholders of BH (1986).

106   W. Buffett, letter to shareholders of BH (1991).

107   同上。

108   W. Buffett, letter to shareholders of BH (1995).

109   C. J. L00mis, Fortune (1 April 1996).

110   白衣護衛是指在收購目標或潛在目標中，購買股份的友好公司。護衛則是指不需要像白衣護衛那樣擁有控股權的公司。

111   這些百科全書也銷往國外。1989 年，十八歲的作者在澳洲西部挨家挨戶推銷《世界百科全書》，或起碼想要這樣做。

112   R. J. Cole, 'Boesky Makes Bid For Scott 1 Fetzer', Me New York Times (27 April 1984).

113   'Bid Turned Down By Scott 1 Fetzer', Me New York Times (9 May 1984).

114   R. Schey in Miles, The Warren Buffett CEO.

115 'Scott 1 Fetzer, Kelso Deal Off', Me New York Times (6 September 1985).

116 W. Tilson, 'Three lectures by Warren Buffett to Notre Dame Faculty' (edited), www.tilsonfunds.comflBuffettNotreDame.pdf (1991).

117 Loomis, 'The inside story of Warren Buffett'.

118 同上。

119 R. W. Stevenson, 'Berkshire to Buy Scott 1 Fetzer', The New York Times (30 October 1985).

120 W. Buffett, letter to shareholders of BH (1985).

121 同上。

122 同上。

123 同上。

124 W. Buffett, letter to shareholders of BH (1999).

125 W. Buffett, letter to shareholders of BH (1992).

126 W. Buffett, letter to shareholders of BH (1994).

127 同上。

128 同上。

129 同上。

130 同上。

131 同上。

132 W. Buffett, letter to shareholders of BH (Appendix) (1986).

133 同上。

134 W. Buffett, letter to shareholders of BH (1986).

135 W. Buffett, letter to shareholders of BH (Appendix$ (1986).

136 同上。

137 W. Buffett, letter to shareholders of BH (1994).

138 同上。

139 同上。

140 W. Buffett, quoted in M. Urry, 'Weekend Money', p.1, Financial Times (11/12 May 1996).

141 Buffett, speaking at BH annual meeting (1996).

142 www.cleveland.com

143 R. Schey in Miles, The Warren Buffett CEO.

144 W. Buffett, letter to shareholders of BH (1986).

145 W. Buffett, letter to shareholders of BH (1982).

146 W. Buffett, letter to shareholders of BH (1986).

147 同上。

148 W. Buffett, letter to shareholders of BH (1987).

149 同上。

150 同上。

151 W. Buffett, letter to shareholders of BH (1990).

152 C. J. Loomis, 'The Value Machine Warren Buffett's Berkshire Hathaway is on a buying binge. You were expecting stocks?', Fortune (19 February 2001).

153 P. Byrne, quoted in A. Kilpatrick, Of Permanent Value: Me Story of Warren Buffett (Literary Edition), p.607 (AKPE, 2006).

154 R. W. Chan, Behind the Berkshire Hathaway Curtain: Warren Buffett's Top Business Leaders, p.96 (John Wiley 1 Sons, 2010).

155 W. Buffett, letter to shareholders of BH (1986).

156 同上。

157 同上。

158 同上。

159 同上。

160 P. Lynch, Beating the Street, p.141 (Simon 1 Schuster, 1994).

161 W. Buffett, letter to shareholders of BH (1986).

162 同上。

163 同上。

164 儲蓄銀行是美國一種小型金融機構,主要提供儲蓄存款和房屋抵押貸款。它們和大型商業銀行不同的地方,在於儲蓄帳戶的利率較高,並對企業提供有限貸款。

165 A. Bianco, 'The King of Wall Street: An inside look at Salomon Brothers3 stunning rise to pre-eminence – and how it wields its power', BusinessWeek (5 December 1985).

166 特別股買家可以選擇持有股票,並每年收取股息,直到未來的某一天或一系列的日期為止。或者,買家可以把特別股轉換為普通股。在這個特別股案例裡,所羅門同意在 1995 年 10 月 31 日到 2000 年 10 月 31 日期間,每年贖回五分之一的特別股。贖回時將停止派發股息,並以名目價值把錢還給持有人。

167 W. Buffett, letter to shareholders of BH (1987).

168 W. Buffett, 'How to tame the casino society', The Washington Post (4 December 1986).

169 W. Buffett, letter to shareholders of BH (1987).

170 同上。

171 J. Sterngold, 'TOO far, too fast; Salomon Brothers3 John Gutfreund', The New York Times (10 January 1988).

172 W. Buffett, quoted in A. Schroeder, Me Snowball, p.463 (Bloomsbury,

2009).

173　W. Buffett, quoted in C. J. Loomis, 'Warren Buffett's wild ride at Salomon', Fortune (27 October 1997).

174　W. Buffett, letter to shareholders of BH (1991).

175　Reported in Omaha World-Herald, 2 January 1994.176.Omaha World Herald (2 January 1994).

176　K. Eichenwald, 'Salomon's 2 Top Officers to Resign Amid Scandal', The New York Times (17 August 1991).

177　K. Eichenwald, 'Salomon's 2 Top Officers to Resign Amid Scandal', The New York Times (17 August 1991).

178　W. Buffett, quoted in 'Now Hear This', Fortune (10 January 1994).

179　W. Buffett, letter to shareholders of BH (1997).

180　W. Buffett, letter to shareholders of BH (2010).

181　W. Buffett, in J. Rasmussen, 'Buffett talks strategy with students', Omaha World Herald (2 January 1994).

182　W. Buffett, letter to shareholders of BH (1989).

183　W. Buffett, letter to shareholders of BH (1996).

184　同上。

185　這是我 1994 年估計的內在價值。由於 1994 年美國政府 10 年期公債殖利率為 7%，再加上政府公債 5% 以上的風險溢價，得出可口可樂股票的報酬率必須為每年 12% 以上。這種算法使用股息成長模型：內在價值＝明年的股息除以所需的利率，再減去成長率。完美的後見之明讓數學算式變得很簡單。請見 See G. Arnold 1 D. Lewis, Corporate Financial Management, Ch.17 (Pearson, 2019) for equity valuation models.

186　D. Keough, 'Conversations with Michael Eisner', www.youtube.comfl watch?v=6jABoeJk2E4, CNBC Prime (January 2009).

187　D. Keough, quoted in Kilpatrick, Of Permanent Value, p.463.

188　W. Buffett, letter to shareholders of BH (1986).

189　這部分很多內容都是參考查理．蒙格在一系列公開講座裡提出的觀點，現已編輯成《窮查理的普通常識》（商業週刊出版），尤其是〈關於實用思維的實務思考〉（Practical Thought About Practical Thought?）。

190　Kaufman (editor), Poor Charlie's Almanack, p.177.

191　Coca-Cola annual report (2018).

192　M. E. Porter, Competitive Strategy (The Free Press, 1980; Simon 1 Schuster, 2004).

193 W. Buffett, in J. Huey, 'The World's Best Brand', Fortune (31 May 1993).

194 Kaufman (editor), Poor Charlie's Almanack, p.210.

195 Huey, 'The World's Best Brand'.

196 R. Goizeuta, life-long manager and future CEO, quoted in Huey, 'The World's Best Brand'.

197 Huey, 'The World's Best Brand'.

198 同上。

199 同上。

200 R. W. Stevenson, 'Coke's Intensified Attack Abroad', Me New York Times (14 March 1988).

201 Huey, 'The World's Best Brand'.

202 W. Buffett, letter to shareholders of BH (1996).

203 Huey, 'The World's Best Brand'.

204 Excluding the Soviet Union and China.

205 Coca-Cola annual report (1987).

206 W. Buffett, quoted in C. J. Loomis, Tap Dancing to Work, p.113 (Penguin Books, 2013).

207 W. Buffett, letter to shareholders of BH (1989).

208 D. Keough, speaking to Atlanta Journal-Constitution (22 February 2004).

209 W. Buffett, letter to shareholders of BH (1997).

210 W. Buffett, letter to shareholders of BH (2011).

211 W. Buffett, letter to shareholders of BH (2013).

212 W. Buffett, letter to shareholders of BH (2004).

213 Kilpatrick, Of Permanent Value, p.617.

214 W. Buffett, letter to shareholders of BH (1989).

215 W. Buffett, letter to shareholders of BH (1988).

216 賈克絲一開始是銷售助理，後來成為執行長。Miles, The Warren Buffett CEO, p.285.

217 Kilpatrick, Of Permanent Value, p.613.

218 同上，p.614。

219 W. Buffett, letter to shareholders of BH (1988).

220 Kilpatrick, Of Permanent Value, p.614.

221 W. Buffett, letter to shareholders of BH (1988).

222 W. Buffett, letter to shareholders of BH (1989).

223 同上。

224 W. Buffett, letter to shareholders of BH (2007).

225 GIA, www.gia.edu (2014).

226 溢價回購 greenmail（綠色是指美元的顏色）意指以高於市價的方式從惡意公司回購股票，藉此消除威脅。值得注意的是，它沒有對其他股東提出相同的價格。在許多國家這是非法行為。

227 W. Buffett, quoted in G. McKibben, Cutting Edge: Gillette's Journey to Global Leadership, p.225 (Harvard Business Review Press, 1997).

228 Buffett in McKibben, Cutting Edge, p.226.

229 同上。

230 同上，p.227。

231 巴菲特和蒙格收購企業的標準，多年來在巴菲特致股東信中都有說明。

232 R. Ricardo-Campbell, Resisting hostile takeovers: the case of Gillette, p.212 (Praeger, 1997).

233 W. Buffett, letter to shareholders of BH (1989).

234 同上。

235 W. Buffett, letter to shareholders of BH (1991).

236 W. Buffett, letter to shareholders of BH (1993).

237 W. Buffett, quoted in J. Eum, 'Warren Buffett's idea of heaven: I don't have to work with people I don't like', Forbes (4 Feb 2014).

238 W. Buffett, quoted in K. Br00ker, 'Jim Kilts is an old-school curmudgeon. Nothing could be better for Gillette', Fortune (30 December 2002).

239 同上。

240 S. Mesure and D. Usborne, 'P1G's $57bn Gillette deal sets fresh challenge for Unilever', Me Independent (29 January 2005).

241 W. Buffett, letter to shareholders of BH (2009).

242 J. Stempel 1 D. Krishna Kumar, 'Buffett's Berkshire Hat', Reuters (13 November 2014).

243 C. Barrett, S. Foley 1 R. Blackden, 'Berkshire Hathaway to acquire battery business from Procter & Gamble', Financial Times (13 November 2014).

244 W. Buffett, letter to shareholders of BH (1976).

國家圖書館出版品預行編目(CIP)資料

巴菲特的對帳單 卷二：看長期價值不看市值，持續買進為你賺錢的高複利投資組合／葛倫‧雅諾德（Glen Arnold）著；周群英譯. -- 新北市：感電出版：遠足文化事業股份有限公司發行，2024.04
　　368面；14.8×21公分

譯自：The deals of Warren Buffett. volume 2, the making of a billionaire.

ISBN 978-626-97712-8-8（平裝）

1.CST：巴菲特（Buffett, Warren）　2.CST：傳記　3.CST：投資

563.5　　　　　　　　　　　　　　　　　　11300247

巴菲特的對帳單 卷二
看長期價值不看市值，持續買進為你賺錢的高複利投資組合
The Deals of Warren Buffett: Volume 2, The Making of a Billionaire

作者：葛倫‧雅諾德（Glen Arnold）｜譯者：周群英｜內文排版：顏麟驊｜封面設計：Dinner｜主編：賀鈺婷｜副總編輯：鍾涵瀞｜出版：感電出版／遠足文化事業股份有限公司｜發行：遠足文化事業股份有限公司（讀書共和國出版集團）｜地址：23141新北市新店區民權路108-2號9樓｜電話：02-2218-1417｜傳真：02-8667-1851｜客服專線：0800-221-029｜信箱：yanyu@bookrep.com.tw｜法律顧問：蘇文生律師（華洋法律事務所）｜ISBN：978-626-97712-8-8（平裝本）｜EISBN：9786269829439（PDF）、9786269829415（EPUB）｜出版日期：2024年4月｜定價：520元